suhrkamp taschenbuch
wissenschaft 2235

Ob Möbel, Plakate, Webseiten, Kleidung, Piktogramme, Autos oder städtische Räume: Design ist omnipräsent. Nur in der Philosophie hat es bislang so gut wie keine Beachtung gefunden. Daniel Martin Feige schließt diese Lücke, indem er eine Explikation von Grundbegriffen präsentiert, die mit dem Design verbunden sind, und Design als eine ästhetische Praxis eigenen Rechts ausweist. In der Praxis des Designs, so seine These, wird das Funktionieren selbst ästhetisch. Das Buch ist sowohl ein Beitrag zu einer Philosophie des Designs als auch eine Einführung in das philosophische Denken für Designerinnen sowie Designinteressierte.

Daniel Martin Feige ist Juniorprofessor für Philosophie und Ästhetik unter besonderer Berücksichtigung des Designs an der Staatlichen Akademie der bildenden Künste Stuttgart. Zuletzt erschienen: *Philosophie des Jazz* (stw 2096) und *Computerspiele. Eine Ästhetik* (stw 2160).

Daniel Martin Feige

Design

Eine philosophische Analyse

Suhrkamp

Für Gesa

Bibliografische Information der Deutschen Nationalbibliothek
Die Deutsche Nationalbibliothek verzeichnet diese Publikation
in der Deutschen Nationalbibliografie;
detaillierte bibliografische Daten sind im Internet
über http://dnb.d-nb.de abrufbar.

2. Auflage 2019

Erste Auflage 2018
suhrkamp taschenbuch wissenschaft 2235

Umschlag nach Entwürfen
von Willy Fleckhaus und Rolf Staudt
Druck: Druckhaus Nomos, Sinzheim
Printed in Germany
ISBN 978-3-518-29835-0

Inhalt

Danksagung 7

Einleitung
Ein philosophischer Blick auf das Design 9

Kapitel 1
Begriff des Designs 22
1.1 Die Unhintergehbarkeit von Begriffen 23
1.2 Logiken des Begrifflichen 30

Kapitel 2
Geschichtlichkeit des Designs 41
2.1 Geschichte als dialektischer Prozess 43
2.2 Die Unbestimmtheit von Design 54

Kapitel 3
Anthropologie des Designs 64
3.1 Hat der Mensch eine Natur? 65
3.2 Zu einer Praxeologie des Designs 78

Kapitel 4
Ästhetik des Designs 86
4.1 Praxisformen des Ästhetischen 90
4.2 Natur, Kunst und Design 113

Kapitel 5
Handlungstheorie des Designs 144
5.1 Das Innere ist das Äußere 146
5.2 Zur Logik des Entwerfens und Gestaltens 155

Kapitel 6
Symboltheorie des Designs 163
6.1 Denotation und Exemplifikation 166
6.2 Die Entgrenzung expressiver Qualitäten
von Designgegenständen 175

Kapitel 7
Ontologie des Designs 183
7.1 Unreine Verkörperungen 184
7.2 Design als ontologische Kategorie 196

Kapitel 8
Kritik des Designs 203
8.1 Waffen und Werbung 205
8.2 Emanzipatorisches Design? 212
8.3 Coda: Social Design 218

Literaturverzeichnis 221
Namenregister 237

Danksagung

Das vorliegende Buch hätte ohne eine Vielzahl von Anregungen und Einwänden durch Kolleginnen und Kollegen nicht die Gestalt angenommen, die es jetzt hat. In seinem Zugang zur Fragestellung ist es Ausdruck meiner wissenschaftlichen Laufbahn in der Philosophie, die mit den entsprechenden Instituten der Freien Universität Berlin, der Goethe-Universität Frankfurt am Main sowie der Justus-Liebig-Universität Gießen verbunden ist. In seiner Fragestellung wie Schwerpunktsetzung allerdings spiegelt es meine Tätigkeit in der Fachgruppe Design an der Staatlichen Akademie der Bildenden Künste in Stuttgart wider. Die Anregungen durch meine Kollegen und Kolleginnen sowie der Studierenden in meinen Vorlesungen und Seminaren dort verdienen, besonders hervorgehoben zu werden. Für intensive Kommentare zu einzelnen Kapiteln oder zum Manuskript als Ganzem danke ich ganz herzlich Uli Cluss, Hans-Georg Pospischil, Gerwin Schmidt, Stefanie Schwarz und Marcus Wichmann. Das Manuskript hat darüber hinaus von den intensiven Diskussionen profitiert, die sich seit Beginn meiner Tätigkeit in Stuttgart zu verschiedenen Anlässen immer wieder mit Uwe Fischer, Susanne Hoffmann, Karl Höing, Fahim Mohammadi, Bastian Müller, Alfred Seiland, Dorothee Silbermann und Patrick Thomas zu den Themen dieses Buches entzündet haben. Ebenfalls habe ich von dem Austausch profitiert, der sich an der Akademie mit meinen Kollegen Nils Büttner, Felix Ensslin, Sokratis Georgiadis und Hans-Dieter Huber zu verschiedenen Anlässen ergeben hat. Was den theoretischen Zugang angeht, verdankt sich unschätzbar vieles in diesem Buch den langjährigen Diskussionen, die mich mit meinen philosophischen Lehrern Martin Seel und Georg W. Bertram verbindet. Das Manuskript ist als Teil einer Habilitationsleistung im Fachbereich Philosophie an der Freien Universität Berlin angenommen worden. Neben den genannten Personen danke ich Juliane Rebentisch ganz herzlich für das Gutachten und die dort formulierten Anregungen. Dank gilt auch Johannes Lang, der Teile einer frühen Fassung des Manuskripts kritisch kommentiert hat. Jasmina Begovic und Simon Haßler danke ich für Kommentare sowie für die Unterstützung bei der Erstellung des Manuskripts.

Dem Suhrkamp Verlag, und hier vor allem Philipp Hölzing, danke ich für das Vertrauen in das Projekt sowie viele hilfreiche Anmerkungen. Schließlich gilt Gesa, Jakob und Helene Dank dafür, dass sie mein intensives Schreiben einmal mehr ertragen haben.

Einleitung
Ein philosophischer Blick auf das Design

Kaum ein Gebrauchsgegenstand des Alltags ist heute ohne Designentscheidungen denkbar. Ob es die Möbel sind, auf denen wir sitzen, oder die technischen Geräte, die wir benutzen: Spätestens seit dem 20. Jahrhundert ist Design eine der wesentlichen Formen, im Rahmen deren Menschen ihre Welt erschließen und zugleich gestalten. Sie erschließen ihre Welt im Rahmen des Gebrauchs von Gegenständen des Designs,[1] da solche Gegenstände auf unsere Praxis bezogen sind. Zugleich formen Menschen ihre Welt durch entsprechende Gegenstände, insofern diese ihrer Praxis allererst eine bestimmte Kontur geben. Denn es macht einen Unterschied, ob ich mit einem industriell hergestellten Füllfederhalter schreibe oder auf einem Tablet. Damit ist der Grundgedanke des vorliegenden Buchs benannt: Design ist eine *ästhetische Form der praktischen Welterschließung*. Als Welterschließung gibt Design der Welt ein spezifisch menschliches Gesicht; als ästhetisches Phänomen geschieht das je nach Gegenstand in eigener Weise. Wenn Designgegenstände tatsächlich ästhetische Gegenstände sind, so heißt das Folgendes: Sie finden nicht so sehr Lösungen für gegebene Probleme, sondern bestimmen die Probleme im Lichte ihrer Lösungen vielmehr zugleich neu. Bei diesem Grundgedanken handelt es sich um eine These zur Rolle des Designs in der menschlichen Welt, die diese Rolle immer auch als genuin ästhetische bestimmt. Und das Ästhetische, so lautet der weitergehende Gedanke, wird im Design anders als in der Kunst, aber auch anders als in der Naturerfahrung in bestimmter Weise praktisch. Denn Designgegenstände sind keine Gegenstände der zweckfreien Kontemplation, sondern Gegenstände des Gebrauchs. Wer bei einem Stuhl von Frank Gehry oder den Piktogrammen von Otl Aicher nur auf die Funktion dieser Gegenstände schaut, sieht an ihnen als Designgegenständen vor-

1 Ich benutze den Begriff des »Gegenstandes« hier in einem ontologisch neutralen Sinne und keineswegs im Sinne allein der Gegenstände des Industriedesigns. Im Geiste Freges meine ich damit das, worauf wir mit singulären Termini Bezug nehmen, gleich ob es sich etwa um Infrastrukturen, in Massenproduktion hergestellte industrielle Gebrauchsgegenstände oder um Plakate handelt.

bei. Design zeigt sich nur für diejenigen, die der Ästhetik solcher funktionalen Gegenstände nicht zuletzt im Gebrauch nachspüren.

Lange Zeit hat man versucht, Design dadurch aufzuwerten, dass man es der Kunst zuschlägt.[2] Ist der Grundgedanke des vorliegenden Buches richtig, so ist dem Design damit ein Bärendienst erwiesen worden: Designgegenstände sind ästhetische Gegenstände eigenen Rechts und bedürfen keiner Aufwertung dadurch, dass man sie in der Theorie begrifflich der Kunst zuschlägt und in der Praxis der Kunst anähnelt. Diese These impliziert zudem, dass auch dann, wenn man ästhetischen Gegenständen nicht immer zweifelsfrei ansehen kann, ob es sich bei ihnen um Kunstwerke oder Designgegenstände handelt, der Unterschied zwischen beiden nicht graduell ist. Natürlich könnte man zum Beispiel viele der Exponate von Stefan Sagmeisters Ausstellung »The Happy Show«, die im Frankfurter Museum für angewandte Kunst vom 23.4.2016 bis zum 25.9.2016 gezeigt wurde, ohne weitergehende Kontextualisierung durch bloßes Hinschauen auch für Kunstinstallationen oder partizipative Kunstaktionen halten. Aber das widerspricht nicht dem Gedanken, dass es sich hier dennoch um Exponate handelt, die keine Kunstwerke sind. Das bloße Hinsehen ist nämlich kein epistemischer »Test« für die Frage der kategorialen Zuordnung ästhetischer Gegenstände:[3] In Wahrheit sind die weitergehenden Kontexte, in denen solche Gegenstände stehen und die als Kontexte von Praktiken verstanden werden müssen, der Identität dieser Gegenstände nicht äußerlich. Und zu solchen Kontexten darf offensichtlich nicht allein der Ausstellungsraum gezählt werden, sondern zu ihnen gehört ebenso ein Wissen darum, von wem die entsprechenden Gegenstände sind und wie sie sich zu anderen Arbeiten verhalten.

2 Im Funktionalismus in der Folge der industriellen Revolution sind Formen des Industrie- und Graphikdesigns nicht zuletzt als zeitgemäße neue Kunst verstanden worden. Vgl. exemplarisch dazu etwa Peter Behrens, »Kunst und Technik«, in: Klaus T. Edelmann, Gerrit Terstiege (Hg.), *Gestaltung denken. Grundlagentexte zu Design und Architektur*, Basel: Birkhäuser 2006, S. 23-27 und Hermann Muthesius, »Die moderne Umbildung unserer ästhetischen Anschauungen«, in: Volker Fischer, Anne Hamilton (Hg.), *Theorien der Gestaltung. Grundlagentexte zum Design. Band 1*, Frankfurt/M.: form 1999, S. 99-112.

3 Vgl. in diesem Geiste auch die berühmten Beispiele von Arthur C. Danto, *Die Verklärung des Gewöhnlichen. Eine Philosophie der Kunst*, Frankfurt/M.: Suhrkamp 1981, Kapitel 1.

Auch wenn der Grundgedanke des vorliegenden Buchs eine These zur Ästhetik des Designs ist und das vierte Kapitel, das der Ästhetik des Designs gewidmet ist, entsprechend eine programmatisch zentrale Stellung einnimmt: Es ist nicht ausschließlich ein Beitrag zu einer Ästhetik des Designs. Vielmehr werden, von diesem Grundgedanken zur Ästhetik des Designs ausgehend, eine Reihe verschiedener philosophischer Grundbegriffe diskutiert. Die jeweiligen Grundbegriffe werden hinsichtlich der Wendung befragt, die sie mit Blick auf Design nehmen. Das grundsätzliche Ziel des Buchs ist es, die Eigenarten von Designgegenständen philosophisch in den Blick zu nehmen. Damit beansprucht das Buch zugleich, eine Lücke zu schließen: Obwohl sich abzeichnet, dass sich diese Situation in jüngster Zeit ändert,[4] hat die Philosophie das Design bislang nur am Rande behandelt. Die bisher umfangreichste wissenschaftliche Auseinandersetzung mit Design findet in der sogenannten Designtheorie und Designforschung statt.[5] Allerdings sind viele der im Rahmen dieses Forschungsfeldes situierten Diskurse gerade dadurch, dass sie sich als Verlängerung der Designpraxis selbst verstehen,[6] eher Beiträge zur politischen Legitimation des Designs und nicht zu einer Wissenschaft des Designs. Zudem lässt sich kaum sagen, dass es hier einen etablierten Diskussionsstand

4 Hier sind vor allem folgende Arbeiten zu nennen: Andreas Dorschel, *Gestaltung. Zur Ästhetik des Brauchbaren*, Heidelberg: Winter 2003; Glenn Parsons, Allan Carlson, *Functional Beauty*, Oxford: Clarendon Press 2008; Jakob Steinbrenner, Julian Nida-Rümelin (Hg.), *Ästhetische Werte und Design*, Stuttgart: Hatje Cantz 2011; Jane Forsey, *The Aesthetics of Design*, Oxford: Oxford University Press 2013; Johannes Lang, *Prozessästhetik. Eine ästhetische Erfahrungstheorie des ökologischen Designs*, Basel: Birkhäuser 2015; Florian Arnold, *Philosophie für Designer*, Stuttgart: AV Edition 2016; Julia-Constance Dissel (Hg.), *Design & Philosophie. Schnittstellen und Wahlverwandtschaften*, Bielefeld: Transcript 2016; Glenn Parsons, *The Philosophy of Design*, Cambridge: Polity Press 2016 und Gerhard Schweppenhäuser, *Designtheorie*, Berlin: Springer VS 2016.

5 Die einschlägige Einführung dazu ist Claudia Mareis, *Theorien des Designs zur Einführung*, Hamburg: Junius 2014. Als Sammlung jüngerer Beiträge zur Designforschung vgl. auch Gesche Joost u. a. (Hg.), *Design as Research. Positions, Arguments, Perspectives*, Basel: Birkhäuser 2016.

6 Glenn Parsons hält den Unterschied einer Philosophie des Designs zur Designtheorie entsprechend wie folgt fest: »But there is an important distinction between [design] theory and philosophy […]. Broadly speaking, the difference is that, unlike philosophy, design theory's primary motivation and focus is the practice of design.« Parsons, *Philosophy of Design*, S. 1.

gibt, der einigermaßen robust wäre. Das vorliegende Buch greift die Debatten der Designtheorie von der Seite auf und hofft, den Kanon zum Design um eine dezidiert philosophische Stimme zu bereichern. Diese besteht darin, eine Klärung der auch in etablierten designtheoretischen Debatten investierten *Grundbegriffe* anzubieten. Dieses Buch ist also anders als viele Beiträge zur Designforschung kein Beitrag zur *Praxis* von Designern bzw. Designerinnen. Vielmehr präsentiert es ein Nachdenken *über* die Relevanz und Spezifik des Designs in der menschlichen Welt. Es ist ein Beitrag zur *Praxis der Theorie* des Designs. Denn das Denken ist dahingehend selbst eine Praxis, dass es geübt oder dilettantisch betrieben werden kann. Und möglicherweise kann es Studierende des Designs wie gestandene Designer*innen nicht nur auf neue Gedanken hinsichtlich der begrifflichen Grundlagen ihrer Tätigkeit bringen, sondern vielleicht auch Impulse für die Gestaltung geben. Das aber ist nicht das vornehmliche Ziel: Das Buch verfolgt das Ziel, eine angemessene Deutung der Grundbegriffe zu geben, die mit dem Design verbunden sind. Der Gedanke, dass es eine wahre Theorie des Designs geben kann, mag zwar in Teilen der Designtheorie verpönt sein.[7] Wie ich jedoch zeigen werde, beruhen entsprechende Zurückweisungen dieses Gedankens auf Missverständnissen hinsichtlich dessen, was Begriffe und Theorien überhaupt sind. Aus der Tatsache, dass ein philosophisches Nachdenken über Design nach der wahren Designtheorie fragt, folgt natürlich nicht, dass es nicht in vielfältiger Weise Perspektiven unterschiedlicher Theorien integrieren und synthetisieren kann – und dies auch tun sollte. Diese werden dann aber eben nicht als Theorien verstanden, die beziehungslos nebeneinander stehende Schlaglichter auf den Gegenstand werfen. Sie werden so verstanden, dass sie jeweils einen Beitrag zu einer Theorie *des* Designs im Singular liefern.

Eine entsprechende Philosophie des Designs wird im vorliegenden Buch weder deduktiv entwickelt, noch durchweg in einer systematischen Gestalt präsentiert. Vielmehr wird sie in Form einer *Konstellation* von Grundbegriffen durchgeführt. Auch wenn die einzelnen Kapitel aufeinander aufbauen und das Buch somit kein rein lexikalisches Nachschlagewerk für die jeweiligen Begriffe sein

7 Vgl. insgesamt in diesem Sinne etwa Michael Erlhoff, *Theorie des Designs*, München: Fink 2013; Uta Brandes u. a., *Designtheorie und Designforschung*, München: Fink 2009 sowie Mareis, *Theorien des Designs zur Einführung*, S. 29.

soll, so ist es doch so, dass die entsprechenden Grundbegriffe in jeweils relativ großer Eigenständigkeit diskutiert werden. Wer sich vor allem für den Begriff der Ästhetik des Designs interessiert, kann das Kapitel grundsätzlich auch ohne die anderen Kapitel lesen. Die Konstellation wird dabei durch den schon erwähnten Grundgedanken zusammengehalten, dass das Design eine ästhetische Form praktischer Welterschließung ist und zwar eine ästhetische Form sui generis. In diesem Sinne kommt dem vierten Kapitel zur Ästhetik des Designs, wie festgehalten, eine programmatisch zentrale Rolle zu. Es entwickelt den Gedanken, dass die Einheit des Ästhetischen in einer Pluralität von Formen des Ästhetischen besteht. Wenn man sagt, dass Design als ästhetische Form der Welterschließung unseren praktischen Weltbezug gestaltet, wohingegen Kunst als eine eigensinnige Reflexionspraxis unser Selbstverhältnis formt,[8] so versteht man Design nicht länger nach dem Vorbild der Kunst. Man versteht dann beide vielmehr als *kategorial unterschiedene* Formen des Ästhetischen. Wie sie in ihrer Unterschiedenheit zusammen mit einer bestimmten Art der Naturbetrachtung dennoch integrale Momente der Einheit des Ästhetischen sind – darauf wird das vierte Kapitel eine Antwort geben.

Bevor ich eine kurze Vorschau auf die jeweiligen Grundbegriffe geben werde, möchte ich vorgreifend zumindest kurz anzeigen, was für eine philosophische Analyse des Designs im Kontrast zu anderen Formen seiner wissenschaftlichen Erforschung charakteristisch ist. Ex negativo lässt sich die Philosophie des Designs gut in Abgrenzung zur Designgeschichte erläutern. Die Designgeschichte fragt danach, wie sich Design entwickelt hat, welche kulturellen und sozialen Triebkräfte dabei im Spiel waren, und räumt zumeist auch den Äußerungen historischer Designer*innen einen bestimmten Stellenwert ein. Sie fragt kurz gesagt danach, was sich wann, warum und wie ereignet hat. Die Philosophie des Designs hingegen fragt danach, was wir unter Design *vernünftigerweise verstehen sollten*. Geschichte und Geltung sind zwei Paar Schuhe, systematische Fragen müssen von historischen Fragen zunächst einmal getrennt werden. Das gilt auch dann, wenn ein angemessenes Verständnis der Geltung unserer Aussagen über Design zugleich der Geschichtlichkeit des Designs angemessen Rechnung tragen muss.

8 Vgl. zur Kunst auch Daniel M. Feige, *Computerspiele. Eine Ästhetik*, Berlin: Suhrkamp 2015, Kapitel 4.1.

Den Unterschied zwischen der Designgeschichte und der Philosophie des Designs kann man kurz und bündig auch wie folgt benennen: Eine designgeschichtliche Analyse fragt danach, was für wahr gehalten worden ist. Eine Philosophie des Designs fragt danach, was wahr ist. Nach der Wahrheit von Aussagen kann man nun natürlich selbst wieder ganz unterschiedlich fragen. Hier lässt sich eine philosophische Erkundung des Designs wiederum ex negativo gut in Abgrenzung von einer empirisch-sozialwissenschaftlichen Erforschung des Designs spezifizieren. Denn die Philosophie des Designs gelangt zu ihren Aussagen ebenso wenig dadurch, dass sie statistische Erhebungen durchführen würde, noch dadurch, dass sie klassische Experimente durchführen würde. Sie gelangt zu ihnen vielmehr durch *Nachdenken*. Philosophisches Nachdenken ist nicht zu verwechseln damit, sich in Gedanken irgendetwas auszumalen: Es ist ein *argumentatives* Nachdenken.[9] Es wäre unzureichend, ein entsprechendes argumentatives Nachdenken als Methode der Philosophie zu verstehen. Denn der Begriff der Methode setzt voraus, dass es zunächst einen Gegenstand gibt, auf den dann in einem zweiten und logisch davon unabhängigen Schritt etwas angewendet wird. Wäre das Nachdenken eine Methode, so wäre es schlechte Philosophie: als Anwendung von abstrakten Begriffen auf Arten von Gegenständen, die sich ihnen vielleicht gar nicht fügen. *Das argumentative Nachdenken ist nicht die Methode der Philosophie, sondern vielmehr ihre Form*. Damit erweist sich Philosophie als Reflexionswissenschaft, die sich einer Klärung solcher Grundbegriffe verschrieben hat, ohne die wir uns nicht oder zumindest nicht angemessen als diejenigen Lebewesen verstehen können, die wir sind. Genauer erweist sie sich als eine reflexive Wissenschaft, die in Form der argumentativen Auseinandersetzung auf eine rationale Rekonstruktion entsprechender Grundbegriffe abzielt. Die Philosophie des Designs fängt weder mit der Geschichte des Designs, noch mit empirischen Erhebungen zum Design an. Sie fängt bei unseren Vorverständnissen zum Design an und führt sie einer begründeten Klärung sowie einer systematisch zusammenhängenden Explikation zu. Die Philosophie des Designs produziert damit kein

9 Eine luzide Einführung in die philosophische Argumentationstheorie ist Holm Tetens, *Philosophisches Argumentieren. Eine Einführung*, München: Beck 2004. Vgl. zudem Wolfgang Detel, *Grundkurs Philosophie. Band 1: Logik*, Stuttgart: Reclam 2007, S. 42 ff.

Wissen *über* Design, sondern vielmehr Wissen über unser *Wissen* über Design. Wie der Philosophie des Designs Ergebnisse einer designgeschichtlichen oder empirischen Erkundung von Design nicht gleichgültig sein sollten, so sollten auch der Designgeschichte wie der empirischen Erforschung des Designs die Ergebnisse des philosophischen Nachdenkens nicht gleichgültig sein. Denn es zielt auf die Grundbegriffe auch dieser Wissenschaften – und man sollte sich ja im Klaren sein, was man hier eigentlich genau erforscht. Nach diesen Vorbemerkungen zur Spezifik einer philosophischen Erforschung des Designs komme ich zu den Grundbegriffen, die das Buch behandeln wird. Seine Konzeption sieht so aus, dass jedes seiner Kapitel einem der entsprechenden Grundbegriffe gewidmet ist.

*

Die meisten Designtheoretiker*innen wie Designhistoriker*innen, die sich mit Produktdesign beschäftigen, verbinden die Entstehung des Designs mit der industriellen Revolution.[10] Vor dem Hintergrund neuer technischer Möglichkeiten, die die Massenproduktion standardisierter alltäglicher Gebrauchsgegenstände ermöglichten, sind demzufolge nicht allein neue Gegenstände produziert worden, sondern ist zugleich eine neue *Art* von Gegenständen in die Welt gekommen. Aber allein schon die Gegenstände, die in den Bereich des Produktdesigns gehören – von Arne Jacobsens Stuhl *Model 3107* über Dieter Rams' *T1000* Radio für Braun bis hin zu Richard Sappers *Thinkpad X1 Carbon* für Lenovo –, sind offensichtlich sehr unterschiedlich. Wenn man zudem an die Entstehung des Deutschen Werkbundes und der Stuttgarter Weißenhofsiedlung von 1927 denkt,[11] sind hier die Grenzen zwischen Architektur, Innenarchitektur und Produktgestaltung nicht mehr klar zu ziehen. Damit erschöpft sich aber keineswegs die Diversität: Neben dem Produktdesign gibt es offensichtlich noch viele andere Bereiche

10 Exemplarisch ist hier neben dem Buch von John Walker vor allem die einschlägige Studie von Bernhard Bürdek zu nennen. Vgl. Bernhard E. Bürdek, *Design. Geschichte, Theorie und Praxis der Produktgestaltung*, Basel: Birkhäuser 2005 und John A. Walker, *Designgeschichte. Perspektiven einer wissenschaftlichen Disziplin*, München: Scaneg 1992.

11 Vgl. dazu Joan Campbell, *Der Deutsche Werkbund 1907-1934*, München: dtv 1989.

des Designs, einige mit einer langen Geschichte und Vorgeschichte, andere hingegen relativ neuen Ursprungs. Mit Blick auf das Graphikdesign muss man eine Geschichte der Typographie und eine der Buchgestaltung erzählen, ebenso wie man eine Geschichte der Plakate und ihres komplexen Verhältnisses zur modernen Kunst erzählen muss. Nicht zuletzt müsste in diesem Feld heute auch eine Geschichte des Webdesigns erzählt werden.[12] Nimmt man dann noch das Textildesign sowie die Geschichte der Mode hinzu und verliert auch jüngere Felder wie das Interaktionsdesign und das Transportation Design nicht aus dem Blick, scheint die Lage unübersichtlich zu werden: Gibt es hier nicht genauso viele Arten von Gegenständen wie es Bereiche des Designs gibt? Selbst wenn man mit Blick auf die Entstehung des Designs festhält, dass viele dieser Unterscheidungen späteren Ursprungs sind und man sowohl Produktdesigner*in als auch Graphikdesigner*in sein kann, ist damit das Problem nicht behoben: Was haben alle diese verschiedenen Formen des Designs miteinander gemeinsam, um sie unter dem Begriff des Designs zu versammeln? Thema des ersten Kapitels ist entsprechend die Frage nach dem *Begriff des Designs*. Ziel dieses Kapitels ist es, zweierlei zu zeigen: Erstens, dass es ein Missverständnis ist, zu meinen, man könnte sich die Frage nach *dem* Begriff *des* Designs sparen und sie zu einer Marotte der Philosophie oder der Theorie erklären; zweitens, dass sich Begriffe des Begriffs formulieren lassen, die der entsprechenden Unterschiedlichkeit durchaus Rechnung tragen können. Anders gesagt: Wenn man meint, man könne auf eine Klärung des Begriffs des Designs verzichten, weil man doch intuitiv wisse, was Design ist, oder weil Design eben viel zu unterschiedlich sei, verrät man vor allem, dass man einen *falschen* Begriff des Begriffs hat.

Einen angemessenen Begriff des Designs kann man nur dann formulieren, wenn man der *Geschichtlichkeit des Designs* Rechnung trägt. Nicht allein ist das, was Design ist, in vielfältiger Weise durch Veränderungen gekennzeichnet, sondern die meisten Designhistoriker*innen sind der Meinung, dass das Design konkrete historische Ursprünge hat. Die Geschichtlichkeit des Designs ist das Thema des zweiten Kapitels. Die Frage der Geschichtlichkeit

12 Vgl. dazu insgesamt Philip B. Meggs, Alston W. Purvis, *Meggs' History of Graphic Design*, Hoboken/NJ: Wiley & Sons 2006 sowie Rick Poynor, *No More Rules. Graphic Design and Postmodernism*, London: Laurence King Publishing 2003.

des Designs muss dabei dezidiert von der Frage der Geschichte des Designs unterschieden werden: Bezieht sich letztere auf die Entstehung sowie die faktische Entwicklung des Designs, zielt die erste Frage darauf, zu klären, was es *überhaupt* heißt, dass Design eine sich geschichtlich entwickelnde Praxis ist und in welcher Weise sie möglicherweise einen historischen Ursprung hat. Nicht zuletzt weil Design entstanden ist und in beständiger Veränderung begriffen ist, lässt es sich – so lautet ein Kerngedanke dieses Kapitels – nicht im herkömmlichen Sinne definieren. Das freilich schließt nicht aus, dass sich Design in kategorialer Weise bestimmen lässt, wenn man den Sinn solcher Kategorien im Lichte ihrer geschichtlichen Bewegtheit offenhält.

Design ist in seiner Konzeption, Produktion wie seinem Gebrauch Ausdruck unserer praktischen Welterschließung. Dass wir Designgegenstände produzieren und gebrauchen, heißt, dass es Design nur im Rahmen der menschlichen Welt gibt. Es wäre eine begriffliche Konfusion, zu behaupten, dass Tiere Designer sein könnten. Design kommt weder durch bloß physikalische oder biologische Prozesse in die Welt, noch können wir es erschöpfend oder auch nur sinnvoll auf der Ebene solcher Prozesse beschreiben. Im Sinne einer *Anthropologie des Designs* gehört damit die Frage, für was für Lebewesen Design geschaffen wird, selbst zum Kernbereich der Frage, was überhaupt Design ist. Sie bildet den Inhalt des dritten Kapitels des Buches. Es verteidigt insgesamt die klassische Bestimmung des Menschen als eines vernünftigen Lebewesens, wendet sie aber dahingehend praxistheoretisch, dass geltend gemacht wird, dass der Mensch ein Lebewesen ist, das sich auf sich und die Welt im Rahmen von kollektiven Praktiken bezieht. Designgegenstände – weiterhin in einem breiten und offenen Sinn verstanden und nicht bloß als Objekte – wären damit Dinge, mit denen wir immer auch praktisch-hantierend umgehen und die eine bestimmte Rolle in unseren alltäglichen wie auch außeralltäglichen Praktiken spielen. Den grundsätzlich praktischen Charakter von Design im Sinne einer anthropologischen Grundlage des Designs aufzuklären – das ist das Ziel des dritten Kapitels.

Diese praktische Bestimmung des Designs unterscheidet Designgegenstände offensichtlich nicht von anderen Gegenständen, mit denen wir in unserer Welt hantierend umgehen. Im vierten und längsten Kapitel des Buches wird insgesamt dafür argumentiert, dass es sich bei Designgegenständen um ästhetische Gegenstände einer besonderen Art handelt. Das Kapitel ist damit ein Beitrag zur *Ästhetik des Designs*. Es ist zugleich das programmatisch zentrale Kapitel des Buchs. Unter Ästhetik verstehe ich eine besondere Form des Bezugs auf Gegenstände, die sich so bestimmen lässt, dass sie sich auf die entsprechenden Gegenstände in ihrer Individualität bzw. Singularität bezieht. Zugleich begreife ich die Ästhetik aber als ein Projekt, das einen solchen Gegenstandsbezug nur sinnvoll begreifen kann, wenn es über die Spezifik solcher Gegenstände nachdenkt. Ich bin entsprechend der Auffassung, dass es keine allgemeine Explikation *des* Ästhetischen geben kann, die nicht zugleich eine Explikation *besonderer Formen* des Ästhetischen ist. Verstehen weite Teile der gegenwärtigen philosophischen Ästhetik das Ästhetische im Anschluss vor allem an Kant als Form, so möchte ich vorschlagen, es in Erweiterung der Einsichten Kants um diejenigen Hegels so zu verstehen, dass es selbst durch verschiedene und dabei irreduzible besondere Formen konstituiert ist. Diese fallen nicht einfach unter den Allgemeinbegriff des Ästhetischen, sondern liefern vielmehr einen je spezifischen Beitrag für eine angemessene Bestimmung desselben. Im Geiste Hegels gesprochen, sind sie jeweils konkrete Allgemeinheit.[13] Deshalb werde ich im vierten Kapitel so vorgehen, dass ich eine Ästhetik des Designs *kontrastiv* gegenüber einer Ästhetik der Kunst und einer Ästhetik der Natur entwickeln werde. Dabei werden sich grundsätzlich folgende Unterschiede ergeben: Während sich Kunst und Design von der Natur dadurch unterscheiden, dass es sich bei ihnen um Artefakte handelt, unterscheiden sich Design und Kunst dadurch, dass Design eine ästhetisch-praktische Form der Welterschließung ist, wohingegen Kunst eine ästhetische Praxis der Reflexion unserer selbst im Medium eigensinniger Formgebungen ist. Das sind jedoch keine Definitionen im herkömmlichen Sinne: Wenn es sich hier um Formunterschiede des Ästhetischen handelt, so geht es vielmehr um etwas, was sich immer schon in den besonderen Wendungen ausdrückt, die unser Urteilen, Wahrnehmen und Handeln mit Blick auf entsprechende Gegenstandsbereiche nehmen. Solche Formunterschiede möchte ich, wie festgehalten, aber gerade nicht formalistisch verstanden wissen. Entsprechende Wendungen kön-

13 Vgl. ausführlicher in diesem Sinne Feige, *Computerspiele*, Kapitel 2.

nen nicht ohne Rekurs auf eine Geschichte von Gegenständen, die in sie eingegangen sind und sie bestimmt haben, expliziert werden.

Zu den wiederum ästhetischen Dimensionen des Designs gehört auch die Art und Weise, wie es in die Welt kommt. Damit ist nicht die oftmals mechanische Herstellungsart gemeint, die für die Massenproduktion von Industriedesigngegenständen oder den Druck von Magazinen und Plakaten charakteristisch ist. Vielmehr ist der Prozess des Entwerfens gemeint. Das fünfte Kapitel gilt der Entwicklung von Grundzügen einer *Handlungstheorie des Designs* im Geiste der im vierten Kapitel skizzierten Ästhetik des Designs. Anders als Teile der gegenwärtigen Designforschung werde ich nicht die These vertreten, dass es sich bei Tätigkeiten des Entwerfens und Gestaltens um solche handelt, die sich radikal von sonstigen Handlungen unterscheiden. Vielmehr werde ich zu zeigen versuchen, dass es bei Prozessen des Entwerfens und Gestaltens – ebenso wie in anderer Weise auch bei Prozessen des Erschaffens von Kunstwerken – um Handlungen geht, in denen ein Moment dessen explizit zum Vorschein kommt, was es *überhaupt* heißt zu handeln. Der Gedanke lautet, dass in ästhetischen Praktiken deutlich wird, dass der Sinn von Handlungen nichts ist, was vor oder hinter dem, was die Akteure tun, liegen würde. Vielmehr zeigt sich das, was sie sind, in ihrem und durch ihren Vollzug. Zugleich werde ich geltend machen, dass der Sinn solcher Handlungen, und damit letztlich von Handlungen überhaupt, nicht in etwas besteht, was als vorgängig gegebene Regel in Form einer Determination des Ergebnisses besteht: Die Offenheit des Sinns von Handlungen tritt im ästhetischen Produzieren selbst ins Offene.

Neben den praktischen Funktionen haben nahezu alle Designgegenstände auch symbolische Funktionen. Das sechste Kapitel möchte Grundlagen für eine *Symboltheorie des Designs* legen. Symbolische Funktionen von Designgegenständen artikulieren sich in unserem Sprechen und Wahrnehmen von Designgegenständen nicht zuletzt derart, dass sie metaphorisch etwas ausdrücken können, was buchstäblich nicht auf ihre Materialien und Medien zutrifft. Denn häufig sind wir für ihre Beschreibung genötigt, Begriffe zu verwenden, die scheinbar gar nicht auf die Medien und Materialien zu passen scheinen, aus denen sie bestehen; wie Niklaus Troxlers Plakate mitunter klangliche und rhythmische Qualitäten auszudrücken in der Lage sind, so drücken einige Stühle von Marc

Newson auch dann Bewegung aus, wenn sie sich nicht in einem faktischen Sinne bewegen. Das Kapitel ist insgesamt dem Versuch gewidmet, philosophische Grundlagen zur Erklärung entsprechender Symbolisationen bereitzustellen. Im zweiten Teil wird es dabei darum gehen, dass sich aus einer angemessenen symboltheoretischen Rekonstruktion von Designgegenständen zugleich die These der Entgrenztheit verschiedener Arten des Designs herleiten lässt: Die Grenzen von Plakaten und Textilien, von Gebrauchsgegenständen und Klängen sind nicht allein dadurch immer schon flüssig, dass Verfahrensweisen übertragen werden können, sondern dass auch Plakate wie Textilien metaphorisch klangliche, haptische usf. Eigenschaften ausdrücken können.

Wie bereits die symboltheoretische Analyse von Designgegenständen deutlich macht, existieren Designgegenstände ebensowenig schlicht als vorhandene physikalische Gegenstände wie als bloß menschliche Projektionen in eine nackte physikalische Welt. Aber dennoch existieren sie auf die eine oder andere Weise als Gegenstände. Wir können uns in unseren Aussagen ohne Probleme auf die typographisch-experimentellen Plakate von Neville Brody beziehen oder auf das Logo für Lufthansa von Otl Aicher. Das siebte Kapitel widmet sich entsprechend der Frage der *Ontologie des Designs*. Seine Frage lautet: Auf welche Weise existieren Designgegenstände? Es wird sich erweisen, dass die in der Ästhetik gebräuchlichen Unterscheidungen, etwa diejenigen zwischen konkreten und abstrakten Entitäten oder zwischen performativen und nicht-performativen Künsten, nur bedingt hilfreich sind, um Designgegenstände ontologisch zu verorten. Der leitende Gedanke des Kapitels lautet vielmehr, dass Designgegenstände eine ontologische Klasse sui generis darstellen. Um das verständlich zu machen, wird ein anderer Begriff abstrakter Entitäten als derjenige notwendig, der in den einschlägigen ästhetischen Debatten vorherrschend ist.

Gerade im Licht der jüngeren Debatten der philosophischen Ästhetik ist positiv erarbeitet worden, dass eine Auseinandersetzung mit ästhetischen Fragen in bestimmter Weise zugleich auf die ethische wie politische Dimension des Ästhetischen eingehen muss. Es ist ein verständlicher Gedanke, dass Kunstwerke aufgrund der Art und Weise, wie sie uns etwas und damit sich selbst präsentieren, nicht auf die außerästhetische Wirklichkeit verrechenbar sind. Kunst ist immanent politisch darin, dass sie sich als eigensinnige Formgebung gerade jeder Politisierung widersetzt. Das ist im Design offensichtlich anders. Gerade aufgrund der Tatsache, dass Designgegenstände nicht eigensinnig sind, sondern vielmehr praktische Funktionen ästhetisch erarbeiten, hat die Frage der *Kritik des Designs* eine andere logische Struktur als die der Kunst. Ihr gilt das achte Kapitel. Ein Nachdenken über Design kann ethisch nicht neutral sein, da es eben Gegenstände thematisiert, die im Rahmen praktischer Zwecke Funktionen erfüllen. Die Legitimität der in Frage stehenden Zwecke affiziert unser Urteil über Designgegenstände in anderer Weise als das Kunstwerke aufgrund der Themen tun, die sie verhandeln. In diesem Sinne soll für die Notwendigkeit einer immer auch kritischen Thematisierung von Designgegenständen argumentiert werden: Man kann Waffen, Propagandaplakate und Zwangsjacken nicht ohne Blick auf eine Beurteilung ihrer Zwecke als Designgegenstände angemessen beurteilen. Mit einigen Bemerkungen zum derzeit vieldiskutierten Social Design werde ich als Abschluss des Kapitels wie des Buchs insgesamt fragen, inwieweit entsprechende Praktiken noch von der kritischen Analyse betroffen sind, die ich im achten Kapitel vorschlage.

*

Im Rahmen der Konstellation dieser acht Grundbegriffe wird das vorliegende Buch eine philosophische Perspektive auf Designgegenstände entwickeln. Dass in den Kapiteln häufig auf weitergehende philosophische Diskussionen Bezug genommen wird, ist kein Unfall: Sie sind notwendig, um die mit den jeweiligen Grundbegriffen verbundenen Fragen angemessen in den Blick zu nehmen. In dieser Weise bietet das Buch für Designstudierende wie Designer*innen hoffentlich zugleich auch eine Einführung ins philosophische Denken generell sowie in die Überlegungen einiger bedeutender Philosophen und Philosophinnen. Es versucht eine Form der Thematisierung und behandelt Positionen, die bislang in der Designtheorie – wenn überhaupt – nur wenig Gehör gefunden haben.

Kapitel 1
Begriff des Designs

Beginnen wir mit einer relativ willkürlichen Liste von Gegenständen: Frank Gehrys Wasserkocher *Pito* für Alessi, Gretl und Leo Wollners Gardine *Sling* für Knoll, die Type *Univers* von Adrian Frutiger, die Webgestaltungen von Hillman Curtis, die Piktogramme von Otl Aicher, das Mercedes-Benz-Logo von Kurt Weidemann und das SCNF-Jingle der französischen Bahn würden wir wahrscheinlich relativ unkontrovers als Designgegenstände klassifizieren. Leonardo da Vincis *Mona Lisa*, Johannes Brahms' *Deutsches Requiem*, Marina Abramović' *Lips of Thomas* und Francis Ford Coppolas *Der Pate* würden wir hingegen wahrscheinlich nicht dem Design, sondern vielmehr der Kunst zuschlagen. Mit Blick auf das Grabdenkmal Erzbischof Albrechts von Brandenburg im Mainzer Dom wären wir hingegen wohl zögerlich, es entweder der Kunst oder dem Design zuzuschlagen, ebenso mit Blick auf die historischen Stühle im Schloss Glücksburg. Vielleicht würden wir Ersteres eher der Kunst und Letztere eher dem Design zuschlagen, wenn das tatsächlich die einzigen Alternativen wären. Was aber macht die Gegenstände der ersten Liste mutmaßlich zu Gegenständen des Designs? Nicht allein erfüllen sie offensichtlich ganz verschiedene Funktionen. Vielmehr kann man ein Jingle anders als ein Logo nicht sehen und ein Logo wiederum anders als einen Wasserkocher normalerweise nicht in die Hand nehmen. Wo sollten wir aber dann die Gemeinsamkeiten zwischen all diesen Designgegenständen suchen? Und ist ein solches Unterfangen überhaupt sinnvoll? Der Verweis darauf, dass Designgegenstände von Designer*innen entworfen werden, hilft hier offensichtlich nicht weiter: Er ist zirkulär. Wir müssen schon wissen, was Design ist, um Personen entsprechend auszuzeichnen. Die hier aufgeworfenen Fragen betreffen die Frage nach einem angemessenen *Begriff* des Designs. Genauer betreffen sie die Frage nach der logischen Grammatik des Designbegriffs.

Das vorliegende erste Kapitel verfolgt mit Blick auf diese Frage zwei Ziele: Im ersten Schritt werde ich in kritischer Auseinandersetzung mit einigen jüngeren Beiträgen der Designtheorie zeigen, dass wir die Frage nach dem Begriff des Designs nicht unter Verweis auf die Unterschiedlichkeit und Wandelbarkeit dessen, was Design ist, beiseiteschieben können. Diejenigen, die das versuchen, verpflichten sich nämlich auf ein problematisches Verständnis davon, was Begriffe überhaupt sind. Im zweiten Schritt werde ich im Rahmen einer immanenten Kritik am herkömmlichen Verständnis der Definition von Begriffen alternative Verständnisse skizzieren. Dabei werde ich geltend machen, dass nur eine solche Rekonstruktion der Logik des Begrifflichen überzeugend ausfallen kann, die der historischen Bewegtheit wie Beweglichkeit dessen, was Design ist, angemessen Rechnung tragen kann. Diese allerdings wird erst das Thema des folgenden zweiten Kapitels sein. Es wird mir also in diesem ersten Kapitel nicht darum gehen, so etwas wie eine Definition des Designs zu entwickeln. Vielmehr werde ich metatheoretisch der Frage nachgehen, was wir plausiblerweise überhaupt unter dem Projekt verstehen sollten, einen Begriff des Designs zu erörtern. Spätere Kapitel werden dann Bausteine einer inhaltlichen Antwort auf die Frage, was Design ist, geben. Dazu wird unter anderem gehören, dass Designgegenstände sich dadurch auszeichnen, dass sie Funktionen in unserer Praxis erfüllen. Dazu wird weiter gehören, dass für Designgegenstände, anders als für Kunstwerke und Gegenstände des Handwerks, eine Form von Arbeitsteilung zwischen Entwurf und Herstellung charakteristisch ist. Und dazu wird auch gehören, dass Designgegenstände, anders als Kunstwerke im Lichte der Zwecke, zu denen sie da sind einer ethischen Kritik unterzogen werden können. Die Lektion dieses und des nächsten Kapitels, die also zusammengelesen werden müssen, lautet gleichwohl: Bei diesen Aspekten handelt es sich nicht um Bausteine einer herkömmlichen Definition des Begriffs. Sie werden sich vielmehr als in ihrem Sinn offene Momente dessen erweisen, was Design ist.

1.1 Die Unhintergehbarkeit von Begriffen

Spricht nicht die einleitend ausgewiesene Unterschiedlichkeit dessen, was wir alles Design nennen, dafür, dass wir gegenüber dem Versuch skeptisch eingestellt sein sollten, einen Begriff des Designs oder einer Theorie des Designs im Sinne einer systematischen Explikation zusammenhängender Grundbegriffe zu formulieren? Dieser Einwand lässt sich noch verschärfen, wenn man festhält, dass Designgegenstände offensichtlich nicht allein sehr unterschiedlich sind, sondern dass Design sich fortwährend im Wandel befindet.[1] Man kann hier etwa an die weitreichenden Auswirkungen denken, die die digitale Revolution in nahezu allen Bereichen des Designs zeitigt. In der deutschen Designtheorie ist die Auffassung verbreitet, dass aus der Unterschiedlichkeit wie Wandelbarkeit des Designs folgt, dass es keine systematische Theorie des Designs geben kann. So schreibt Michael Erlhoff in seiner *Theorie des Designs*: »Für eine Theorie des Designs [...] bedeutet dies, solche Unübersichtlichkeit als Qualität zu begreifen und diese und somit Design als nicht fassbares Element vorzustellen. Was notwendig zu Widersprüchen, zu Ungefährem, Unschärfe und potenziellen Verwirrungen führen kann, im geglückten Fall aber zu Offenheit und Elastizität des Designs.«[2] Allerdings kann Erlhoff, wenn er das, was er hier sagt, zu Ende denkt, gar nicht länger eine Theorie des *Designs* formulieren. Denn dazu müsste man vorher schon eine begriffliche Explikation dessen formuliert haben, *was* hier genau unübersichtlich ist. Offensichtlich ist ziemlich viel auf dieser Welt recht unübersichtlich und es kann sogar fast alles unter bestimmten Beschreibungen ziemlich unübersichtlich werden. Gänzlich wird das Kind mit dem Bade ausgeschüttet, wenn Erlhoff Design dabei als »nicht fassbares Element« bestimmt.[3] Denn warum sollte man ein solches nicht fassbares Element überhaupt noch »Design« nennen? Warum nicht einfach »X«? Was Erlhoff verschweigt, ist, dass Design als solches zu kennzeichnen immer schon heißt, es von Gegenständen zu unterscheiden, die nicht Design sind; sinnkritisch setzt die Benennung von etwas als etwas voraus, dass es sich von anderem *unterscheidet*. Mithin kann Erlhoffs weitergehende Aussage, dass wir »inzwischen mühsam gelernt [hätten] wahrzunehmen, dass alles um uns herum gestaltet ist, also Design ist«, nicht wahr sein:[4] Wäre alles Design, wäre nichts mehr Design. Auch dann, wenn die meisten Umgebungen, in denen sich Menschen heute zumindest in der okziden-

1 Vgl. in diesem Sinne auch John Heskett, *Design. A Very Short Introduction*, Oxford: Oxford University Press 2005, S. 3 ff.

2 Erlhoff, *Theorie des Designs*, S. 18. In dieselbe Kerbe schlägt er auch mit Brandes u. a., *Designtheorie und Designforschung*.

3 Erlhoff, *Theorie des Designs*, S. 18.

4 Ebd., S. 17.

talen Welt bewegen, immer auch menschengemacht sind, sollten wir somit keineswegs sagen, es handele sich hier bei allem um Design.[5] Eine entsprechende Inklusion entleert den Designbegriff.[6] Wenn Erlhoff seine These demgegenüber so verstanden wissen wollte, dass sich im Design etwas Ästhetisches zeigt, das niemals ganz auf unsere Auseinandersetzungen mit ihm verrechenbar ist, dann wäre sie weniger abwegig. Denn Ästhetisch-sein heißt, dass uns etwas Sinnvolles entgegenkommt, das gleichwohl von einem immanent gegenwendigen Moment gegenüber dem außerästhetischen Sinn gekennzeichnet ist. Aber das scheint nicht sein Punkt zu sein. Es reicht daher nicht, affirmativ die These zu unterschreiben, dass »[s]o richtig [niemand wisse], was Design ist«. Denn damit wird ein Zustand bezeichnet, der einen epistemischen Mangel darstellt und den es entsprechend zu überwinden gilt.[7]

5 Vgl. in diesem Sinne auch Forsey, *The Aesthetics of Design*, Introduction. Einen entsprechenden Einwand macht auch Glenn Parsons gegen Victor Papaneks These geltend, dass alle Menschen Designer seien. Vgl. Parsons, *The Philosophy of Design*, S. 7. Die kritisierte These findet sich in Victor Papanek, *Design for the Real World: Human Ecology and Social Change*, New York: Thames & Hudson 1971, S. 23.

6 Die argumentativen Schwächen, die hier im Spiel sind, kann man auch sehr gut an zwei anderen jüngeren Diskussionsbeiträgen nachvollziehen, die sich auf einen entgrenzten Begriff des Designs verpflichten. Wenn Friedrich von Borries aus der Tatsache, dass es Air Conditioning und Giftgas-Waffen gibt, meint, schlussfolgern zu können, dass die Luft selbst designt sei, so gibt er seine Überlegungen nicht allein der von mir benannten Inklusionskrankheit preis. Vielmehr handelt es sich hier offensichtlich um ein non sequitur. Vgl. Friedrich von Borries, *Weltentwerfen. Eine politische Designtheorie*, Berlin: Suhrkamp 2016, S. 39 ff. Daniel Hornuff hat den Designbegriff hingegen so erweitert, dass auch das Denken darunter fallen soll. Vgl. Daniel Hornuff, *Denken designen. Zur Inszenierung der Theorie*, Paderborn: Fink 2014. Seit Platons Dichterschelte ist sich die Philosophie des Problems wie des Potentials bewusst, dass ihr Inhalt immer ein geformter ist. Aber aus dieser These folgt wiederum nicht die deutlich stärkere Redeweise, dass Denken designt wäre. Gedanken als Gedanken zu verstehen heißt nämlich gerade nicht, auf der Ebene ihrer Form zu verbleiben. Wenn diese markant ist, wie etwa im Schreiben Heideggers, Derridas oder Wittgensteins, meint eine theoretische Betrachtung dieser Texte, dass man eine Explikation der theorieimmanenten Gründe für eine entsprechende gestische Dimension des Schreibens herausarbeitet. Sie meint aber keineswegs, diese Texte wie gestaltete Dinge anzustarren oder zu benutzen. Kurz gesagt: Die entgrenzten Designbegriffe von Daniel Hornuff und von Friedrich von Borries sind nicht allein entdifferenzierend mit Blick auf die in Frage stehenden Phänomene. Sie sind auch unzureichend argumentativ begründet.

7 Erlhoff, *Theorie des Designs*, S. 16.

Von ähnlichen Problemen ist in den theoretischen Grundlagen Claudia Mareis' Buch *Theorien des Designs zur Einführung* betroffen. Eher beiläufig bemerkt sie zu dessen Titel: »Bewusst wurde beim Titel dieses Bandes der Plural Theorien des Designs gewählt, um zu verdeutlichen, dass der geläufige Ausdruck ›Designtheorie‹ kein abgeschlossenes, in sich konsistentes Theoriegebilde bezeichnet. Vielmehr geht es um eine Bündelung verschiedener theoretischer, analytischer und systematischer (auch irrationaler, unsystematischer) Sichtweisen auf Designartefakte, -prozesse und -praktiken.«[8] Als Zustandsbeschreibung der Designtheorie scheint mir diese Bemerkung unkontrovers. Sie fährt dann aber fort: »[Entsprechende Sichtweisen müssen] stets als historische Gegenstände behandelt werden [...]. Anders formuliert, kann keine Theorie, kein Modell, keine Analyse der kulturellen, sozio-materiellen Produktion für sich beanspruchen, allgemeingültig oder zeitlos zu sein. Theorien können nur punktuell, an bestimmten Orten und Zeiten, vor allem aber jeweils nur für bestimmte Personen oder soziale Gruppen Gültigkeit beanspruchen.«[9] Bei dieser Aussage handelt es sich um einen lupenreinen performativen Selbstwiderspruch. Denn Mareis wird doch wohl für ihre Aussage selbst *durchaus* beanspruchen, dass sie wahr ist und nicht wiederum nur punktuelle Gültigkeit hat. Kurz gesagt: Ihre Theorie der Theorie ist selbstwidersprüchlich. Dieses Problem tritt deshalb auf, weil die Aussagen der Theorie auch ihre eigenen theoretischen Überlegungen unterwandern. Zu sagen, dass für *jede* Theorie das gilt, was sie hier behauptet, heißt also, dass es auch für ihre Theorie gilt. Die entsprechende Aussage kann deshalb nicht länger beanspruchen, wahr zu sein. Man kann nicht beides haben: Entweder man lässt sich mit seinen theoretischen Überlegungen auf das gemeinsame Spiel des Gebens und Einforderns von Gründen und damit auch auf Fragen des normativen Anspruchs von Theorien ein. Oder man macht etwas anderes als Theorie, das dann aber keine normative Geltung mehr haben kann. Natürlich könnte man Mareis' Charakterisierung auch anders verstehen: Als Ausdruck des Gedankens, dass Design ein so komplexer, komplizierter und schwieriger Gegenstand sei, dass er zwischen allen Stühlen landet, so dass er gar nicht im Rahmen einer

8 Mareis, *Theorien des Designs zur Einführung*, S. 29.

9 Ebd.

Theorie erfasst werden kann. Neben den bereits gegen die Aussage Erlhoffs vorgebrachten Einwänden würde eine solche Aussage aber nicht allein eine falsche Nobilitierung und damit theoretische Verzerrung der Praxis von Designern und Designerinnen sein. Vielmehr wäre sie wohl auch einfach Ausdruck der Tatsache, dass man noch nicht genug, ausdauernd und gründlich darüber nachgedacht hat, was Design ist. Man sollte daher keine Angst vor der Wahrheit haben;[10] man sollte theoretische Überlegungen zum Design vielmehr so verstehen, dass sie *durchaus* beanspruchen, Zutreffendes über Design zu sagen. Wie ich noch geltend machen werde, sollte man das freilich nicht so verstehen, dass man sich damit schon auf den Gedanken einer einzigen und letzten *inhaltlich* bestimmten Theorie des Designs festlegt. Hier ist Erlhoffs Redeweise von einer Offenheit der Theorie ebenso im Recht, wie es weiterführend ist, dass Mareis darauf pocht, dass Theorien immer auch einen historischen Charakter haben. Aber die Offenheit und der historische Charakter der Theorie des Designs müssen *selbst* wiederum theoretisch angemessen eingeholt werden, was beiden Autoren meines Erachtens nicht gelingt.

Michael Erlhoff wie Claudia Mareis verpflichten sich darüber hinaus meines Erachtens auf den Gedanken, dass begriffliche Artikulationen insgesamt *externe* Kategorisierungen von Gegenständen sind und dass sich die Gegenstände, die sie thematisieren, in bestimmter Weise *systematisch* der theoretischen Artikulation entziehen. Ein solches Verständnis begrifflicher Artikulation ist spätestens seit dem *linguistic turn* fragwürdig geworden, im Rahmen dessen die Einsicht formuliert worden ist, dass unsere begrifflichen Fähigkeiten an der Basis unseres Denkens und Wahrnehmens angesetzt werden müssen.[11] Anders gesagt: Das Verfügen über Begriffe

10 Ich greife hier den Titel eines Buchs von Paul Boghossian auf. Vgl. Paul Boghossian, *Angst vor der Wahrheit. Ein Plädoyer gegen Relativismus und Konstruktivismus*, Berlin: Suhrkamp 2013.

11 Vgl. zum *linguistic turn* den einschlägigen Band von Richard Rorty (Hg.), *The Linguistic Turn. Essays in Philosophical Method*, Chicago: University of Chicago Press 1967. In der Wissenschaftstheorie ist der Gedanke, dass es ein Gegebenes gibt, auf das dann noch in einem zweiten und logisch davon unabhängigen Schritt begriffliche Unterscheidungen angewendet werden, spätestens mit der Einsicht in die Theoriegeladenheit schon der erhobenen Daten diskreditiert. Vgl. als klassische Arbeiten dazu Pierre Duhem, *The Aim and Structure of Physical Theory*, Princeton: Princeton University Press 1991. Willard v. O. Quine,

bezeichnet einen wesentlichen Aspekt der *Form* des menschlichen Selbst- und Weltbezugs. Ex negativo lässt sich dieser Gedanke im Rahmen einer Kritik an einem Modell begrifflicher Artikulation ausweisen, das Begriffe und damit Sprache instrumentalistisch wie repräsentationalistisch deutet – ein Modell, das meines Erachtens genealogisch im Hintergrund der Art von Beiträgen steht, die ich just diskutiert habe. Paradigmatisch lässt sich dieses Modell wiederum anhand von John Lockes Auffassung der Funktionsweise von Sprache diskutieren. Im dritten Buch seines *Versuchs über den menschlichen Verstand* schreibt er: »Der Wert der Wörter besteht [...] darin, dass sie sinnliche Kennzeichen von Ideen sind, und die Ideen, denen sie entsprechen, sind ihre eigentliche und unmittelbare Bedeutung.«[12] Gemäß dieser Überlegung sind Worte, d.h. hier Begriffe, Hilfsmittel zur Mitteilung von Gedanken. Das aber setzt voraus, dass man Gedanken auch logisch unabhängig vom Verfügen über Begriffe haben kann. Sprache als System äußerer Zeichen wäre damit zugleich ein System äußerlicher Zeichen: Ein Gedanke ist so, wie er ist, und zwar ganz gleich, ob man ihn sprachlich ausdrücken kann. Ihn sprachlich ausdrücken zu können mag in vielen Hinsichten hilfreich sein, wenn wir unser Verhalten etwa mit demjenigen Verhalten anderer Menschen koordinieren wollen. Ihn ausdrücken zu können geht aber in Lockes Modell nicht in die Bestimmung dessen ein, was Gedanken überhaupt sind. *Instrumentalistisch* ist diese Auffassung von Begriffen, weil Begriffe hier als Mittel zum Ausdrücken von Gedanken verstanden werden. *Repräsentationalistisch* ist sie, weil Begriffe äußerliche Repräsentationen von Gedanken sind, ohne den Gehalt dieser Gedanken mitzubestimmen.

Dass ein solcher Begriff des Begriffs zum Scheitern verurteilt ist, lässt sich leicht einsehen. Erstens führt Lockes Auffassung der Sprache zu einem umfassenden Skeptizismus hinsichtlich der Bedeutung sprachlicher Ausdrücke. Auch dann, wenn ich mich mit anderen problemlos verstehe, könnte es Lockes Auffassung nach so sein, dass wir eigentlich die ganze Zeit aneinander vorbeireden. Das könnte wohlgemerkt geschehen, ohne dass wir das letztlich mit Si-

»Two Dogmas of Empiricism«, in: ders., *From a Logical Point of View*, Cambridge/Mass., London: Harvard University Press 1961, S. 20-46.

12 John Locke, *Versuch über den menschlichen Verstand*, Bd. 3, Hamburg: Meiner 1988, S. 5.

cherheit feststellen können oder auch nur bemerken. Lockes Modell führt notwendig zu dieser Konsequenz, weil es letztlich keine Möglichkeiten hat, einen Maßstab der Assoziation von Begriffen und Gedanken zu artikulieren. An diesem Bild ist problematisch, dass wir auch dann, wenn wir natürlich mitunter missverstehen, was andere meinen, wir dennoch keinen Grund haben sollten, Situationen gelingender Verständigung durch Verweise auf ein dahinterliegendes und tiefergehendes Missverstehen zu diskreditieren.[13] Zweitens muss man Lockes Gedanke, dass die Struktur von Gedanken unabhängig von der Struktur unserer Sprache zu erläutern ist, kritisch entgegenhalten, dass das Haben von Gedanken sinnkritisch das Verfügen über Begriffe voraussetzt. Denn nur sprachfähige Wesen können Gedanken haben.[14] Dass man den Gedanken hat, dass es gerade zwölf Uhr mittags ist, setzt voraus, dass man über den Begriff der Uhrzeit, der Zahl und sogar der Zeit verfügt. Man muss bereits über ein Ensemble inferentiell zusammenhängender Begriffe verfügen. Die Form meines Denkens ist bei dem Gedanken, dass es gerade zwölf Uhr mittags ist, sogar die Form der Sprache selbst. Es ist nicht so, dass im Denken und Sprechen zwei einander fremde Ordnungen aufeinanderprallen. Vielmehr handelt es sich hier um die äußere und die innere Seite *einer* Ordnung. Drittens schließlich kommt in Lockes Modell die soziale Dimension der Sprache zu spät. Denn sie kommt in Wahrheit nicht erst in dem Moment ins Spiel, wo ich mich anderen mitteile. Vielmehr kann ich ein Denkender und auch Handelnder nur dadurch sein, dass ich in eine Praxis gemeinsamen Sprechens einsozialisiert bin. Sprechende und Denkende können wir nur sein, indem wir Teil einer historisch-kulturellen Sprachgemeinschaft sind. Im Geiste Wittgensteins muss man festhalten, dass kriterial für die Frage

13 In der hermeneutischen Tradition hat Schleiermacher bei einem solchen universalen Missverstehen angesetzt – wenn auch mit dem Ziel, eine methodisch kontrollierte Kunstlehre des Verstehens zu entwickeln. Vgl. entsprechend Friedrich D. E. Schleiermacher, *Hermeneutik und Kritik*, Frankfurt/M.: Suhrkamp 1999, S. 92 ff. Mit Gadamer und Davidson sollte man gleichwohl sagen, dass man Verstehen nur dann verstehen kann, wenn es so ist, dass Verstehen immer schon bei Verstehen ansetzt und nicht bei Missverstehen. Vgl. in diesem Sinne auch Georg W. Bertram, *Hermeneutik und Dekonstruktion. Konturen einer Auseinandersetzung der Gegenwartsphilosophie*, München: Fink 2002, Kapitel I.3.

14 Vgl. in diesem Sinne Donald Davidson, »Vernünftige Tiere«, in: Donald Davidson, *Subjektiv, intersubjektiv, objektiv*, Frankfurt/M.: Suhrkamp 2001, S. 167-185.

nach Verstehen oder Missverstehen nicht eine vertikale Beziehung zwischen sprachfreien Gedanken und äußerlichen Verpackungen dieser Gedanken in Worte ist, sondern vielmehr eine horizontale Praxis des gemeinsamen Sprechens.[15]

Aus dieser Kritik lässt sich die Lektion ziehen, dass Begriffe keine bloßen Hilfsmittel für ein angemessenes Verständnis von Gegenständen sind. Vielmehr sind sie die *Form*, in welcher Gegenstände für uns überhaupt nur Gegenstände im Sinne von etwas *als* etwas sein können. Selbst noch hinsichtlich von Formen bildlichen oder musikalischen Verstehens ist es so, dass diese nicht verständlich ohne Rückgriff auf begriffliche Fähigkeiten sprachfähiger Wesen zu erläutern sind, obwohl sie selbst natürlich nicht sprachlicher Natur sind. Das heißt zugleich, dass die Klärung des Begriffs des Designs keine gegenüber der Sachfrage äußerliche Angelegenheit ist. Es kann also nicht darum gehen, Begriffe als solche gewissermaßen von außen kritisch zu hinterfragen. Es muss vielmehr darum gehen, den Versuch zu unternehmen, einen *angemessenen* Begriff des Designs zu formulieren, der sich Herausforderungen wie der Unterschiedlichkeit wie Wandelbarkeit dessen, was Design ist, zu stellen erlaubt.

1.2 Logiken des Begrifflichen

Mit der bisherigen Analyse ist inhaltlich natürlich noch nicht viel erreicht. Wir wissen jetzt zwar Folgendes: Wir sollten skeptisch sein gegenüber der Zurückhaltung, Design begrifflich erfassen zu wollen. Unterschiedlichkeit wie Wandelbarkeit des Designs müssen als Momente einer angemessenen Explikation des *Begriffs* des Designs verstanden werden. Aber damit ist die Frage natürlich noch nicht beantwortet, wie genau das vonstattengehen soll. Wie ich jetzt zeigen möchte, betrifft das Problem nicht das Projekt der Explikation des Begriffs des Designs per se, sondern vielmehr ein bestimmtes Verständnis dieses Projekts. Genauer betrifft es ein durchaus herkömmliches Verständnis dieses Projekts und zwar die Auffassung,

15 Vgl. Ludwig Wittgenstein, *Philosophische Untersuchungen*, Frankfurt/M.: Suhrkamp 1980, §43. Instruktiv zu den hier angerissenen hermeneutischen Fragen ist auch Christoph Demmerling, *Sinn, Bedeutung, Verstehen. Untersuchungen zu Sprachphilosophie und Hermeneutik*, Paderborn: Mentis 2002.

dass ein angemessener Begriff des Designs die Form einer klassischen Definition annehmen sollte.

Auf die Frage, was etwas sei, mit einer Definition zu antworten, scheint so selbstverständlich, dass auch den meisten Designtheoretikern und Designtheoretikerinnen keine andere Option in den Sinn kommt. Noch Erlhoffs Gedanke, dass Design undefinierbar sei, ist dialektisch just auf ein solches Verständnis bezogen. Beat Schneider schlägt in seinem Buch *Design – Eine Einführung* etwa folgende Definition vor: »Design ist die planvoll-kreative Visualisierung der Handlungsprozesse und Botschaften von verschiedenen gesellschaftlichen AkteurInnen und die planvoll-kreative Visualisierung der verschiedenen Funktionen von Gebrauchsgegenständen und ihre Ausrichtung auf die Bedürfnisse der BenutzerInnen oder auf die Wirkung bei den RezipientInnen.«[16] Auch wenn man sagen muss, dass Schneider diese Definition dezidiert als »Versuch« versteht und im Abschnitt vorher festhält, dass Design eigentlich gar nicht definiert werden kann: Ihre Legitimität steht und fällt damit, dass man sie konsequent zu Ende denkt. Schneider formuliert diese Definition als »Fazit« aus drei Thesen, die er vorher formuliert: Erstens, dass alle Menschen Designer*innen seien, zweitens, dass Design Objekte formt, und drittens, dass Design Botschaften formt. Alle drei Festlegungen sind natürlich ziemlich kontrovers. Die erste These ist deshalb problematisch, weil der Designbegriff hier wieder völlig entgrenzt wird. Wenn ich meine Wohnung mehr oder weniger geschmackvoll einrichte, bin ich noch lange nicht David Chipperfield. Und wenn ich einen Stuhl aus Brennholz zusammenklebe, bin ich noch lange nicht Marc Newson. Dass wir in der einen oder anderen Weise unsere alltägliche Umgebung modifizieren und durch unseren Kleidungsstil usf. immer auch ästhetische Präferenzen ausdrücken, macht uns noch nicht zu Designer*innen.[17] Zur zweiten These ist festzuhalten, dass sie nur dann verständlich ist, wenn der Begriff des »Objekts« hier letztlich im Sinne eines Begriffs des logischen Gegenstandes von

16 Beat Schneider, *Design – eine Einführung. Entwurf im sozialen, kulturellen und wirtschaftlichen Kontext*, Basel: Birkhäuser 2009, S. 197.

17 Man muss hier Fragen einer Ästhetik des Designs von Fragen einer Alltagsästhetik unterscheiden. Auch wenn beide zusammenhängen, ist letztere viel weiter als erstere. Vgl. zu letzterer Yuriko Saito, *Everyday Aesthetics*, Oxford: Oxford University Press 2010.

sprachlichen Bezugnahmen verwendet wird.[18] Denn schließlich gehören auch Benutzeroberflächen von Betriebssystemen in den Bereich des Designs, und dennoch handelt es sich hier natürlich nicht um Objekte im Sinne materieller Dinge. Mit Blick auf die dritte These ist schließlich eine ganz schlichte Rückfrage zu stellen: Welche Botschaft geht etwa von Gillis Lundgrens *Billy Regal* oder von einer Küche von Bulthaup aus? Mit Schneider bin ich zwar der Auffassung, dass auch Regale und Küchen etwas ausdrücken können.[19] Aber diese These ist natürlich selbst erläuterungsbedürftig. Schon hinsichtlich der drei Thesen zeigt sich ein Problem, das dann auch für die vorgeschlagene Definition gilt: Sie sind schlichtweg unklar. Ebenso unklar ist, wie Beat Schneider von diesen drei Thesen überhaupt zu der Definition gelangt. Denn es handelt sich hier offensichtlich nicht um Prämissen, aus denen formal gültig eine Konklusion gezogen wird. Nicht zuletzt ist die logische Struktur der Definition selbst ebenfalls unklar. Sind die »und«, die die logischen Teile des Satzes trennen, so zu verstehen, dass hier jeweils Bedingungen angegeben werden, die erfüllt sein müssen, damit wir es mit einem Designgegenstand zu tun haben? Muss *sowohl* erfüllt sein, dass etwas eine »planvoll-kreative Visualisierung der Handlungsprozesse und Botschaften von verschiedenen gesellschaftlichen AkteurInnen« ist, als *auch* erfüllt sein, dass es »die planvoll-kreative Visualisierung der verschiedenen Funktionen von Gebrauchsgegenständen« ist, als *auch* erfüllt sein, dass diese Funktionen »auf die Bedürfnisse der BenutzerInnen oder auf die Wirkung bei den RezipientInnen« ausgerichtet sind, um Design zu sein, oder ist bereits eine der genannten Bedingungen hinreichend? Mit Blick auf den letzten Teil des Satzes ist wiederum unklar, ob es sich hier um ein inklusives »oder« oder ein exklusives »oder« handelt, also um ein »Entweder-oder« oder um ein »Sowohl-als-auch«. Diese Fragen sind keine Spitzfindigkeiten. Vielmehr betreffen sie die *Verständlichkeit* des entsprechenden Definitionsvorschlags. Er scheint mir schon aus einem schlichten Grund letztlich nicht überzeugend zu sein. Es tauchen hier Begriffe auf, deren Bedeutung nicht al-

18 Im Sinne dessen, worauf wir mit singulären Termini Bezug nehmen – sei es ein materieller oder abstrakter Gegenstand oder eine Infrastruktur. Vgl. Gottlob Frege, »Über Sinn und Bedeutung«, in: ders., *Funktion, Begriff, Bedeutung. Fünf logische Studien*, Göttingen: Vandenhoeck & Ruprecht 1986, S. 38-63.

19 Dazu mehr im Kapitel zur Symboltheorie des Designs.

lein weitestgehend unklar bleibt, sondern von denen einige meines Erachtens auch verhindern, dass es sich hier um eine Definition im strengen Sinne handeln kann. Klagt nicht etwa gerade die jüngere Designforschung ein, dass hier nicht alles planvoll zugehe?[20] Natürlich hätte Schneider Recht, wenn er das Prädikat »planvoll« schlichtweg so versteht, dass Design Ausdruck der Tätigkeit von Lebewesen ist, die Ziele und Absichten mit ihren Handlungen verfolgen. Dann könnte man nämlich auch sagen, dass noch gezielt eingesetzte aleatorische Prozesse im Design als planvoll verstanden werden müssen. Aber das bleibt gänzlich unerläutert. Ebenfalls unerläutert bleibt der Ausdruck »kreativ«. Nicht allein ist dieser Ausdruck keineswegs unschuldig.[21] Vielmehr stellt sich die Frage, ob es sich hier um einen normativen oder einen deskriptiven Ausdruck handelt. Mag man »planvoll« und »kreativ« noch irgendwie derart lesen, dass sie Sinn ergeben, so scheint mir spätestens mit Blick auf den Ausdruck der »Visualisierung« die Definition zu scheitern. Das deshalb, weil es offensichtlich Design gibt, das nicht auf eine entsprechende »Visualisierung« angewiesen ist und dessen ästhetische wie funktionale Pointe sicherlich nicht in so etwas besteht. Neben dem genannten Jingle der Société nationale des chemins de fer français kann man etwa an das Sounddesign von Automotoren, Lippenstiften oder Keksen denken.[22] Kurz gesagt: Aus verschiedenen Gründen handelt es sich hier nicht um eine Definition. Beat Schneiders »Versuch« muss als gescheitert gelten.

Die logische Struktur von Definitionen wird heute in der Philosophie im Regelfall so erläutert, dass sie in der Angabe jeweils notwendiger und zusammen hinreichender Bedingungen besteht. Entsprechende Bedingungen sind deshalb jeweils notwendig, weil in dem Fall, in dem eine fehlt, die Extension des in Frage stehenden Begriffs nicht länger zutreffend ist; hinreichend sind sie zusammen

20 Siehe dazu etwa auch die Debatten zum partizipatorischen Design und hier etwa die Beiträge in Claudia Mareis u.a. (Hg.), *Wer gestaltet die Gestaltung? Praxis, Theorie und Geschichte des partizipatorischen Designs*, Bielefeld: Transcript 2013.

21 Vgl. dazu Andreas Reckwitz, *Die Erfindung der Kreativität. Zum Prozess gesellschaftlicher Ästhetisierung*, Berlin: Suhrkamp 2012. Als Vorschlag einer systematischen Rekonstruktion Simone Mahrenholz, *Kreativität. Eine philosophische Analyse*, Berlin: Akademie Verlag 2011.

22 Fragen des Sounddesigns sind hier natürlich in den meisten Fällen mit Fragen des Acoustic Branding verbunden. Ein Porsche klingt nicht irgendwie, sondern ein Porsche klingt wie ein Porsche.

dann, wenn ihnen tatsächlich gelingt, die Gegenstände und zwar nur die aus allen Gegenständen der Welt herauszugreifen, die unter den in Frage stehenden Begriff fallen. Definitionen können zu exklusiv sein. Das sind sie dann, wenn sie etwas ausschließen, was eigentlich unter den Begriff fällt. Beispielhaft ist hier Schneiders Definition dahingehend, dass sie etwa Sounddesign aus dem Begriff des Designs ausschließt. Wer den Begriff des Bestecks definieren will, dabei aber Messer ausschließt, hat offensichtlich etwas falsch gemacht. Die angegebenen Bedingungen können aber auch zu inklusiv sein. Das sind sie dann, wenn sie zu vieles einschließen und damit die Extension des Begriffs als weiter bestimmen, als sie tatsächlich ist. Das gilt etwa für die Definition von »Design«, die sich im *Fremdwörterbuch* des *Dudens* von 1997 findet. Dort wird Design als »formgerechte u. funktionale Gestaltgebung u. die so erzielte Form eines Gebrauchsgegenstandes; Entwurf[szeichnung]« bestimmt.[23] Nicht allein ist auch diese Definition wieder mit Blick auf das Sounddesign wie auch die Tatsache, dass entsprechende Formgebungsprozesse nicht immer Gebrauchsgegenständen als ganzen, sondern mitunter auch Teilen von Gebrauchsgegenständen gelten, zu exklusiv. Vielmehr ist sie auch zu inklusiv, da wir auf ihrer Grundlage Handwerk und Design nicht voneinander unterscheiden können. Wer Elefant definiert und auch Mammuts in seiner Menge von Gegenständen hat, die er mit der vorgeschlagenen Definition herausgreift, hat offensichtlich gar nicht den Begriff des Elefanten definiert, sondern vielleicht den Begriff der Menge aller Elefanten und Mammuts.

Aber gibt es nicht gerade zwischen Handwerk und Design zumindest Grauzonen? Zwar sollten wir uns davor hüten, Design und Handwerk miteinander zu identifizieren. Zum einen deshalb, weil Gegenstände des Handwerks häufig Einzelgegenstände sind, während Prozesse des Gestaltens im Bereich des Designs eher einen Blueprint hervorbringen, der in potentiell unendlich vielen Einzelgegenständen verkörpert sein kann. Zum anderen deshalb, weil sich ästhetische Fragen hinsichtlich des Designs in anderer Weise stellen als hinsichtlich des Handwerks.[24] Dennoch ist nicht prinzi-

23 *Duden. Das Fremdwörterbuch*, Mannheim, Leipzig u.a.: Dudenverlag 1997, S. 181.

24 Vgl. zum Verhältnis von Handwerk und Design etwa Melanie Kurz, *Handwerk oder Design. Zur Ästhetik des Handgemachten*, Paderborn: Fink 2015.

piell auszuschließen, dass es Gegenstände gibt, die wir beidem zuordnen würden. Wir müssen aber die möglicherweise existierenden Grauzonen und zugleich die Unterschiedlichkeit dessen, was wir alles Design nennen, gar nicht als Bedrohung des Begriffs des Designs verstehen. Denn eine Explikation des Begriffs einer Sache im Sinne der Angabe jeweils notwendiger und zusammen hinreichender Bedingungen ist nicht die einzige Option, die uns offensteht, um die logische Struktur von Begriffen zu denken.

Eine naheliegende Alternative hat Paul Ziff schon 1953 hinsichtlich der Frage der Definition des Kunstbegriffs vorgeschlagen.[25] Sie lässt sich umstandslos auch auf den Begriff des Designs übertragen. Ziff bestreitet, dass es eine Reihe jeweils notwendiger und zusammen hinreichender Bedingungen gibt. Was es seiner Auffassung nach vielmehr gibt, sind *prototypische* Verkörperungen des Begriffs.[26] Wenn ich dieses Kapitel mit der Nennung einer Reihe paradigmatischer Designgegenstände begonnen habe, so ließe sich diese Nennung im Sinne von Ziffs Prototypentheorie verstehen. Die Gegenstände der Liste aller Designgegenstände würden damit nicht dadurch auf diese kommen, weil sie eine Reihe jeweils notwendiger und zusammen hinreichender Bedingungen erfüllen würden. Wenn wir etwa sagen, Frank Gehrys *Pito* sei ein prototypischer Designgegenstand, so wäre das vielmehr derart zu erläutern, dass wir andere Designgegenstände durch die Brille des entsprechenden paradigmatischen Designgegenstands sehen würden. Würden wir dann auf neue Gegenstände stoßen, wie etwa Peter Schlumbohms Kaffeekanne *Chemex* oder Alfonso Bialettis *Moka Express*, so wären wir in der Lage, sie dem Begriff des Designs deshalb zuzuordnen, weil dieser Gegenstand dem prototypischen Gegenstand hinreichend ähnlich wäre. Genauso verhielte es sich in dem Fall, in dem wir die Type *Univers* von Adrian Frutiger als prototypischen Designgegenstand ansehen würden. Stoßen wir danach auf Max Miedingers Type *Helevetica* oder Erik Spieker-

25 Vgl. Paul Ziff, »Was es heißt zu definieren, was ein Kunstwerk ist«, in: Roland Bluhm, Reinold Schmücker (Hg.), *Kunst und Kunstbegriff. Der Streit um die Grundlagen der Ästhetik*, Paderborn: Mentis 2002, S. 17-38.

26 Paul Ziff hat diesen Begriff freilich noch nicht verwendet. Er hat seinen angestammten Platz vor allem in sprachwissenschaftlichen und kognitionswissenschaftlichen Theorien. Vgl. etwa Georges Kleiber, *Prototypensemantik. Eine Einführung*, Tübingen: Narr 1993.

manns *FF Meta*, so könnten wir sie deshalb als Designgegenstände identifizieren, weil sie dem prototypischen Designgegenstand hinreichend ähnlich wären. Das mag alles zunächst einmal plausibel klingen. Die Probleme einer Prototypentheorie beginnen aber spätestens mit der Frage,[27] ob die Gegenstände meiner anfänglichen Liste sich insgesamt selbst wiederum auf der Achse *eines* Prototyps des Begriffs des Designs in den Blick nehmen lassen. Das scheint schwer möglich zu sein: Während die Analogien zwischen Frutigers *Univers* mit anderen Schrifttypen auf der Hand liegen, überwiegen wohl eher die Unterschiede zwischen Frutigers Schrifttyp und dem Jingle der französischen Bahn. Der Ausweg, zu behaupten, dass Letzteres mit Blick auf Design eher randständig sei, ist jedoch versperrt, weil das einfach eine Frage des vorausgesetzten Bezugsgegenstandes ist und diese Voraussetzung letztlich kontingent bleibt. So wie die meisten Bewohner Norddeutschlands eher eine Amsel oder eine Dohle als Prototyp des Vogels betrachten würden und nicht einen Pinguin, scheint es einfach eine Frage zu sein, was man gesehen hat. Ob eher Plakate von David Carson oder Paula Scher Prototyp im Bereich der Gestaltung von Plakaten oder sogar des Graphikdesigns sind und nicht jüngere Entwicklungen im Design interaktiver Schrifttypen oder des Designs von Webseiten, wird so der Kontingenz anheimgegeben. Wenn man nun sagt, dass es verschiedene Prototypen des Designs gebe, etwa einen oder mehrere Prototypen des Graphikdesigns, so stellt sich wieder die ganz schlichte Frage, warum es sich dabei denn überhaupt um Prototypen des *Designs* handeln sollte.

Eine Antwort auf diese Einwände besteht darin, dass man den Gedanken insgesamt aufgibt, nach einem einheitlichen Prinzip zu suchen, das vom Begriff des Designs ausgedrückt wird – weiterhin aber ohne den Begriff des Designs selbst zu verabschieden! Der Fehler der Prototypentheorie ist, dass sie weiterhin nach einem primären Prinzip sucht, bzw. weil sie das macht, sich bei ihr der Begriff des Designs selbst insgesamt aufzulösen droht. Drei Jahre nach Ziffs Aufsatz hat Morris Weitz einen Aufsatz zur Frage der Definition von Kunst geschrieben, der just diese Konsequenz gezo-

27 Ich möchte kurz anmerken, dass ich der Auffassung bin, dass die Prototypentheorie schon dadurch diskreditiert ist, dass sie mit der Kategorie der Ähnlichkeit operiert. Vgl. in diesem Sinne Nelson Goodman, *Sprachen der Kunst. Entwurf einer Symboltheorie*, Frankfurt/M.: Suhrkamp 1997, S. 15 ff.

gen hat.[28] Auch seine Überlegungen lassen sich unumwunden auf Design beziehen. Er beruft sich dabei auf Argumente, die Ludwig Wittgenstein im Kontext seiner *Philosophischen Untersuchungen* formuliert hat. Sie gelten der Frage, welche logische Grammatik der Begriff des »Spiels« aufweist. In Wittgensteins Buch heißt es: »Betrachte z. B. einmal die Vorgänge, die wir ›Spiele‹ nennen. Ich meine Brettspiele, Kartenspiele, Ballspiele, Kampfspiele, usw. Was ist allen diesen gemeinsam? – sag nicht: ›Es *muß* ihnen etwas gemeinsam sein, sonst hießen sie nicht ›Spiele‹ – sondern *schau*, ob ihnen allen etwas gemeinsam ist.«[29] Worauf wir schauen sollen, sind unsere *Verwendungsweisen* des entsprechenden Begriffs im Rahmen unserer gemeinsamen *Sprachpraxis*. Wenn wir erst einmal verstanden haben, dass unsere Verwendungsweisen und nicht eine – wohl möglich noch an dem Modell einer idealen Sprache orientierte –[30] Definition der Maßstab sein muss, ist nichts problematisch daran, dass wir viele Begriffe nicht definieren können. Wittgenstein weist zu Recht darauf hin, dass wir den Spielbegriff nicht im herkömmlichen Sinne definieren können: Wir finden hier nichts, was allen gemeinsam wäre. Was wir aber durchaus finden, ist »ein kompliziertes Netz von Ähnlichkeiten, die einander übergreifen und kreuzen«.[31] Wittgenstein hat für eine Beschreibung dieses Netzes den Begriff der »Familienähnlichkeit« geprägt: So wie einige Mitglieder einer Familie eine Vielzahl von Eigenschaften mit anderen Mitgliedern teilen und diese wiederum mit anderen, so bilden auch die Spiele gewissermaßen eine Familie. Auch Designgegenstände, so könnte man ergänzen, bilden eine Familie. Hinsichtlich der anfänglichen Liste von Designgegenständen ließe sich dieses Verständnis des Begriffs des Designs folgendermaßen konkretisieren: Der Wasserkocher *Pito* teilt mit der Gardine *Sling* der Wollners, dass es sich hier

28 Vgl. Morris Weitz, »Die Rolle der Theorie in der Ästhetik«, in: Roland Bluhm, Reinold Schmücker (Hg.), *Kunst und Kunstbegriff. Der Streit um die Grundlagen der Ästhetik*, Paderborn: Mentis 2002, S. 39-52.

29 Wittgenstein, *Philosophische Untersuchungen*, S. 56 f.

30 Eine solche Auffassung wird häufig den frühen Arbeiten Wittgensteins zugeschrieben. Vgl. dagegen James Conant, Cora Diamond, »On Reading the Tractatus Resolutely: Reply to Meredith Williams and Peter Sullivan«, in: Max Kölbel, Bernhard Weiss (Hg.), *Wittgenstein's Lasting Significance*, London, New York: Routledge 2004, S. 46-99.

31 Wittgenstein, *Philosophische Untersuchungen*, S. 57.

um Gegenstände handelt, die gewöhnliche Funktionen in unserer alltäglichen Praxis übernehmen. Die Typen Frutigers teilen mit den Webgestaltungen Hillman Curtis' hingegen, dass sie Elemente zur Generierung von Aussagen und Botschaften im Rahmen weitergehender medialer Kontexte sind – unter den Bedingungen des Buch- und Plakatdrucks einerseits, unter den Bedingungen der digitalen Revolution andererseits. Mit der Gardine teilt die Schriftart zudem die Eigenschaft, markante graphische Formen zu exemplifizieren. Das Logo ist hingegen wie die Schrift graphischer Natur, wohingegen der SNCF-Jingle mit dem Wasserkocher und der Gardine sowie dem Logo teilt, mit einem bestimmten Unternehmen verbunden zu sein. Diese Liste von jeweils geteilten und nicht geteilten Eigenschaften ließe sich in alle Richtungen durchdeklinieren. Zugleich wäre sie mit Blick auf zukünftige Designgegenstände offen. Es kann durchaus einzelne Elemente einer solchen Liste geben, die mit einigen anderen Elementen keine relevante Eigenschaft teilen, aber dafür wiederum mit anderen Elementen der Liste. Darin besteht kein Problem, da gerade nicht länger nach definierenden Eigenschaften gesucht wird, die alle Elemente verbinden. Ob etwas ein Designgegenstand ist, ist in Wittgensteins Modell weniger eine Frage der Erfüllung vorgängig bestimmter korrekter Anwendungsbedingungen. Vielmehr ist es die Frage einer Entscheidung, ob wir gewillt sind, ihn aufgrund von Analogien wie Disanalogien zu bestehenden Designgegenständen dem Design einzugemeinden. Wittgenstein behauptet dabei natürlich keineswegs, dass die ausgewiesene Logik der Familienähnlichkeit eine Explikation der logischen Grammatik all unserer Begriffe ist. Das ist eine offene Frage, die sich hinsichtlich unserer Verwendung der entsprechenden Begriffe ausweisen lassen muss. Er hat die Situation angesichts solcher Begriffe im Kontrast zu Begriffen, deren Bedeutung durch eine herkömmliche Definition angegeben werden kann, anhand des Bildes eines Fadens verdeutlicht:[32] Werden die Gegenstände im Fall einer herkömmlichen Definition dadurch zusammengehalten, dass es einen Faden gibt, der alle Gegenstände verbindet, werden sie im Fall einer familienähnlichkeitstheoretischen Erläuterung dadurch zusammengehalten, dass es viele an unterschiedlichen Stellen verknüpfte Fäden gibt. Und mit Blick auf Design sollten wir,

32 Vgl. ebd., S. 58.

wenn das tatsächlich die einzige Alternative wäre, uns natürlich für die letztere Variante entscheiden.

Aber die skizzierte Alternative ist natürlich selbst nicht erschöpfend. Zwar halte ich den Gedanken, dass Designgegenstände ausgesprochen unterschiedlich sind, ebenso für einen wesentlichen Baustein einer angemessenen Explikation des Begriffs des Designs wie den Hinweis auf die konstitutive Offenheit des Begriffs mit Blick auf zukünftige Designgegenstände. Allerdings bin ich der Auffassung, dass ein an Wittgenstein orientiertes Modell uns letztlich keine zufriedenstellende Antwort vor allem hinsichtlich der entsprechenden Offenheit des Begriffs geben kann.[33] Denn das Modell der Familienähnlichkeit versteht die Offenheit letztlich monoton: Es kommen beständig neue Gegenstände hinzu, die Entscheidungen über die Anwendungsbedingungen des Begriffs notwendig machen. Eine Entscheidung über die Anwendungsbedingungen des Begriffs des Begriffs *selbst* kann es hingegen nicht geben. Anders gesagt: Trotz seiner Offenheit ist die Struktur der Familienähnlichkeit ironischerweise genauso statisch wie eine herkömmliche Definition. Bewegung gibt es nur auf der Ebene des Inhalts des Begriffs, nicht aber auf der Ebene des Begriffs selbst.[34] Damit aber kann das skizzierte Modell gerade der *geschichtlichen* Dimension des Designs nicht länger angemessen Rechnung tragen. Obwohl mit dem an Wittgenstein orientierten Modell ein veritabler Ausgangspunkt gefunden ist für eine Lösung des Problems der Unterschiedlichkeit des Designs, ist mit ihm noch kein angemessener Ausgangspunkt für eine Lösung des Problems der Wandelbarkeit des Designs gefunden. Die geschichtliche Dimension des Designs besteht zum einen darin, dass sich der Sinn des Begriffs des Designs im Lichte neuer Designgegenstände durchaus qualitativ wandeln kann. Zum

33 Das gilt auch für die Weiterentwicklungen von Wittgensteins Überlegungen in der Kunsttheorie in Gestalt etwa der Clustertheorie Berys Gauts. Vgl. Berys Gaut, »Kunst als Clusterbegriff«, in: Roland Bluhm, Reinold Schmücker (Hg.), *Kunst und Kunstbegriff. Der Streit um die Grundlagen der Ästhetik*, Paderborn: Mentis 2002, S. 140-165. Vgl. ausführlicher dazu auch Feige, *Computerspiele*, Kapitel 2. Ich lasse dabei die Frage offen, ob diese Kritik tatsächlich primär Wittgenstein trifft oder nicht vielmehr vor allem seine Appropriationen im Kontext der analytischen Ästhetik.

34 Dieser Einwand trifft auch die Überlegungen, die Morris Weitz, über Wittgenstein hinausgehend, im zitierten Aufsatz formuliert. Vgl. dazu Karlheinz Lüdeking, *Analytische Philosophie der Kunst*, Frankfurt/M.: Athenäum 1988, S. 72.

anderen besteht sie darin, dass Design selbst einen geschichtlichen Ursprung hat. Wie das folgende Kapitel zur Geschichtlichkeit des Designs deutlich machen wird, müssen wir in ein anderes logisches Register wechseln, um die Geschichtlichkeit der Gegenstände des Designs wie die Geschichtlichkeit des Designs selbst angemessen in den Griff zu bekommen.

Kapitel 2
Geschichtlichkeit des Designs

Neben den im letzten Kapitel diskutierten Definitionsvorschlägen sind in der Designtheorie vor allem Rekurse auf die Etymologie des Ausdrucks »Design« verbreitet, um die Bedeutung des Begriffs zu klären. Bernhard Bürdek verweist in seinem Buch *Design. Geschichte, Theorie und Praxis der Produktgestaltung* auf Forschungsbeiträge, die geltend machen, dass »gegen Ende des 16. Jahrhunderts in Italien die Begriffe ›disegno interno‹ (das Konzept eines auszuführenden Kunstwerks) und ›disegno esterno‹ (das ausgeführte Werk) verwendet werden«.[1] Und Michael Erlhoff vermerkt in seiner *Theorie des Designs*, »dass das Wort ›Design‹ ursprünglich aus dem Italienischen stammt: ›Disegno‹ (schon Giorgio Vasari und andere, sowie dann Leonardo da Vinci nahmen diesen umfassenden Begriff in einem durchaus erweiterten Sinn als Titel ihrer ›Accademia delle Arti del Disegno‹ in Florenz). In historischer Rückschau gemahnt das Italienische dann an das lateinische ›designo‹ [...].«[2] Noch in der im letzten Kapitel zitierten Definition aus dem *Duden* taucht eine Spur der Begriffsgeschichte auf, wenn hier als disjunktives Element die »Entwurfs[zeichnung]« aufgeführt wird.[3] Entsprechende Hinweise begriffsgeschichtlicher Art können prinzipiell aufschlussreich sein. Das sind sie aber nur dann, wenn argumentativ gezeigt wird, inwieweit sich der Sinn von Begriffen *tatsächlich* ausgehend von der Geschichte ihrer Verwendungen explizieren lässt. Das ist eine sprachphilosophisch zumindest kontroverse These. Denn die Begriffsentwicklung ist kein linearer Prozess, so dass Nebenbedeutungen komplett verloren gehen können und sogar die Hauptbedeutung eines Begriffs sich geschichtlich ändern kann. Das italienische »Disegno« weist zwar durch seinen Gebrauch im Sinne des »Entwerfens« eine Kontinuität zum Begriff des »Designs« auf, ist aber zugleich an theologische Kontexte gebunden und im Rahmen der Verwendung im Sinne von »Zeichnung« zugleich zu speziell mit Blick auf das, was wir

1 Bürdek, *Design*, S. 16.

2 Erlhoff, *Theorie des Designs*, S. 16.

3 *Duden*, S. 181.

heute unter »Design« verstehen.[4] Auch wenn im »Disegno« gerade mit dem Gedanken einer Idee, die gegenüber ihrer Verkörperung in einem Kunstwerk gewissermaßen einen eigenständigen Sinn gewinnt, meines Erachtens ein wichtiges Moment von »Design« getroffen ist, gilt Folgendes: Man kommt dem Sinn eines Begriffs nicht in jedem Fall dadurch näher, dass man in die Geschichte der Verwendung desselben Begriffs oder verwandter Begriffe schaut.

In entsprechenden Verweisen begriffsgeschichtlicher Art artikuliert sich aber der wichtige Gedanke, dass wir, wollen wir den Begriff des »Designs« angemessen verstehen, irgendwie seiner *Geschichtlichkeit* Rechnung tragen müssen. Darum wird es in diesem Kapitel gehen. Gegenstände des Designs sind eben nicht nur gegenwärtig sehr unterschiedlich, sondern stehen in Entwicklungs- und Abstammungslinien.[5] Entsprechende Transformationen der Gegenstände wie unseres Verständnisses von Design hängen natürlich oft mit weitergehenden gesellschaftlichen, politischen wie technologischen Veränderungen zusammen. So ist offensichtlich, dass die inhaltlichen Fragen, vor die sich Designer*innen gestellt sehen, im Zuge der digitalen Revolution andere geworden sind als unter den Bedingungen einer Gesellschaft, die weitestgehend analog kommuniziert. Das betrifft nicht allein Fragen des Graphikdesigns oder des Interaktionsdesigns, sondern auch das Textildesign wandelt sich qualitativ, wenn es anfängt, sogenannte intelligente Kleidung zu gestalten. In jüngeren technologischen Entwicklungen wie derjenigen der *augmented reality* oder der Virtual Reality findet auch das Industriedesign potentiell oder bereits faktisch neue Betätigungsbereiche und der 3D-Druck hat dessen Arbeitsweise in bestimmten Bereichen grundsätzlich verändert. Aber nicht allein im Rahmen gesamtgesellschaftlicher Umbrüche zeigt sich Design

4 Vgl. dazu auch Wolfgang Kemp, »Disegno. Beiträge zur Geschichte des Begriffs zwischen 1547 und 1607«, in: *Marburger Jahrbuch für Kunstwissenschaft* 19 (1974), S. 219-240. Sowie Charlotte Kurbjuhn, *Kontur. Geschichte einer ästhetischen Denkfigur*, Berlin: De Gruyter 2014, Kapitel 4.

5 Mit Blick auf eine vergleichbare Herausforderung in der Kunsttheorie haben im Kontext der analytischen Ästhetik Jerrold Levinson und Noël Carroll jeweils eine Variante einer historischen Definition der Kunst vorgeschlagen. Vgl. Jerrold Levinson, »Defining Art Historically«, in: *British Journal of Aesthetics* 3 (1979), S. 232-250. Noël Carroll, »Historical Narratives and the Philosophy of Art«, in: Noël Carroll, *Beyond Aesthetics. Philosophical Essays*, Cambridge: Cambridge University Press 2001, S. 100-118.

als immer auch geschichtlich geprägt: Selbst funktional scheinbar äquivalente Gegenstände wie Plakate oder Kleidungsstücke unterliegen weitreichenden geschichtlichen Veränderungen. Dabei spricht zugleich vieles dafür, anzunehmen, dass Design im Rahmen einer bestimmten geschichtlichen Zeitspanne entstanden ist, nämlich im Zuge der industriellen Revolution mit ihrer Ausdifferenzierung verschiedener Aufgabenbereiche, die vormals ungetrennt waren.[6] Das vorliegende Kapitel widmet sich der Frage der Geschichtlichkeit des Designs in zwei Schritten: In einem ersten Schritt soll ein Begriff von Geschichte erarbeitet werden, der sich jenseits der Alternative von bloßer Diskontinuität oder prospektiver Teleologie hält. Im zweiten Schritt werden ausgehend von diesem Geschichtsbegriff daraufhin Konsequenzen für die Frage gezogen, was es heißt, dass Design im Rahmen einer bestimmten Zeitspanne entstanden ist und dass sich das, was hier entstanden ist, zugleich fortwährend wandelt.

2.1 Geschichte als dialektischer Prozess

Spricht man von der *Geschichtlichkeit* des Designs, so meint diese Redeweise etwas anderes als die *Geschichte* des Designs. Die Frage nach der *Geschichte* des Designs fragt nach den faktischen historischen Ursprüngen des Designs – wenn es solche gibt – und nach aufeinanderfolgenden und aufeinander aufbauenden Entwicklungen des Designs. Demgegenüber zielt die Frage nach der *Geschichtlichkeit* des Designs darauf, was es *heißt*, dass Design geschichtlichen Veränderungen unterliegt und wie solche Veränderungen noch als Veränderungen des Designs verständlich erläutert werden können. Eine naheliegende Alternative besteht dabei in Folgendem: Entweder ist man der Auffassung, dass historisch spätere Designgegenstände etwas entfalten, was bereits in historisch früheren Designgegenständen angelegt war. Oder man ist der Auffassung, dass historisch spätere Designgegenstände von historisch früheren Designgegenständen so verschieden sind, dass sie nichts mehr miteinander zu tun haben.[7] Die Alternative besteht hier also darin,

6 Vgl. dazu etwa Bürdek, *Design*, S. 17 ff.

7 Diese Alternative ist prägend für geschichtsphilosophisches Denken gewesen. Vgl. dazu Emil Angehrn, *Geschichtsphilosophie*, Stuttgart: Kohlhammer 1991

dass man entweder von einer prospektiven Teleologie oder von einem Inkommensurabilismus ausgeht. Beide sollen kurz exemplarisch vorgestellt werden. Zugleich soll gezeigt werden, dass auf beiden Seiten dieser Alternative etwas schiefläuft, denn es handelt sich hier um eine falsche Alternative. Die positiven Einsichten beider Seiten lassen sich erst dann sinnvoll zusammenbringen, wenn man einen Gegenvorschlag zu dieser Alternative in den Blick nimmt. Dieser besteht in einem dialektischen Verständnis von Geschichte.

In einigen Fällen ist es naheliegend, Entwicklungen im Bereich des Designs so zu beschreiben, dass jeweils spätere Designgegenstände eine Erfüllung dessen darstellen, was in jeweils früheren Designgegenständen angelegt war. Die heutige Benutzeroberfläche von Betriebssystemen nähert sich dem Ideal an, die dahinterliegenden Algorithmen unter der Maxime der Usability unsichtbar zu machen. Kabellose Computermäuse können als Optimierung dessen angesehen werden, was vorher die Kabelmaus war. Die heutige Bewegungssteuerung von Videogames steigert die immersive Dimension des Spielens. Auch in anderen Bereichen des Designs lassen sich analoge Beispiele finden: Heutige Plakate sind eine Weiterentwicklung und Optimierung dessen, was früher durch Holztafeln auf öffentlichen Plätzen funktional vergleichbar geleistet worden ist. Sogenannte intelligente Kleidung reagiert autonom auf schwankende Temperaturen und bewahrt uns so vor Überhitzung und Unterkühlung. Ökologisches Design antwortet auf ein zunehmendes Bewusstsein für die Umwelt und stellt entsprechend gegenüber früherem Design einen Fortschritt dar.[8] Ich werde diese Fälle im Folgenden noch kommentieren. Dabei werde ich in Zweifel ziehen, ob es hinsichtlich dieser Fälle überhaupt angemessen ist, zu sagen, dass der jeweils spätere Designgegenstand eine Erfüllung und Vollendung dessen darstellt, was im jeweils früheren Designgegenstand angelegt war. Zunächst möchte ich aber das darin investierte Verständnis von Geschichtlichkeit offenlegen. Es lässt sich gut nach dem Vorbild dessen denken, was Aristoteles Entelechie (ἐντελέχεια) genannt hat.[9] Die Entelechie meint das einer Sache

und Johannes Rohbeck, *Geschichtsphilosophie zur Einführung*, Hamburg: Junius 2008.

8 Zu Letzterem vgl. die maßgebliche Studie von Johannes Lang: Lang, *Prozessästhetik*. Vgl. außerdem Papanek, *Design for the Real World*.

9 Vgl. Aristoteles, *Metaphysik*, Hamburg: Meiner 1991, IX, 8.

innewohnende Prinzip, zu ihrer eigenen Vollendung bzw. Verwirklichung zu streben. Entsprechend lässt sich von einer immanenten Teleologie sprechen. Denken wir an einen Samen: Im Samen ist als internes Ziel angelegt, dass aus ihm eine Blume, ein Baum usw. wird. Im Säugling ist für Aristoteles angelegt, dass aus ihm ein vernünftiges Lebewesen wird. Die späteren Stationen der Entwicklung einer Sache sind in diesen Fällen in ihr bereits angelegt, bevor sie realisiert worden sind. Die qualitativen Umschwünge, die der Samen bzw. der Säugling auf seinem Weg zu Baum oder Blume bzw. zum vernünftigen Lebewesen durchmacht, sind schon vorherbestimmt. Natürlich kann hier vieles schiefgehen; die äußeren Bedingungen können unpassend sein oder vielfältige interne Defekte können auftreten. Aber im *Begriff* des Samens ist bereits angelegt, dass er ein Baum, eine Blume oder ähnliches wird. Im *Begriff* des Säuglings ist angelegt, dass er ein vernünftiges Lebewesen wird – zumindest wenn alles gutgeht. Diese These ist nicht als empirische These über die tatsächliche Entwicklung aller, einiger oder der meisten Samen oder Säuglinge zu verstehen. Bei solchen Urteilen handelt es sich vielmehr um *Lebensform-Aussagen*.[10] In den genannten Beispielen hat die interne Teleologie offensichtlich einen positiven Gradienten: Etwas, das Samen ist und nur Samen bleibt, ist eine Privation dessen, was in ihm als interner Zweck angelegt war. Geschichtsphilosophisch lässt sich eine Teleologie natürlich auch anders konstruieren: als Verfallsgeschichte, wobei das schreckliche Ende schon im Anfang beschlossen war.[11] Die oben genannten Beispiele teleologischer Entwicklungen im Design ließen sich in bestimmter Weise in diesem Sinne auch verfallsgeschichtlich deuten: Dass die Computeralgorithmen hinter neuen Betriebssystemen nicht länger sichtbar sind, ist Betrug am Benutzer, der die Technisierung und Zweckrationalisierung aller Lebensbereiche hier gar nicht mehr

10 Vgl. Michael Thompson, *Leben und Handeln. Grundstrukturen der Praxis und des praktischen Denkens*, Berlin: Suhrkamp 2011, erster Teil. Vgl. auch Terry Pinkard, *Hegel's Naturalism. Mind, Nature and the Final Ends of Life*, Oxford: Oxford University Press 2012, Part 1.

11 Paradigmatisch ist hier Oswald Spengler, *Der Untergang des Abendlandes. Umrisse einer Morphologie der Weltgeschichte*, München: DTV 1998. In der Medientheorie vertritt Paul Virilio eine solche These. Vgl. exemplarisch etwa Paul Virilio, *Die Eroberung des Körpers. Vom Übermenschen zum überreizten Menschen*, München: Hanser 1994.

mitbekommt und widerstandslos in Big-Data-Analysen eingespeist werden kann. Kabellose Mäuse schlucken Batterien und produzieren Müll. Spiele für Bewegungssteuerung sind zumeist *casual games* und bleiben hinter dem zurück, was man von guten Videogames erwarten kann. Heutige Plakate entfremden uns, ebenso wie die intelligente Kleidung, von uns selbst, indem sie die Welt auf Distanz halten, anstatt uns die Widerständigkeit der Welt haptisch und mit allen Sinnen spüren zu lassen.

Welche dieser beiden Beschreibungen hat Recht? Handelt es sich hier um einen Fortschritt oder um einen Verfall? Wie ich im Rahmen von drei Argumenten kurz zeigen möchte, hat keine der beiden Beschreibungen Recht. Erstens wird aus der Perspektive einer Teleologie mit positivem Gradienten die Designgeschichte auf eine bloße Geschichte der *Funktionen* der Designgegenstände verkürzt, die letztlich als Verlängerung einer optimistischen Technikgeschichte begriffen wird. Das ist offensichtlich eine eklatante Verkürzung dessen, was Design ist und sein kann. Zugleich beruht dieser Gedanke auf einem verkürzten Begriff dessen, was die durchaus gegebenen technischen Grundlagen einiger Designgegenstände sind, und vor allem einem verkürzten Verständnis dessen, was Funktionen von Designgegenständen sind. Zweitens bringt die Alternative zwischen einer Teleologie mit positivem und einer Teleologie mit negativem Gradienten dahingehend eine falsche Alternative zum Ausdruck, dass letztere bloßer Ausdruck und undifferenzierte Diagnose eines umfassenden Kulturpessimismus ist und erstere naive Fortschrittsgläubigkeit ausdrückt.[12] In Wahrheit gehen schon in den genannten Beispielen Fortschritt und Rückschritt Hand in Hand: Natürlich bedeutet das Unsichtbarwerden der technischen wie digitalen Natur des Computers durch die Betriebssysteme sowohl einen Fortschritt für den Nutzer als auch Gefahren des Kontrollverlusts. Natürlich ist eine schnurlose Maus praktisch, aber das eben zu dem Preis, dass ihr Gebrauch mit bestimmten anderen Arten von Aufwand verbunden ist und potentiell Sondermüll produziert. Natürlich erschließt die Bewegungssteuerung ganz neue Arten des Spielens, aber bislang zumindest wird sie selten für komplexere Videogames genutzt und macht

12 Ausgesprochen eigenwillig wirkt für heutige Leser im letzteren Sinne etwa Marie-Jean-Antoine-Nicolas de Condorcet, *Entwurf einer historischen Darstellung der Fortschritte des menschlichen Geistes*, Frankfurt/M.: Suhrkamp 1976.

diese mitunter in seichter Weise sportlichen Aktivitäten verwandt. Natürlich kann die Massenproduktion von Plakaten ihren ästhetischen Reiz verringern, das heißt aber nicht, dass man zurück ins Mittelalter wollte. Und natürlich geht durch intelligente Kleidung ein Moment der Widerständigkeit der Welt verloren. Aber dafür friert oder schwitzt man weniger, wenn es gutgeht. Schließlich: Wenn es nur noch ökologisches Design gäbe, was für sich betrachtet natürlich wünschenswert sein mag, so wäre das auch eine Verarmung dessen, was Design alles sein kann. Kurz und gut: Das teleologische Denken ist aufs Ganze gesehen *verfehlt* als eine Beschreibung der Veränderungen und Entwicklungen, die für Design charakteristisch sind. Das dritte und letzte Argument, das ich hier nennen will, ist mir allerdings am wichtigsten: Eine teleologische Auffassung von Geschichte ist deshalb insgesamt verfehlt, *weil es sich hier letztlich gar nicht um eine Auffassung von Geschichte handelt.* Es handelt sich hier vielmehr um eine Auffassung eines *Prozesses*, bei dem der Endpunkt schon vor dem tatsächlichen Ablaufen des Prozesses festgelegt ist. In diesem Sinne sind die Vergleiche mit der Entwicklung einer Blume oder eines Baums aus einem Samen und der Entwicklung des Säuglings hin zu einem vernünftigen Lebewesen irreführend. Wer sich auf ein teleologisches Verständnis der Entwicklung des Designs verpflichtet, verpflichtet sich genau auf solche Vergleiche und damit auf Vergleiche, die letztlich eher hinderlich sind, *überhaupt* zu verstehen, was es heißt, dass etwas geschichtlich ist. Teleologische Geschichtsphilosophie im bislang diskutierten Sinne ist eine Art von Prophetie.[13] Kurz gesagt: Eine teleologische Auffassung kann also schon deshalb keine Auffassung der Geschichtlichkeit des Designs sein, weil sie gar keine Auffassung von Geschichtlichkeit ist.

Die Plausibilität der Alternative zu einer teleologischen Geschichtsauffassung kann man sich mit dem Hinweis darauf klarmachen, dass Geschichte wesentlich dort anfängt, wo *Kontingenzen* ins Spiel kommen. Kontingent ist das, was nicht notwendig ist und zugleich nicht unmöglich ist.[14] Dass etwas eine

13 Vgl. in diesem Sinne Arthur C. Danto, *Analytische Philosophie der Geschichte*, Frankfurt/M.: Suhrkamp 1980, Einleitung.

14 Ich kann auf die weitergehenden Probleme der Kontingenz als modaler Kategorie hier nicht weiter eingehen und damit auch nicht auf Hegels berechtigte Kritik an der Kategorie der Möglichkeit insgesamt. Vgl. Georg W. F. Hegel, *En-*

Geschichte hat, heißt eben, dass es weder in Begriffen eines Mechanismus oder Algorithmus gedacht werden kann, noch in Begriffen eines Lebendigen, das sich seinem internen Zweck gemäß entwickelt. Friedrich Nietzsche hat in seiner *Genealogie der Moral* ein Geschichtsverständnis verteidigt, das der Kontingenz eine zentrale Rolle zugesteht. Wenn er schreibt, dass »die Ursache der Entstehung eines Dings und dessen schliessliche Nützlichkeit, dessen tatsächliche Verwendung und Einordnung in ein System von Zwecken toto coelo auseinander [liegen] [...] [und dass aus der] gegenwärtigen Funktion einer Praxis [...] sich kein Fingerzeig ihrer Entstehung entnehmen [lässt]«,[15] so hält er gegenüber teleologischem Geschichtsdenken Folgendes fest: Nicht allein lässt sich der gegenwärtige Gebrauch und Sinn einer Sache nicht aus ihrem Entstehungskontext ableiten. Vielmehr hat er mit ihr in bestimmter Weise auch gar nichts zu tun. Nietzsche geht noch weiter: »[E]twas Vorhandenes, irgendwie Zu-Stande-Gekommenes [wird] immer wieder von einer ihm überlegenen Macht auf neue Ansichten ausgelegt, neu in Beschlag genommen, zu einem neuen Nutzen umgebildet und umgerichtet. [...] [D]ie ganze Geschichte eines Dings, eines Organs, eines Brauchs kann dergestalt eine fortgesetzte Zeichenkette von immer neuen Interpretationen und Zurechtmachungen sein, deren Ursachen selbst unter sich nicht im Zusammenhang zu sein brauchen. [...] Die Form ist flüssig, der Sinn ist es aber noch mehr.«[16] Mit dem Gedanken, dass etwas eine Geschichte hat, geht für Nietzsche also der Gedanke einher, *dass es hier in gewisser Weise überhaupt kein etwas bzw. keine Sache gibt.* Was es in Wahrheit gibt, sind Artikulationsformen der Macht, im Rahmen deren die vermeintliche Sache hinsichtlich ihres Sinns immer wieder anders in Beschlag genommen wird. Eine Geschichte des Designs wäre somit eine Geschichte der Kämpfe, die mit einer Bestimmung dessen, was Design ist, einhergehen. Das aber heißt: Es gibt letztlich gar kein Design; ist nicht nur die »Form« – die Art und Weise, »wie« Design ist –, sondern auch der Sinn – das, »was« Design ist – »flüssig«, so sucht derjenige, der danach fragt, was Design ist, in Nietzsches Augen nach etwas, das es nicht gibt: »De-

zyklopädie der philosophischen Wissenschaften, Band 1, Frankfurt/M.: Suhrkamp 1986, § 143.

15 Friedrich Nietzsche, *Zur Genealogie der Moral*, München: DTV 1999, S. 12.

16 Ebd.

finierbar ist nur das, was keine Geschichte hat.«[17] Die Geschichte des Sinns zeigt sich damit aus Nietzsches Perspektive als Geschichte kontingenter Ursprünge und ihren immer wieder erneuten Umdefinitionen im Rahmen von Auseinandersetzungen, die von der Macht geprägt sind. Man kann hier in Anlehnung an einen Begriff aus den Debatten der Wissenschaftstheorie von einem *inkommensurabilistischen* Modell von Geschichte sprechen:[18] Für Nietzsche gibt es eine Dynamik von Interpretationen. Aber diese Interpretationen sind selbstgenügsam, da sie nicht länger Interpretationen von etwas sind.

Auch wenn man nicht bestreiten sollte, dass Nietzsches Vorschlag im Rahmen vor allem einer politischen Perspektive in ihrer delegitimierenden Energie eine produktive Perspektive sein kann:[19] Es ist fraglich, ob es sich hier tatsächlich um einen aufschlussreichen Vorschlag handelt, um über Geschichtlichkeit nachzudenken. So ist nicht allein der Einwand naheliegend, dass man fragt, wie es um die machttheoretischen Grundlagen von Nietzsches *eigener* Position steht. Warum sollte Nietzsches Beitrag selbst etwas anderes sein, als ein weiterer Ausdruck von Macht? So leicht wird man Rationalität nicht los, wie Nietzsches genealogische Destruktion von Rationalität es uns verkaufen möchte. Man wird sie nämlich nur um den Preis los, dass das eigene Sprechen letztlich unverständlich wird. Wichtiger ist gleichwohl der Einwand, dass Nietzsche vorschnell darin ist, aufgrund des Verweises auf die kontingenten Ursprünge einer Sache und aufgrund der komplexen ebenso wie dynamischen Interpretationsprozesse dieser Sache diese selbst zu verabschieden. Denken wir etwa an Menschenrechte: Und gehen wir davon aus, dass die Menschenrechte eine Errungenschaft sind und nicht Teil eines falschen politischen Bewusstseins im Sinne eines Instruments der Aufrechterhaltung von Unterdrückung und Ungleichheit.[20] Aus der Tatsache, dass die Menschenrechte kon-

17 Ebd., S. 13.

18 Vgl. Thomas S. Kuhn, *Die Struktur wissenschaftlicher Revolutionen*, Frankfurt/M.: Suhrkamp 2002.

19 Vgl. als maßgebliche Studie dazu: Martin Saar, *Genealogie als Kritik. Geschichte und Theorie des Subjekts nach Nietzsche und Foucault*, Frankfurt/M.: Campus 2007.

20 Diese Frage ist eine offene Frage. Vgl. paradigmatisch zur Kritik der Menschenrechte Giorgio Agamben, *Homo sacer. Die souveräne Macht und das nackte Leben*, Frankfurt/M.: Suhrkamp 2002.

tingente Ursprünge haben, folgt keineswegs, dass sie dadurch in ihrer Geltung beschnitten werden. Denken wir an Kunst: Kunst gibt es in dem Sinne, wie wir den Begriff heute gebrauchen, nämlich als autonome Kunst, die eigengesetzlich verfasst ist, erst seit der Entstehung des Bürgertums. Ihre Ursprünge mögen durchaus kontingent sein. Und auch wenn es so ist, dass sich im Lichte der wechselnden Paradigmata unseres Nachdenkens über Kunst vieles oder gar alles als verhandelbar zeigt, ist es doch nicht so, dass wir deshalb sagen sollten, es gäbe keine Kunst. Denken wir schließlich an Design: Mag der Weg von den ersten industriell hergestellten Gebrauchsgegenständen wie frühen Plakaten zum heutigen Design von Typographien, Interfaces und Firmenlogos auch weit und unübersichtlich sein. Mehr noch: Mag es sogar so sein, dass auf diesem Weg alles zur Disposition stand. *Daraus* folgt noch nicht per se, dass es Design nicht gibt. Es folgt daraus noch nicht, dass es nur »Zurechtmachungen« dessen, was Design ist und wozu es da ist, gegeben hat. Ohne irgendeine Form von gemeinsamem Sachbezug zu unterstellen, kann Nietzsche nicht einmal mehr verständlich machen, warum etwa verschiedene Praktiken des Pflegens von Freundschaften eben Praktiken des Pflegens von Freundschaften sind.[21]

Formulieren Teleologie und Inkommensurabilismus jeweils keinen überzeugenden Begriff von Geschichte, so finden sich in beiden dennoch wesentliche Einsichten artikuliert. Diese lassen sich aber nicht nach dem Motto einfach addieren, dass irgendwo in der Mitte die Wahrheit liegen müsse. Denn dadurch blieben die produktiven Aspekte beider Positionen weiterhin von ihrer Falschheit kontaminiert. Es muss vielmehr darum gehen, in ein anderes Register des Denkens über Geschichte zu wechseln. Was aber sind überhaupt die produktiven Einsichten der diskutierten Positionen?

21 Ironischerweise trifft dieser Einwand auch Glenn Parsons' gegen jede historische Agenda gerichtete These, dass die Geschichtlichkeit des Designs kein Problem für seine Definierbarkeit sei. Er schreibt folgendes: »[A] philosopher who offers a philosophical definition for some phenomenon need not cling to it no matter what happens in the world around him: he may simple determine that the old concept is no longer in use, and offer a philosophical definition of the new one in play.« Parsons, *The Philosophy of Design*, S. 7. Diese Formulierung wirft aber umgehend die Frage auf, was denn den alten Begriff mit dem neuen Begriff verbindet bzw. was sie beide zu Begriffen des *Designs* macht.

Die Teleologie pocht zu Recht darauf, dass es hier eine Sache gibt, die es zu verstehen gilt. Und sie pocht ebenfalls zu Recht darauf, dass sich diese Sache entwickelt. Ihr Problem ist gleichwohl, dass diese Entwicklung als linear und als bloße Entfaltung dessen, was bereits im Anfang angelegt war, begriffen wird. Der Inkommensurabilismus hingegen pocht zu Recht darauf, dass der gegenwärtige Sinn einer Sache keineswegs aus ihrer Genese ableitbar ist. Und ebenso betont er zu Recht die Produktivität interpretativer Prozesse, die der Sache damit nicht äußerlich sind. Aber er schüttet das Kind mit dem Bade aus, wenn er meint, die Sache selbst würde dadurch nicht länger existieren. Wie könnte eine alternative Position aussehen, die entsprechende positive Einsichten aufgreift, die problematischen Aspekte der beiden Positionen aber zurückweist? *Sie sieht so aus, dass man sagt, dass es eine Sache gibt, die sich geschichtlich derart entwickelt, dass diese Entwicklung nicht als Entfaltung von etwas begriffen wird, was vor der Entwicklung schon in der Sache angelegt war.* Entwicklung muss demgegenüber so gedacht werden, dass in und durch sie die Sache neu- und weiterbestimmt wird. Nietzsche hat Recht, wenn er sagt, dass sich das, was eine Geschichte hat, nicht definieren lässt. Und zwar dann, wenn man unter Definition die Angabe jeweils notwendiger und zusammen hinreichender Bedingungen versteht. Er täuscht sich aber gleichwohl darin, wenn er daraus meint, schlussfolgern zu können, dass es die Sache nicht gibt. Denn es gibt sie. Aber sie ist etwas, das geschichtlich in Bewegung ist.

Die Philosophie Hegels kann als eine Philosophie gelesen werden, die diesen Gedanken systematisch entwickelt hat.[22] Ein entsprechendes Geschichtsverständnis lässt sich als *dialektisches* Verständnis von Geschichte bezeichnen. Um die damit bezeichnete Form der geschichtlichen Bewegtheit der Sachen selbst in zugespitzter Weise zu illustrieren, bietet sich ein etwas zweckentfremdeter Blick auf den Anfang von Hegels *Wissenschaft der Logik* an.[23]

22 Obzwar sie historisch später als Hegel ist, bin ich also der Auffassung, dass Nietzsches Position dialektisch hinter Hegel zurückfällt. Vgl. in diesem Sinne auch Slavoj Žižek, »Is it still possible to be a Hegelian today?«, in: Levi Bryant u. a. (Hg.), *The Speculative Turn: Continental Materialism and Realism*, Melbourne: re.press 2011, S. 202-223.

23 Georg W. F. Hegel, *Wissenschaft der Logik*, Frankfurt/M.: Suhrkamp 1986. Die folgenden kurzen Bemerkungen beanspruchen dabei natürlich nicht, eine Inter-

Das Buch gilt einer Rekonstruktion unserer grundlegenden Denkbestimmungen, die er zugleich als Bestimmungen der Realität selbst versteht.[24] Die *Wissenschaft der Logik* beginnt mit allgemeinen Grundbegriffen, von denen man zunächst denken könnte, sie seien voraussetzungslos und könnten die Grundlage für alles weitere Nachdenken bereitstellen. Die Lektion des Anfangs des Buches lautet gleichwohl, dass das nicht der Fall ist. Mehr noch: Die vermeintlich unschuldigen Voraussetzungen müssen vielmehr als Setzungen in und durch den Prozess des Denkens verstanden werden. Denkt man an die allgemeinsten Grundbegriffe, so könnte man auf den Gedanken kommen, dass diese Begriffe Sein und Nichts sein sollten. Sein wird dabei so verstanden, dass es keine »weitere Bestimmung« mit sich bringt.[25] Es soll rein sein, ganz unbestimmt und ganz unmittelbar, ohne von anderem affiziert zu sein. Es ist »die reine Unbestimmtheit und Leere«.[26] Vom Sein unterschieden werden soll das Nichts und zwar wiederum das »reine Nichts«.[27] Wie unschwer zu erkennen ist, sind Sein und Nichts aber unter dieser Beschreibung letztlich *ununterscheidbar*. Nichts ist Sein und Sein ist Nichts. Unterschieden werden können sie erst, ausgehend von einem weiteren und kategorial höheren Begriff, nämlich dem Begriff des Werdens. Erst im Werden differenzieren sich Sein und Nichts als Sein und Nichts aus: Was war, ist nicht mehr; was noch nicht war, ist jetzt geworden. Die Lektion lautet also: »Das reine Sein und das reine Nichts ist also dasselbe. Was die Wahrheit ist, ist weder das Sein noch das Nichts, sondern daß das Sein in Nichts und das Nichts in Sein – nicht übergeht, sondern übergegangen ist.«[28]

pretation der entsprechenden Argumentation Hegels im engeren Kontext der *Wissenschaft der Logik* zu sein. Sie beanspruchen aber durchaus, einen Grundzug von Hegels geschichtsphilosophischem Denken zu verdeutlichen, wenn auch aufgrund der gebotenen Kürze anhand einer Textstelle, die ich durchaus zweckentfremdet interpretiere. Vgl. zum Anfang von Hegels Logik auch Dieter Henrich, »Anfang und Methode der Logik«, in: Dieter Henrich, *Hegel im Kontext*, Berlin: Suhrkamp 2015, S. 73-94.

24 Dass diese These weniger kontrovers ist, als sie klingt, hat unter anderem John McDowell geltend gemacht. Vgl. John McDowell, *Mind and World*, Cambridge/Mass., London: Cambridge University Press 1996, Lecture 2.

25 Hegel, *Wissenschaft der Logik*, Band 1, S. 82.

26 Ebd.

27 Ebd., S. 83.

28 Ebd.

Was als scheinbar harmlose Voraussetzung des Denkens verstanden worden ist – denn was könnte allgemeiner und grundlegender als das reine Sein und das reine Nichts sein? –, entpuppt sich als etwas, was in seiner Unterschiedenheit etwas anderes als Voraussetzung hat: das Werden. Wenn Hegel davon spricht, dass Sein in Nichts und Nichts in Sein ineinander übergegangen *sind*, so insistiert er darauf, dass sie erst unter den Bedingungen des Werdens auch unterschieden sein können. Dialektisch erweisen sich Sein und Nichts als identisch, wenn man sie als jeweils rein auffasst. Erst unter den Bedingungen des Werdens lassen sie sich unterscheiden. Die Lektion aus diesen Überlegungen lautet wie folgt: *Was scheinbar eine Voraussetzung war, entpuppt sich als Setzung*. Werden setzt als eigene Voraussetzung Sein und Nichts als unterschiedene voraus. Es *setzt* sie derart, dass es vor dem Werden kein Sein und kein Nichts gibt. Es setzt sie aber zugleich *voraus*, weil sie unverzichtbar sind für das, was Werden ist. Sein und Nichts werden nicht länger als etwas vorgängig Gegebenes verstanden, sondern in ihrer Einheit als Momente des Werdens: Was vormals »selbstständig [war], [meint] nun unterschiedene, aber aufgehobene Momente«.[29] Aufgehoben sind diese Momente im just skizzierten Sinne von Setzen und Voraussetzen: Sie gehen im Werden auf, aber das in der Weise, dass sie erst hier unterschiedene sein können. Die Unterscheidung von Sein und Nichts wird nicht aufgelöst im Werden, sondern überhaupt erst eigentlich verständlich.[30]

Der Sinn von Grundbestimmungen des Denkens zeigt sich im Lichte von Hegels Überlegungen als beweglich: Im Lichte der jeweils späteren Bestimmung wird die jeweils frühere allererst verständlich, wie im Lichte der jeweils späteren die jeweils frühere zugleich anders gedacht werden muss. Das, was scheinbar dem historischen Prozess ermöglichend und von ihm selbst noch unaf-

29 Ebd., S. 111.

30 Wie bereits diese kurzen Bemerkungen zeigen, hat Dialektik nichts mit einem formalen Schema wie etwa demjenigen von These, Antithese und Synthese zu tun, das dann noch auf Gegenstände angewandt würde. Ein entsprechender Formalismus ist Hegel in der Rezeptionsgeschichte fälschlicherweise zugeschrieben worden. Vgl. dazu Theodor W. Adorno, *Einführung in die Dialektik*, Berlin: Suhrkamp 2017, v. a. S. 74 ff. Dialektik meint keine Methode, sondern die Bewegung der Gegenstände selbst. Vgl. in diesem Sinne auch Dieter Henrich, »Hegels Logik der Reflexion«, in: Dieter Henrich, *Hegel im Kontext*, Berlin: Suhrkamp 2015, S. 95-157, v. a. S. 102 f.

fiziert vorausliegt, erweist sich *erstens* als etwas, was nur unter den Bedingungen späterer historischer Entwicklungen thematisch werden konnte. *Zweitens* erweist es sich als etwas, dessen Sinn sich im Lichte späterer Entwicklungen als beweglich zeigt.[31] *Just in dieser Weise möchte ich die Grundbestimmungen, die den Begriff des Designs ausmachen, verstanden wissen.* Es handelt sich hier nicht um Bestimmungen, deren Sinn abschließend definiert wäre. Vielmehr sind damit Bestimmungen gemeint, deren Sinn in und durch neue Designgegenstände wie allgemeinere gesellschaftliche und technologische Errungenschaften jeweils neu ausgehandelt werden. Der Begriff des Designs selbst zeigt sich somit im Lichte seiner historischen Bewegtheit als von einer unbestimmten Bestimmtheit.

2.2 Die Unbestimmtheit von Design

Zu Anfang des Kapitels hatte ich primär zwei Hinsichten benannt, in denen Design geschichtlich ist: Erstens ist Design innerhalb einer bestimmten geschichtlichen Zeitspanne entstanden. Zweitens ist Design in Veränderung begriffen. Ich möchte beide Hinsichten nun ausgehend von dem erarbeiteten dialektischen Begriff von Geschichtlichkeit explizieren.[32]

Zur ersten Hinsicht, der Frage der Entstehung von Design, ist zunächst Folgendes zu bemerken: Die These, dass Design überhaupt im Rahmen einer geschichtlichen Zeitspanne entstanden ist, ist nicht unkontrovers. Michael Erlhoff referiert in diesem Sinne: »[Umstritten ist die] Frage, wann [Design] entstand. Da gibt es jene, die es mit jeglicher irgendwann in der Geschichte begonnener dinglichen oder zeichenhaften Artikulation der Menschheit verbinden, also es offenbar als dem menschlichen Dasein natür-

31 Im Geiste Hegels argumentieren in diesem Sinne auch Arthur C. Danto und Hans-Georg Gadamer. Vgl. Danto, *Analytische Philosophie der Geschichte*, Kapitel VIII und Hans-Georg Gadamer, *Wahrheit und Methode. Grundzüge einer philosophischen Hermeneutik*, Tübingen: Mohr Siebeck 1990, v. a. S. 270 ff.

32 Vgl. als Grundlage der Folgenden knappen Bemerkungen zur Geschichte des Designs: Bürdek, *Design*, S. 17 ff.; Walker, *Designgeschichte*; Gert Selle, *Design-Geschichte in Deutschland. Produktkultur als Entwurf und Erfahrung*, Köln: DuMont 1987; Thomas Hauffe, *Geschichte des Designs*, Köln: DuMont 2014 und Kurz, *Handwerk oder Design*.

lich Innewohnendes behaupten.«[33] Aber eine solche These – die Erlhoff selbst keineswegs unterschreibt – würde Faustkeile ebenso wie die Zeichnungen in der Höhle von Lascaux der Klasse der Designgegenstände zuschlagen. In dieser Spielart ist die These, dass es immer schon Design gab, auf jeden Fall zurückzuweisen. Alle Unterscheidungen würden durch sie zum Verschwinden gebracht. In seinem Buch zur Geschichte und Theorie der Produktgestaltung hält Bernhard Bürdek demgegenüber mit Blick auf die Entstehung des Industriedesigns überzeugend fest:[34] »[Es lässt sich] eigentlich erst seit der Mitte des 19. Jahrhunderts, dem Zeitalter der industriellen Revolution, von Industrial Design im heutigen Sinne sprechen.«[35] Die industrielle Revolution besteht vor allem in einer Ausdifferenzierung von Aufgaben und Arbeitsschritten, die vormals ungetrennt bzw. in einer Hand waren.[36] Damit differenzieren sich zugleich praktische Alltagsgegenstände in handwerkliche Dinge und in Designgegenstände aus. Der wesentliche Unterschied zwischen beiden ist dieser: Während im Handwerk als vorindustrieller Produktionsweise prinzipiell alles in einer Hand war und zudem durch Auftraggeber sowie die Regeln der Zünfte, in denen das Handwerk organisiert war, bestimmt wurde, treten im Zuge der industriellen Revolution Entwurf und Fertigung auseinander. Designer*innen müssen heute nicht mehr und können heute in den meisten Fällen schon rein technisch gar nicht länger ihre Entwürfe selbst produzieren. Auch wenn in jüngeren Entwicklungen des Designs handwerkliche Verfahren in den Designprozess etwa derart wieder eintreten, dass Designgegenstände in limitierter Auflage produziert werden, gilt: Der Akt der Überschreitung dieser Grenze streicht die Grenze keineswegs durch. Denn eine Grenze kann nur überschritten werden, wenn sie als solche dialektisch dadurch zugleich bestätigt wird. Entsprechendes

33 Erlhoff, *Theorie des Designs*, S. 16.

34 Wenn ich im Folgenden der These vieler Beiträge zur Designgeschichte folge, die Entstehung des Designs im Gefolge der industriellen Revolution zu verorten, so möchte ich damit nicht die Unterschiede nivellieren, die etwa zwischen den Gegenständen des Industriedesigns und den Gegenständen des Graphikdesigns bestehen.

35 Bürdek, *Design*, S. 19.

36 Vgl. dazu insgesamt Kurz, *Handwerk oder Design*, S. 14 ff. sowie Parsons, *The Philosophy of Design*, Kapitel 1.4 und Kapitel 3.1.

gilt für alle Versuche, hinter die Massenproduktion zu einem anderen Arbeiten zurückzugehen.[37] Die dabei im Design Anwendung findenden handwerklichen Verfahrensweisen stellen keinen Rückgang in eine vorindustrielle Arbeitsweise dar. Ebensowenig stellen sie eine schlichte Wiederaufnahme dessen da, was sie einmal waren. Es handelt sich vielmehr um auf die Gegenwart bezogene Neuauslotungen, was Design ist und sein kann.[38] Die in der industriellen Revolution vollzogene Ausdifferenzierung verschiedener Rollen nimmt ihren Ausgangspunkt dabei im Maschinenbau und genauer in der Integration von Maschinen in Arbeitsprozesse zwecks einer Optimierung von Abläufen und einer Steigerung der Produktivität. Dabei schlägt Quantität in Qualität um: Eine vormals undenkbare Leistungssteigerung, von menschlicher Hand nicht zu vollbringen, sorgt für eine entsprechende Ausdifferenzierung der Rollen, die im Handwerk noch ungeschieden waren.[39] Viele frühe Texte der Designtheorie sind in ihrer programmatischen Forderung nach einer neuen Synthese aus Kunst und Technik bzw. ihrer Kritik am Ornament Ausdruck der Tatsache,[40] dass die ersten Maschinenproduk-

37 Vgl. etwa Holm Friebe, Thomas Ramge, *Marke Eigenbau. Der Aufstand der Massen gegen die Massenproduktion*, Frankfurt/M., New York: Campus 2008.

38 In diesem Sinne scheint mir die Kritik am Begriff des Handwerksdesigns problematisch zu sein, die Melanie Kurz lanciert. Vgl. Kurz, *Handwerk oder Design*, S. 153 ff. Denn sie kann diese Tendenzen nur um den Preis aus dem Design heraushalten, dass sie sich auf einen problematischen Begriff des Designs verpflichtet. Sie nimmt für ihren eigenen Ansatz in Anspruch, eine Wesensbestimmung des Designs in Form einer herkömmlichen Definition zu formulieren. Nicht allein scheint sie die im letzten Kapitel diskutierten Fragen zur logischen Grammatik von Begriffen gar nicht zu kennen. Vielmehr ist ihr Versuch, die Bedeutung des Designbegriffs methodisch durch eine Kombination aus historischer Genealogie und volkswirtschaftlicher Analyse zu erarbeiten, ebenso kontrovers wie er nicht hinreichend begründet ist.

39 In diesem Sinne hat Jane Forsey recht, wenn sie festhält: »Where design is most clearly unlike craft is in the nature of its production.« Forsey, *Aesthetics of Design*, S. 59. Jean Baudrillard hat diese Ausdifferenzierung in seiner vieldiskutierten Studie dabei ideologiekritisch so gedeutet, dass sie zu bloßen Scheinunterschieden im Rahmen einer restlos kapitalistischen Verwertungslogik führt. Vgl. Jean Baudrillard, *Das System der Dinge. Über unser Verhältnis zu den alltäglichen Gegenständen*, Frankfurt/M., New York: Campus 2007, v. a. S. 271 ff.

40 Vgl. paradigmatisch zu Ersterem Behrens, »Kunst und Technik« und Hermann Muthesius, »Die moderne Umbildung unserer ästhetischen Anschauungen«; zu Letzterem v. a. Adolf Loos, »Ornament und Verbrechen«, in: Volker Fischer,

te noch keine eigenständige Formsprache aufwiesen, sondern sich eklektizistisch bei bestehenden Formen und Ornamentierungen bedienten. Die frühen Theoretiker haben insofern das Ereignis der industriellen Revolution richtig erkannt, *als hier tatsächlich eine kategorial neue Art von Gegenständen in die Welt gekommen ist, die sich vom Handwerk wie der Kunst unterscheidet.* Man mag die Forderung nach einer Rückkehr zum Handwerk, die von William Morris und John Ruskin als Protagonisten der in Großbritannien Mitte des 19. Jahrhunderts entstandenen Arts-and-Crafts-Bewegung angesichts der politischen wie sozialen Folgen der industriellen Revolution formuliert worden ist,[41] für naiv halten: Sie haben immerhin richtig erkannt, was für ein Einschnitt die industrielle Revolution für die Produktion und Konsumption von Gebrauchsgegenständen bedeutete. Trotz der gegenüber der Arts-and-Crafts-Bewegung gegenteiligen Agenda kommt der 1907 in München gegründete Werkbund als Vereinigung von Künstlern, Industriellen, Handwerkern und Publizisten mit dieser in der Einsicht in den radikalen Bruch, den die industrielle Revolution darstellt, überein. Man kann die Konsequenzen bedauern oder bejahen: Im Zuge der industriellen Revolution ist jedenfalls eine neue Art des Produzierens und zugleich eine neue Art von Gegenständen in die Welt gekommen. Design als kategorial eigenständiger Gegenstandsbereich geht aus dieser Revolution und der dabei entstandenen Melange aus ästhetischen, technischen und industriellen Gesichtspunkten hervor.

Die Entstehung des Designs vor dem Hintergrund eines dialektischen Geschichtsverständnisses zu beurteilen heißt nun aber gerade nicht, zu bestreiten, dass auch Artefakte, die vor der industriellen Revolution entstanden sind, sinnvoll unter Designgesichtspunkten betrachtet werden können. Es bedeutet, geltend zu machen, *dass durch die Entstehung des Designs als kategorial neuer Art von Gegenständen auch an Gegenständen der Vergangenheit neue Aspekte entdeckbar werden.* In bestimmter Hinsicht ist es also genauso richtig zu sagen, dass es vor der industriellen Revolution keine Designgegenstände gab, wie es richtig ist, zu sagen, dass es vor der industriellen Revolution bereits Designgegenstände gab. Es gab sie

Anne Hamilton (Hg.), *Grundlagentexte zum Design. Band 1*, Frankfurt/M.: Form 1999, S. 114-120.

41 Vgl. v. a. William Morris, *News from Nowhere*, Oxford: Oxford University Press 2009 und John Ruskin, *On Art and Life*, London: Penguin 2004.

zwar nicht *als* Designgegenstände. Aber aus der Perspektive des im Zuge der industriellen Revolution entstandenen Designs werden an ihnen *im Rückblick* Aspekte thematisch, die für Design wesentlich sind. Diese Aspekte konnten vormals nicht thematisch werden, da der entsprechende kategoriale Rahmen noch nicht zur Verfügung stand. Eine dialektische Auffassung von Geschichte insistiert darauf, dass sie *tatsächlich* solche Aspekte aufweisen. Sie verpflichtet sich, kurz gesagt, auf einen *Realismus* dieser Aspekte. Denn wer Leonardo da Vinci im Rückblick als Designer *avant la lettre* interpretiert, projiziert nicht einfach etwas in seine Arbeiten hinein. Vielmehr *zeigen* sich Aspekte seiner Arbeiten neu und anders im Lichte der Entstehung des Designs. Das lässt den Unterschied zwischen Projizieren und Entdecken nicht verschwinden, da wir natürlich oftmals Gegenstände der Vergangenheit in verzerrter Weise interpretieren. Aber ob es sich hier um einen Fehler der Interpretation handelt oder nicht, lässt sich eben nicht ausschließlich oder primär durch Rekurs auf das beantworten, was im historischen Kontext der Entstehung solcher Gegenstände selbst verständlich gewesen wäre. Die Sache, die zur Disposition steht, erweist sich vielmehr in ihrem Sinn selbst als geschichtlich in Bewegung. Im Bezug auf die oben angeführte Interpretation der *Wissenschaft der Logik* muss man sagen: Die Zeitspanne, in die die Erfindung des Designs fällt, ist einerseits *entdeckend* mit Blick auf Aspekte unserer Praktiken, die es vorgängig in noch unverstandener Weise gab. Andererseits ist sie zugleich *verändernd*, sofern das, was hier entdeckt wird, nicht länger das ist, was es vormals war. Diesen Gedanken kann man wie folgt noch weiter präzisieren: Erstens ist diese Hinsicht auf Gegenstände der Vergangenheit erst im kategorialen Rahmen der entsprechenden Zeitspanne entdeckbar geworden. Zweitens ist es so, dass diese Gegenstände in und durch den neuen kategorialen Rahmen, den diese Entdeckung meint, zugleich ihren Sinn verändert haben. Die These, dass Design innerhalb einer bestimmten geschichtlichen Zeitspanne erfunden worden ist, heißt also nicht, dass es nicht vorher schon etwas gab, was wir im Rückblick dann auch Design nennen könnten, bzw. etwas, das Design zumindest sehr verwandt ist. Im Sinne von Hegels Gedanken des Setzens der eigenen Voraussetzungen kann man sagen, dass sich im Rahmen der Erfindung des Designs Gegenstände und Praktiken der Vergangenheit *retroaktiv* als solche erwiesen haben, die mit Gegenständen und Praktiken des Designs im Sinne von Vorstufen verwandt sind. Der Hinweis darauf, dass Design im Rahmen einer bestimmten geschichtlichen Zeitspanne entstanden ist, führt also nicht dazu, die plausible Intuition zurückzuweisen, dass es vorher etwas gab, was in bestimmter Weise mit Design verwandt ist. Verwandt ist es in jedem Fall darin, dass es ein Vorläufer von Design war – aber ein Vorläufer kann etwas nur sein, insofern es ein historisches Ereignis gab, dass es zu einem Vorläufer gemacht hat.[42]

Die Frage der Genese von Design betrifft allerdings nur eine Hinsicht, in der Design geschichtlich ist. Deshalb komme ich nun zur zweiten Hinsicht, in der Design geschichtlich ist: Geschichtlich ist Design auch darin, dass es in Veränderung begriffen ist. Dazu ist bislang noch nichts gesagt worden. Man könnte ja durchaus die These vertreten, dass zu dem Zeitpunkt, in dem Design als eigenständiger Bereich von Gegenständen in die Welt gekommen ist, diese Gegenstände auch für die Zukunft gewissermaßen schon fertig bestimmt waren. Die Genese kategorial neuer Gegenstandsbereiche und damit verbundener Begriffe muss schließlich selbst noch nicht unbedingt dazu führen, dass das, was dann später zu ihnen gehören wird, selbst noch einmal mit qualitativen Veränderungen einhergeht. Davon auszugehen, dass sich Design geschichtlich nach seiner Konstitution als eigener Art von Gegenstandsbereich nicht verändert, ist aber irreführend. Dazu muss man gar nicht auf massive technologische Umbrüche wie die Digitalisierung verweisen und darauf, dass Fragen des Designs von Benutzeroberflächen von Computern offensichtlich erst unter den Bedingungen, dass es Computer gibt, tatsächlich verständliche Fragen sein können – es wäre ziemlich seltsam, zu sagen, dass das Interface-Design im Bereich des Computers einfach eine Fortschreibung des Designs etwa von Möbeln mit Blick auf ihre Usability wäre. Selbst wenn man nur eine Geschichte der Plakatgestaltung erzählen würde, wären die Unterschiede hier frappierend. Kurz gesagt: Ist mit der Entstehung von Design eine kategorial neue Art von Gegenständen in die

42 Borges hat in einem vergleichbaren Sinne geltend gemacht, dass Kafka als Eigenname einer Verschiebung dessen, was Literatur ist, zugleich seine Vorgänger konstituiert habe. Vgl. Jorge L. Borges, »Kafka und seine Vorläufer«, in: Jorge L. Borges, *Inquisitionen. Vorworte*, München: Hanser 2003, S. 114-118. Vgl. in diesem Geiste auch die Analyse von Slavoj Žižek, *Weniger als nichts. Hegel und der Schatten des dialektischen Materialismus*, Berlin: Suhrkamp 2014, Kapitel 4.

Welt gekommen, so sind die konkreten Formen wie Funktionen dieser Gegenstände damit eben noch nicht ein für alle Mal festgelegt. Im Lichte zukünftiger Designgegenstände wird zugleich der *Sinn* des Designbegriffs selbst neu- und weiterbestimmt. Wie ich im zentralen Kapitel zur Ästhetik des Designs noch zeigen werde, gilt diese Dynamik selbst für die Funktionen der entsprechenden Gegenstände. Der Verweis darauf, dass Stühle offensichtlich zum Sitzen da sind, überspringt nämlich schlicht die Ebene des Designs. Nicht allein gibt es auch handwerklich hergestellte Stühle oder kann man auch auf anderen Gegenständen als auf Stühlen sitzen. Vielmehr ist es so, dass Designgegenstände als *ästhetische* Gegenstände eben keineswegs vorgängig gegebene Funktionen *passiv* erfüllen.[43] Sie erarbeiten im Medium von Prozessen der Formgebung zugleich auch die Funktionen der entsprechenden Gegenstände in neuer Weise. Diese These ist nicht so zu verstehen, dass Stühle reflexive Auseinandersetzungen mit unseren Formen des Sitzens sind und unser Sitzen irgendwie zum Thema machen würden. Auf Stefan Wewerkas *Classroom Chairs*, die dieses Kriterium wohl erfüllen, kann man nicht länger sitzen und es handelt sich bei ihnen vielleicht eher um Kunstwerke als um Designgegenstände. Die These ist vielmehr so zu verstehen, dass man über die Funktion von Stühlen nicht sprechen kann, ohne zugleich über eine *Geschichte* der Erarbeitung dieser Funktion und damit über eine Geschichte der *gestalteten Gegenstände*, die zum Sitzen da sind, zu sprechen.[44]

Eine entsprechende Dynamik dessen, was innerhalb des kategorial konstituierten Gegenstandsbereichs Design produziert und gebraucht wird, lässt sich anhand eines richtig verstandenen Begriffs der Tradition erhellen. In der Nachfolge des dialektischen Denkens von Hegel hat Hans-Georg Gadamer in dieser Frage maßgebliche begriffliche Arbeit geleistet. Wenn man den Begriff der

43 Ich werde daher noch andeuten, warum Wolfgang F. Haugs einflussreiche Analyse der Warenästhetik, die grundsätzlich besagt, dass sich durch Ästhetik der Gebrauchswert von Gegenständen nicht verändert, unzureichend ist. Vgl. Wolfgang F. Haug, *Kritik der Warenästhetik*, Frankfurt/M.: Suhrkamp 1971.

44 Ich möchte nur zur Sicherheit dezidiert festhalten, dass die im Folgenden vorgeschlagene Redeweise einer Unbestimmtheit des Designs nicht so zu deuten ist, dass hinsichtlich einiger Arten von Designgegenständen unklar ist, unter welcher funktionalen Beschreibung wir sie angemessen erfassen. Vgl. dazu das Kapitel zur Ästhetik des Designs. Die Unbestimmtheit, um die es mir hier geht, lässt sich im Sinne des *Werdens des Sinns von Funktionen* beschreiben.

Tradition benutzt, so klingt es zunächst einmal danach, als wollte man das Vergangene gegen das Gegenwärtige ausspielen. Dann aber wäre Tradition ein anderer Name für eine krude konservative Agenda, die meint, das Vergangene sei per se schon besser als das Gegenwärtige. Hans-Georg Gadamer hält demgegenüber fest: »[Z] wischen Tradition und Vernunft [besteht] kein derartig unbedingter Gegensatz [...]. So problematisch die bewußte Restaurierung von Tradition oder die bewußte Schaffung neuer Traditionen sein mag, so vorurteilsvoll [...] ist doch auch der [...] Glaube an die ›gewachsene Tradition‹, vor der alle Vernunft zu schweigen habe.«[45] Tradition wird damit weniger als normativer Begriff verstanden, der Maßstäbe dessen abgeben würde, was es etwa heißt, dass ein Gegenstand des Designs gelungen ist. Und Tradition meint auch nicht etwas, was hinter dem Rücken von Subjekten inhaltlich identisch gegenüber der sich wandelnden Gegenwart bleiben und sich einfach durchhalten würde. Tradition ist vielmehr als sinnkritischer Begriff dessen zu verstehen, was es überhaupt heißt, dass etwas *etwas Bestimmtes* ist. Gegenstände des Designs sind also nicht deshalb das, was sie sind, weil sie funktional oder formal genauso verfasst wären, wie sie zum Zeitpunkt der Entstehung des Designs waren. Sie sind vielmehr deshalb Gegenstände des Designs, weil sie in einer Tradition stehen – einer Tradition, in der durchaus alle konkreten Funktionen und alle spezifischen Formen von Design zur Disposition stehen können. Design lässt sich geschichtstheoretisch entsprechend als in ihrem Sinn offene Tradition des Produzierens und Gebrauchens von Gegenständen verstehen, und zwar als eine Tradition, die durchaus einen konkreten historischen Ursprung hat. Im Lichte neuer gelungener Gegenstände des Designs wird immer wieder neu- und zugleich weiterbestimmt, was Design war, ist und sein könnte. Es ist wichtig, hier zugleich von *Neu*bestimmung und *Weiter*bestimmung zu sprechen: *Weiter*bestimmt wird Design durch entsprechende gelungene Gegenstände, weil sie in einer Tradition vorangehender Gegenstände stehen. Dabei handelt es sich aber immer auch um eine *Neu*bestimmung, weil diese Gegenstände nicht in ein vorgängig gegebenes Raster dessen fallen, was Design sein kann. Solche Neu- und Weiterbestimmungen können manchmal eher unscheinbar bleiben. Mitunter können sie

45 Gadamer, *Wahrheit und Methode*, S. 286.

aber auch ganz offen verändern, was es überhaupt heißt, Design zu sein. Aber bereits im unscheinbaren Fall gilt: Auch hier bestimmen die entsprechenden Gegenstände neu, was Design war, ist und sein wird. Entsprechend lässt sich sagen, dass etwa die Arbeiten, die im Kontext der Hochschule für Gestaltung in Ulm entstanden sind, in einer Tradition der Arbeiten des Bauhauses stehen. Beide haben nicht zuletzt eine analoge politische wie praktische Rolle für die Entwicklung des Designs in Deutschland gespielt.[46] Das heißt aber gerade nicht, dass Ulm – trotz eines insgesamt mit dem Bauhaus verwandten funktionalistischen Grundverständnisses von Designgegenständen – einfach dasselbe wie das Bauhaus gemacht hätte. Den Traditionsbegriff dialektisch zu verstehen meint eben nicht, dass hier historische Entwicklungen durch einen kleinsten gemeinsamen Nenner zusammengehalten würden. Das wäre ein Denkfehler, der die Geschichtlichkeit selbst neutralisiert. Es meint in diesem Fall vielmehr, dass sich sinnvoll eine Geschichte darüber erzählen lässt, dass Ulm in bestimmten Hinsichten Aspekte des Bauhauses beerbt und weiterentwickelt hat. Nicht eine vorgängig gegebene Identität verbürgt hier die kategoriale Zugehörigkeit zu einer historischen Entwicklungslinie. *Vielmehr ist es der Prozess des Anschließens, Umdeutens und partiellen Zurückweisens, der sie verbürgt*. Es ist also nicht an erster Stelle oder ausschließlich entscheidend, dass Walter Gropius, bekanntermaßen ab 1919 Leiter des Bauhauses in Weimar, 1955 auch die Eröffnungsrede in Ulm gehalten hat, und dass Max Bill, Leiter in Ulm, selbst Student am Bauhaus war. Es ist vielmehr entscheidend, dass Ulm sich in bestimmter Weise auf das Erbe des Bauhauses bezogen hat – und es eben in und durch die zeitlich spätere Bezugnahme gegenüber der ursprünglichen Anlage modifiziert hat. In diesem Sinne ist noch das postmoderne Design der 1980er Jahre, besonders in Gestalt der Arbeiten der Gruppe Memphis aus Mailand, eben kein Bruch mit der Tradition. Präziser gefasst: *Jedes* Anschließen an eine Tradition heißt in bestimmter Weise immer auch, mit dem zu brechen, was ist. Der Eklektizismus von Memphis ist offensichtlich nicht derselbe wie derjenige der frühen Maschinenerzeugnisse; und dass ihre Gegenstände bewusst nicht nachhaltig konzipiert werden, ist etwas ganz anderes, als wenn man Gegenstände produziert, die

46 Vgl. dazu Bürdek, *Design*, S. 28 ff. u. S. 39 ff.

nicht nachhaltig sind, weil man nicht über ein Bewusstsein dafür verfügt.

Die Lektion aus diesem Kapitel lautet kurz gefasst: Design muss begrifflich als geschichtlich entstandener und in Veränderung begriffener Gegenstandsbereich verstanden werden. Was immer für Design wesentlich sein mag, unterliegt der in diesem Kapitel skizzierten dialektischen Dynamik. Das heißt jedoch nicht, dass es nicht wesentliche Bestimmungen des Designs gibt. Dazu mag etwa die Ausdifferenzierung von Rollen, die vor der industriellen Revolution noch in einer Hand waren, gehören sowie auch, dass es sich bei Designgegenständen um jeweils besondere Gegenstände handelt, die einer eigenen Art der Aufmerksamkeit im Gebrauch bedürfen. Aber solche Bestimmungen kennzeichnet eine *unbestimmte Bestimmtheit* im Lichte der Art und Weise, wie sie jeweils von Designgegenständen verkörpert werden. Zu diesen in ihrem Sinn unbestimmten, aber dennoch wesentlichen Bestimmungen gehört der Praxisbezug des Designs: Designgegenstände sind zu etwas gut. Sie erfüllen Funktionen im Rahmen von Praktiken und geben diesen zugleich eine bestimmte Kontur. Mehr noch: Indem Design Praxis formt, formt es Welt. Das heißt auch, dass es Design nur im Rahmen einer menschlichen Welt geben kann. Um die Frage einer Anthropologie des Designs wird es im folgenden dritten Kapitel gehen.

Kapitel 3
Anthropologie des Designs

Gegenstände des Designs erfüllen Funktionen im Rahmen ganz konkreter gesellschaftlicher Bedingungen. Plakate zu designen macht nur Sinn im Rahmen einer Gesellschaft, in der es darum geht, in immer auch ästhetischer Form Botschaften an eine breitere Öffentlichkeit zu richten. Oftmals richten sich solche Botschaften auch an bestimmte soziale Milieus, was voraussetzt, dass es eine solche Öffentlichkeit wie auch solche Milieus gibt. Interfaces für Computer zu designen ist augenscheinlich nur dort möglich, wo es nicht allein Computer gibt, sondern diese auch im Rahmen ganz bestimmter Praktiken für spezifische Zwecke gebraucht werden. Ein universelles Werkzeug wie eine Maus dient beispielsweise anderen Zwecken als die Bewegungssteuerung jüngerer Spielkonsolen. Und die Gestaltung eines Corporate Design kann es wohl nur in einer Gesellschaft geben, in der es Institutionen, große Firmen und eine kapitalistische Grundstruktur gibt. Wenn wir einen Moment von dem Gebrauch eines Designgegenstandes zurücktreten und ihn in seinem weitergehenden Kontext betrachten, scheint in ihm eine historisch-kulturelle Lebensform auf. Sie drückt sich vor allem in einem komplexen Netz praktischer Relationen aus, im Rahmen dessen der entsprechende Gegenstand seine Funktion erfüllt. Aber natürlich scheint nicht allein eine historisch-kulturelle Lebensform auf. Diese ist zugleich immer auch Ausdruck *der* Lebensform *des* Menschen. Plakate, Interfaces für Computer oder die Infrastrukturen und Formen des Corporate Designs gibt es nur im Rahmen einer *menschlichen* Welt. Für welche praktischen Herausforderungen Designgegenstände auch immer geschaffen sein mögen – sie sind für den Menschen geschaffen. Anthropologie ist der Name der philosophischen Teildisziplin, die sich mit der Frage beschäftigt, was der Mensch ist. Das vorliegende dritte Kapitel widmet sich also Fragen einer Anthropologie des Designs.

Im ersten Teil werde ich Überlegungen zur Frage nach der Natur des Menschen anstellen. Was zunächst wie eine Diskussion im Elfenbeinturm anmuten mag, ist alles andere als nebensächlich für eine Theorie des Designs. Denn wenn ich zum Beispiel der Auffassung bin, dass der Mensch nichts anderes als ein biochemisch programmierter Roboter ist, werde ich Entwicklungen wie das sogenannte Neurodesign für sinnvoll und verständlich halten.[1] Glaube ich demgegenüber, dass der Mensch in seinen verschiedenen Ausprägungen ein essentiell kulturell geprägtes Lebewesen ist, werde ich entsprechende Entwicklungen für unsinnig halten. In jedem Fall operieren nahezu alle Beiträge zur Designtheorie mit anthropologischen Voranahmen. Die wenigsten von ihnen werden aber tatsächlich explizit gemacht, geschweige denn begründet. Der zweite Teil des Kapitels wird daraufhin die im ersten Teil des Kapitels entwickelten Grundlagen designspezifisch wenden, insofern er den Gedanken entwickeln wird, dass menschliche Lebewesen ihre Welt in Form kollektiver Praktiken erschließen. Es geht mir damit um Grundzüge einer Praxeologie bzw. einer empraktischen Theorie des Designs:[2] Ein angemessenes Verständnis von Designgegenständen muss diese ausgehend von der Rolle, die sie in unserem praktischen Weltbezug spielen, in den Blick nehmen.

3.1 Hat der Mensch eine Natur?

Auch wenn im Zuge der jüngeren Debatten der sogenannten Tierphilosophie sowie im Kontext der Debatten um die Frage moralischer Verpflichtungen gegenüber Tieren diesen alle möglichen Kompetenzen und Fähigkeiten zugeschrieben worden sind:[3] Wir sollten uns davor hüten, Design ins Tierreich zu verlegen. Ebenso sollten wir uns davor hüten, Design über die menschliche Welt

1 Die meiste Literatur zu diesem Thema hat den Charakter praktischer Handreichungen für Designer*innen und ist dabei zumeist in undurchschauter Weise ideologisch. Vgl. dazu auch die Beiträge in Suparna Choudhury, Jan Slaby (Hg.), *Critical Neuroscience. A Handbook of the Social and Cultural Contexts of Neuroscience*, Malden/Ma.: Wiley-Blackwell 2012.

2 Ich folge in der Verwendung des Begriffs des Empraktischen Pirmin Stekeler-Weithofer, *Philosophie des Selbstbewusstseins. Hegels System als Formanalyse von Wissen und Autonomie*, Frankfurt/M.: Suhrkamp 2005.

3 Vgl. zu Ersterem Markus Wild, *Tierphilosophie zur Einführung*, Hamburg: Junius 2008. Als guten Überblick zu Letzterem Friederike Schmitz (Hg.), *Tierethik. Grundlagentexte*, Berlin: Suhrkamp 2014. Wenn ich im Folgenden von Tieren spreche, so benutze ich den Begriff immer derart, dass er *nicht-menschliche* Tiere meint.

zu erheben, wie es etwa die Lehre vom *intelligent design* der Kreationisten getan hat. Denn irreführenderweise wird von ihnen Gott damit als erster und letzter Designer verstanden, wenn er die grundsätzlichen Strukturen der Wirklichkeit entworfen haben soll. Design gibt es nur im Reich des Menschen und nicht im Tierreich oder im Reich Gottes. Das heißt natürlich keineswegs, dass Designer*innen nicht mitunter aufschlussreiche Antworten auf ihre Herausforderungen auch in den teleonomen Formen, die die biologische Evolution hervorgebracht hat, finden würden. Aber es sind eben Antworten auf *ihre* Fragen, die selbst nicht wiederum evolutionär erklärbar sind.

Dieser letzten Charakterisierung würde natürlich eine ganze Reihe von Biologen widersprechen, die dem sogenannten Neo-Darwinismus zuzurechnen sind. Sie betreiben unter dem Deckmantel empirischer Wissenschaft letztlich philosophische Theoriebildung bzw. verstehen sich in weiten Teilen als Konkurrenzprojekt zur philosophischen Tradition.[4] Der Neo-Darwinismus hat im Gefolge Charles Darwins in Zweifel gezogen, dass sich der Mensch vom Tier in relevanten Hinsichten unterscheidet.[5] Vom klassischen Darwinismus, wie er von Charles Darwin formuliert worden ist, unterscheidet sich der Neo-Darwinismus zum einen dadurch, dass er nicht allein physiologische Merkmale als Ergebnis eines biologisch-adaptiven Prozesses deutet, sondern auch unser Sozialverhalten. Zweitens unterscheidet er sich vom klassischen Darwinismus dadurch, dass er nicht länger die Art als Größe der biologischen Evolution versteht, sondern vielmehr das einzelne Gen. Der erste Unterschied führt zu der These, dass Kooperation wie Kampf, Zärtlichkeit wie Vergewaltigung beide gleichermaßen Ausdruck einer biologischen Tiefengrammatik sind. Konsequenterweise nennt sich dieser Zweig biologisch inspirierter Theoriebildung dann

4 Im Feld der philosophischen Ästhetik wird das etwa besonders in Beiträgen wie demjenigen von Randy Thornhill deutlich, der sich zur Tradition der philosophischen Ästhetik äußert, ohne sie überhaupt zu kennen. Vgl. Randy Thornhill, »Darwinian Aesthetics informs Traditional Aesthetics«, in: Karl Grammer, Eckart Voland (Hg.), *Evolutionary Aesthetics*, Berlin u. a.: Springer 2003, S. 9-38.

5 Vgl. von Charles Darwin v. a. Charles Darwin, *Die Entstehung der Arten durch natürliche Zuchtwahl*, Stuttgart: Reclam 1995. Dass Darwin viel vorsichtiger mit seinen Schlussfolgerungen war als die aktuellen Diskussionen des Neo-Darwinismus hat mit Blick auf die Ästhetik u. a. Winfried Menninghaus gezeigt. Vgl. Winfried Menninghaus, *Wozu Kunst? Ästhetik nach Darwin*, Berlin: Suhrkamp 2011.

auch Soziobiologie. Der zweite Unterschied führt dazu, dass der Kampf ums Überleben und die Reproduktion jetzt als ein Wettkampf darum verstanden wird, wer die meisten seiner Gene in der Gesamtheit der Gene einer Population platzieren kann. Wenn die Gene die Adressaten der biologischen Evolution werden, dann verschmilzt die Soziobiologie Darwins Gedanken der natürlichen Selektion mit der Vererbungslehre Mendels. Ein solches Projekt kommt gut in Richard Dawkins' populärwissenschaftlichem Bestseller *Das egoistische Gen* zum Ausdruck. Dort heißt es etwa: »Wir sind Überlebensmaschinen – Roboter, blind programmiert zur Erhaltung der selbstsüchtigen Moleküle, die Gene genannt werden.«[6] Selbstsüchtig sind die Gene deshalb, weil sie das Individuum derart »programmiert [haben], dass [es] das tut, was immer für [ihre bzw. seine] Gene als Gesamtheit am besten ist«.[7] Dawkins' Überlegungen sind Ausdruck eines *reduktiven biologischen Naturalismus*, der behauptet, dass das, was scheinbar spezifisch für den Menschen ist und ihn kategorial von anderen Lebewesen unterscheidet, sich *reduzieren* lässt auf etwas, das für biologische Lebewesen insgesamt charakteristisch ist. Das heißt zugleich auch, dass sich alle anderen Beschreibungen letztlich auf biologische Beschreibungen reduzieren lassen können. Hat der Neo-Darwinismus Recht, so ist die Produktion und Rezeption bzw. der Gebrauch von Designgegenständen letztlich genauso biologisch-funktional zu deuten wie die Partnerwahl oder die Einrichtung eines Rechtssystems oder die der wissenschaftlichen Institutionen. Zugespitzt gesagt, aber durchaus in einem Wortlaut, der sich in vielen Beiträgen zur Soziobiologie und evolutionären Psychologie findet:[8] Der Designer oder die Designerin indiziert potentiellen Paarungspartnerinnen bzw. Paarungspartnern durch seine oder ihre Tätigkeit die Qualität seiner bzw. ihrer Gene. Aufgrund der unterschiedlichen evolutionären Reproduktionsstrategien von Männern und Frauen ist es wohl sinnvoll, hier vor allem vom Mann zu sprechen: Das, was er

6 Richard Dawkins, *Das egoistische Gen*, Berlin u.a.: Springer 1978, S. VIII.

7 Ebd., S. 79.

8 Vgl. Eckart Voland, *Soziobiologie. Die Evolution von Kooperation und Konkurrenz*, Berlin: Spektrum Akademischer Verlag 2013. David M. Buss, *Evolutionäre Psychologie*, München u.a.: Pearson Studium 2004. Eine ausgewogene Kritik dieser Thesen findet sich bei Jesse J. Prinz, *Gut Reactions. A Perceptual Theory of Emotion*, Oxford: Oxford University Press 2004, Kapitel 5.

tut, ist aus Sicht der Soziobiologen prinzipiell gar nichts anderes als das, was im Nestbau des Vogels oder in Paarungstänzen passiert, deren Eigenarten nämlich oft über das Notwendige hinausgehen.[9] Was er hier gerade durch den verschwenderischen Umgang mit Ressourcen für potentielle Paarungspartnerinnen indiziert, ist eben die Qualität seiner Gene; dass er genetisch ein gutes »Investment« ist, wenn es darum geht, gemeinsame Nachkommen zu zeugen.

Abgesehen von der Tatsache, dass diese Beschreibungen etwas unfreiwillig Komisches haben und häufig nach einer bloßen Projektion einer kapitalistischen Marktlogik auf die belebte Natur klingen:[10] Auch wenn entsprechende Diskurse in einer Amalgamierung mit einer populärwissenschaftlich betriebenen Neurophysiologie sich mitunter in der Öffentlichkeit als Common Sense gerieren, gibt es gute Gründe, daran zu zweifeln, dass solche Beiträge das letzte Wort haben sollten, wenn es darum geht, zu bestimmen, was der Mensch ist. Anders gesagt: Wer seine designtheoretischen Überlegungen auf solchen Überlegungen aufbaut, der baut auf Sand. Um das zu zeigen, sollen an dieser Stelle vier Argumente angeführt werden: Erstens das Argument des revisionistischen Charakters der Soziobiologie; zweitens das Argument der explanatorischen Begrenztheit der Soziobiologie; drittens das Argument der Sinnwidrigkeit der Soziobiologie; und viertens und vielleicht am wichtigsten: Das Argument der Selbstwidersprüchlichkeit der Soziobiologie.

Erstens ist Dawkins' Bild offen *revisionistisch*. Im Rahmen der vermeintlich wahren Lehre fordert er uns auf, letztlich alle Überzeugungen, die wir sonst über unser Denken und Handeln haben, aufzugeben. Hinter unserem Rücken ist eine biologische Macht im Spiel, die uns lenkt, und noch in uneigennützigen Handlungen steckt verkappt der Eigennutz. Wie auch immer Dawkins zu diesem Bild von uns gelangt – es ist keines, in dem wir uns wiedererkennen können. Das wäre dann vielleicht zu verschmerzen, wenn die soziobiologischen Thesen eine große Erklärungskraft hätten.

9 Vgl. als biologisch-funktionale Erklärung in diesem Sinne Amotz Zahavi, Avishag Zahavi, *Signale der Verständigung. Das Handicap-Prinzip*, Frankfurt/M.: Insel 1998.

10 Vgl. in dieser Richtung auch Olaf Breidbach, *Neuronale Ästhetik. Zur Morpho-Logik des Anschauens*, München: Fink 2013, Einleitung. Sowie umfassender Thomas Lemke, *Biopolitik zur Einführung*, Hamburg: Junius 2007.

Ich möchte aber festhalten, dass das überhaupt nicht der Fall ist. Der zweite Kritikpunkt lautet: Die Soziobiologie ist *explanatorisch leer*. Die Qualität einer Theorie bemisst sich auch daran, was sie zu erklären in der Lage ist. Eine Theorie, die sagt, dass das Sorgen für seine Kinder, das Lesen von Romanen und das Pflegen von Freundschaften letztlich auf biologischer Ebene ununterscheidbar sind, stülpt unterschiedlichen Praktiken, von denen wir gerne wissen würden, worin sie sich denn unterscheiden, ein Einheitsvokabular über. Das liegt letztlich daran, dass gar nicht gezeigt wird, dass solche Praktiken tatsächlich alle dieselbe Tiefengrammatik haben, sondern das wird vielmehr schon vorausgesetzt. Die Soziobiologie ist eine Theorie von Allem in der menschlichen Welt. Damit ist sie aber zugleich eine Theorie von Nichts. Es ist daher irreführend, wenn Leda Cosmides und John Tooby in ihrem Aufsatz »Does Beauty build adapted Minds?« folgende Parallele ziehen: »Like modern physics, Darwinian theory is subtle, strange, inhuman, and enormously successful as an explanatory system.«[11] Es handelt sich um einen Denkfehler, wenn man die moderne Physik und die Evolutionsbiologie in einen Topf wirft und als Einheitswissenschaft verrührt. In beiden kommen ganz verschiedene Begriffe und Erklärungen ins Spiel. Während die Soziobiologie mit strikten Naturgesetzen nichts am Hut hat, operiert die Physik umgekehrt nicht mit teleologischen Begriffen. Was in der Physik eine gute Erklärung ist, wäre es nicht länger, wenn es um die Erklärung der lebendigen Natur geht. Drittens sind die Aussagen der Soziobiologie nicht nur explanatorisch leer, sondern letztlich *sinnwidrig*. Unsere üblichen intentionalen Beschreibungen – dass wir zum Beispiel Lebewesen sind, die etwas wollen – verschiebt sie einfach von der Ebene der Personen auf die Ebene der Gene. Nicht wir sind es, die etwas wollen, sondern unsere Gene wollen etwas! Die Gene werden damit letztlich zu Akteuren gemacht. Aber die Redeweise, dass Abschnitte der DNA etwas »wollen«, ist offensichtlich unsinnig. Dass Moleküle etwas wollen, ergibt gemäß der logischen Grammatik von »wollen« schlichtweg keinen Sinn. Moleküle können nicht egoistisch sein, sondern nur Personen. Diesen Kritikpunkt kann man auch wie folgt noch einmal anders wenden: Die Soziobiologie

11 Leda Cosmides, John Tooby, »Does Beauty build adapted Minds? Toward an Evolutionary Theory of Aesthetics, Fiction and the Arts«, in: *Substance* 30 (2001), S. 6-27, hier: S. 7.

wird ihrem erklärtem Ziel einer explanatorischen Reduktion unserer intentionalen Beschreibungen auf biologische nicht gerecht. Denn sie schafft es überhaupt nicht, das intentionale Vokabular wegerklären zu können. Vielmehr behält sie es bei und wendet es nun in sinnwidriger Weise nicht länger auf Personen, sondern auf Abschnitte der DNA an. Der vierte und letzte Kritikpunkt, den ich nennen will, wiegt aber vielleicht am schwersten. Er lautet, dass die Soziobiologie *selbstwidersprüchlich* ist. Sie macht sich eines performativen Selbstwiderspruchs schuldig: Der Inhalt ihrer Aussagen lässt sich nicht mit dem Akt ihrer Äußerung in Einklang bringen. Das kann im Rahmen des folgenden Schlusses einsichtig werden. Prämisse 1: Alles menschliche Verhalten dient dem Eigennutz der Gene. Prämisse 2: Das Aufstellen biologischer Hypothesen ist menschliches Verhalten. Konklusion: Also dient das Aufstellen biologischer Hypothesen dem Eigennutz der Gene. Wenn das aber richtig ist, so kann die Soziobiologie die *Geltung* ihrer Thesen gar nicht mehr verteidigen. Sie hat nämlich den Begriff der Geltung selbst verabschiedet. Unter Geltung verstehe ich den Gedanken, dass Aussagen wahr oder falsch und zugleich besser oder schlechter begründet sein können. Die Soziobiologie steht damit vor einer wenig erfreulichen Alternative: Entweder sie widerlegt sich selbst dadurch, dass ihre Erklärung allumfassend sein soll. Dawkins' Beitrag zur modernen Biologie wäre dann aber gar kein Beitrag zu einem Streit über die wahre Auffassung unserer selbst. Er wäre schlicht und einfach nur seine Art und Weise, auf die er seine Gene im Genpool zu maximieren versucht. Dawkins nimmt für seine Thesen in Anspruch, dass sie sich anders als etwa die Thesen der Kreationisten begründen lassen. Aber das kann er gar nicht mehr, wenn er seine Position konsequent zu Ende denkt. Oder aber die Soziobiologie nimmt bestimmte Bereiche der Praxis wie etwa die wissenschaftliche Forschung von ihrem Erklärungsanspruch aus. Dann aber muss sie sich sofort die Frage gefallen lassen, wie weit ihre Erklärungen überhaupt noch reichen. Kurz gesagt: *Das Geben und Einfordern von Gründen für Handlungen und Überzeugungen lässt sich nur um den Preis reduzieren, dass die eigene Position unverständlich wird.*

Gegenüber dem so skizzierten reduktiven biologischen Naturalismus scheint es daher naheliegend, die Redeweise von einer Natur des Menschen insgesamt zu problematisieren. Der Mainstream kulturwissenschaftlicher Forschung hat als Reflex auf die Probleme eines reduktiven Naturalismus den Gedanken, dass der Mensch eine Natur hat, insgesamt verabschiedet. Eine besonders dominante Stimme im Kanon entsprechender Forschung nehmen die Arbeiten Michel Foucaults ein. In seinem einflussreichen Buch *Die Ordnung der Dinge* schreibt er gleich zu Beginn programmatisch: »Die fundamentalen Codes einer Kultur, die ihre Sprache, ihre Wahrnehmungsschemata, ihren Austausch, ihre Techniken, ihre Werte, die Hierarchie ihrer Praktiken beherrschen, fixieren gleich zu Anfang für jeden Menschen die empirischen Ordnungen, mit denen er es zu tun haben und in denen er sich wiederfinden wird.«[12] Solche Ordnungen geben nach Foucault also dem »empirische[n] Wissen zu einer gegebenen Zeit und innerhalb einer gegebenen Kultur [...] eine wohldefinierte Regelmäßigkeit«.[13] In dem Buch geht er entsprechenden Codes nach und arbeitet heraus, dass es im abendländischen Wissen seit der Renaissance drei wesentliche Brüche gegeben habe: War zunächst die Ähnlichkeit das strukturierende Prinzip unseres Wissens und dann die Repräsentation, ist es heute der Mensch. Der anthropologisch wichtige Zug besteht darin, dass er den Begriff des Menschen als einen versteht, der selbst mit einer bestimmten historischen Ordnung verbunden ist und keineswegs unschuldig oder überhistorisch ist. Foucaults Analyse zufolge hat sich erst nach der Klassik der Mensch als Größe etabliert, auf die all unser Wissen zu beziehen ist. Der vielzitierte Schluss des Buchs lautet dann auch: »[D]er Mensch ist nicht das älteste und auch nicht das konstanteste Problem, das sich dem menschlichen Wissen gestellt hat. Wenn man eine ziemlich kurze Zeitspanne und einen begrenzten geographischen Ausschnitt herausnimmt – die europäische Kultur seit dem sechzehnten Jahrhundert –, kann man sicher sein, dass der Mensch eine junge Erfindung ist. [Man kann wetten, dass] der Mensch verschwindet wie am Meeresufer ein Gesicht im Sand.«[14] Foucaults Denken verabschiedet unter historistischer Perspektive schlicht und einfach die Kategorie des Menschen. Entsprechend ergibt es für ihn keinen Sinn, nach einer Natur des Menschen zu fragen; es gilt vielmehr, ideologiekritisch ein solches

12 Michel Foucault, *Die Ordnung der Dinge. Eine Archäologie der Humanwissenschaften*, Frankfurt/M.: Suhrkamp 1974, S. 22.

13 Ebd., S. 9.

14 Ebd., S. 462.

Denken als Ausdruck falschen Bewusstseins zu demaskieren.[15] Die Frage nach der Natur des Menschen fragt nach einem Phantom: Der Mensch hat keine Natur, sondern nur eine Geschichte! Anstatt in ihnen eine sichere Grundlage zur Bestimmung der Natur des Menschen zu sehen, müssen noch die Ergebnisse der Soziobiologie als Produkt konkreter diskursiver Praktiken und damit als Effekt einer historischen Tiefengrammatik verstanden werden. Reduziert der reduktive biologische Naturalismus historisch-kulturelle Beschreibungen auf eine biologische Tiefengrammatik, so reduziert Foucaults Historismus biologische Aussagen auf eine historisch-kulturelle Tiefengrammatik. Und diese Tiefengrammatik wird von Foucault so verstanden, dass sie gänzlich ohne die Kategorie des Menschen auskommt.

Foucaults konsequente Historisierung des Menschen artikuliert zwar eine durchaus wichtige Einsicht: Dass der Mensch ein Wesen ist, das eine Geschichte hat. Anders als die Soziobiologen erkennt Foucault die eigenlogische Konstitution historischer Ordnungen an und würde entsprechend auch eine reichhaltigere Beschreibung der Funktionen und Formen des Designs geben. Es ist aber die Frage, ob Foucault den Gedanken der wesentlichen Geschichtlichkeit des Menschen tatsächlich überzeugend ausbuchstabieren kann. Denn erstens sollte im Lichte der Rekonstruktion des letzten Kapitels deutlich geworden sein, dass Foucaults Begriff der Geschichte nicht wirklich ein überzeugender Begriff ist. Zweitens ist fraglich, ob der Gedanke überzeugend ist, dass solche Ordnungen sich gewissermaßen zwischen uns und die Welt schieben. Es spricht viel dafür, dass eine angemessene Theorie der Bedeutung sprachlicher Äußerungen auf solche Mittler zwischen uns und der Welt verzichten sollte.[16] Drittens schließlich muss an Foucaults Theorie eine Variante der Frage gestellt werden, die ich schon an die Soziobiologie gestellt habe: Von welchem historischen Ort aus spricht Foucaults Theorie eigentlich?[17] Es lässt sich nämlich die Rückfrage stellen, ob die Auffassung, dass der Mensch keine Natur hat, sondern nichts anderes als das ist, was aus ihm in konkreten historisch-kul-

15 Vgl. vor allem Michel Foucault, *Was ist Kritik?*, Berlin: Merve 1992.

16 Vgl. v. a. Donald Davidson, »Was ist eigentlich ein Begriffsschema?«, in: ders., *Wahrheit und Interpretation*, Frankfurt/M.: Suhrkamp 1986, S. 261-282.

17 Das gesteht Foucault auch zu mit Michel Foucault, *Archäologie des Wissens*, Frankfurt/M.: Suhrkamp 1981, S. 291.

turellen Kontexten diskursiv gemacht worden ist, selbst wiederum gar nichts anderes ist als Ausdruck einer bestimmten historisch-kulturellen Situation. Die Aussagen Foucaults wären entweder ein bloßer Diskurs unter Diskursen, oder sie würden eine Autorität beanspruchen, die sie gar nicht länger ausweisen könnten. Letzteres hieße, dass sie sich auf das Spiel um das Geben und Einfordern von Gründen einlassen und damit etwas unter der Hand voraussetzen müssten, was sie gerade explizit zurückweisen würden: Dass unsere Vernunft ein wesentlicher Aspekt der Art von Lebewesen ist, die wir sind. Der reduktive biologische Naturalismus teilt mit seiner Alternative, dem Historismus, also das Problem, dass es beiden nur unzureichend gelingt, ihren Aussagen einen Anspruch auf Geltung zu verschaffen. Foucault scheint dabei stillschweigend anzunehmen, dass der Gedanke, dass der Mensch ein wesentlich geschichtliches Lebewesen ist, denjenigen ausschließt, dass er eine Natur hat. *Das aber ist eine Annahme, die man rundheraus zurückweisen kann.* Foucault schüttet hier das Kind mit dem Bade aus, wenn er aus der richtigen These, dass das, was der Mensch ist, wesentlich geschichtlich ist, meint, schließen zu können, dass er keine Natur hat. Eine solche Natur wäre dann natürlich eine *andere* Natur, als sie im Rahmen eines reduktiven biologischen Naturalismus gedacht wird. Aber es gilt dialektisch festzuhalten: Die Alternative zwischen einem reduktiven Naturalismus und einem radikalen Historismus ist eine *falsche* Alternative.

Ich möchte kurz skizzieren, wie eine Alternative zu dieser falschen Alternative aussehen könnte. Dazu muss man in der Geschichte noch viel weiter zurückgehen als zu Foucault oder Darwin, nämlich bis zu Aristoteles. Aristoteles hat den Gedanken formuliert, dass der Mensch ein Lebewesen ist, das sich kategorial von anderen Lebewesen wie dem Tier und der Pflanze unterscheidet und dass dieser kategoriale Unterschied in seiner Vernünftigkeit liegt.[18] Wenn jemand etwas tut oder etwas sagt, so kann ich potentiell immer fragen, warum er oder sie das getan hat. Eine Antwort, die auf naturwissenschaftliche Beschreibungen rekurrieren würde, wäre dann nur in sehr besonderen Kontexten eine aufschlussreiche Antwort. Auf die Frage etwa, warum ich den Kontakt mit einem langjährigen Freund abgebrochen habe, ist eine Antwort, die auf

18 Vgl. v. a. Aristoteles, *Über die Seele. De Anima*, Hamburg: Meiner 1995.

meine Gehirnzustände oder meine DNA verweist, keine verständliche Antwort. Denn selbst wenn das eine Kausalerklärung sein sollte, so macht sie die Handlung gerade nicht *als* Handlung verständlich. Das geschieht vielmehr nur dann, wenn wir sie im Lichte der Gründe, die für bzw. gegen sie sprechen, beleuchten. Natürlich handeln wir häufig irrational und haben Überzeugungen, für die wir keine guten Gründe haben; so kann ich etwa meinem langjährigen Freund aufgrund marginaler Vorkommnisse die Freundschaft aufkündigen. Aber auch dann handele ich, wenn überhaupt, irrational, aber nicht a-rational. Denn nur ein Lebewesen, das rational ist, kann überhaupt aus schlechten Gründen handeln.

Entscheidend für die heutigen Positionen, die in der Anthropologie an Aristoteles anknüpfen und unter dem Schlagwort der Neoaristoteliker zusammengefasst werden,[19] ist dabei die Frage, wie genau die Rationalität als Aspekt der Natur des Menschen verstanden werden kann. Ziel dieser Positionen ist es grundsätzlich, der Annahme entgegenzuwirken, dass unsere Vernunft etwas ist, was nicht mit der Art und Weise, in der wir lebendige Lebewesen sind, zusammenhängt. Es geht dem neoaristotelischen Naturalismus damit ganz zentral um den Gedanken, dass unserer Vernünftigkeit nichts zu unserem Lebendigsein und zu unserer Natur freischwebend Hinzukommendes ist, sondern dass sie vielmehr ein Aspekt unserer Natur und unseres Lebendigseins meint. Von anderen Tieren unterscheidet uns nicht, dass wir zusätzlich zu unseren bloß animalischen Eigenschaften noch eine weitere Eigenschaft haben, die einfach auf diese aufaddiert wird. Unsere Vernunft ist nicht eine Fähigkeit neben den biologischen Fähigkeiten, die wir auch noch haben. Wir sind vielmehr Tiere, deren Tätigkeiten eine bestimmte Ausprägung nehmen und diese nennen wir Vernunft und können sie so beschreiben, dass wir in unserem Handeln und Denken an Gründen orientiert sind. Man kann auch sagen: Rationalität

19 Ich folge hier vor allem Überlegungen Michael Thompsons und Matthew Boyles. Vgl. Thompson, *Leben und Handeln*; Matthew Boyle, »Essentially Rational Animals«, in: Günter Abel, James Conant (Hg.), *Rethinking Epistemology*, Berlin: De Gruyter 2012, S. 395-427. Viele Beiträge der Debatte um einen neoaristotelisch geprägten Begriff des menschlichen Lebens oder der menschlichen Natur finden sich im Sammelband von Andrea Kern und Christian Kietzmann (Hg.), *Selbstbewusstes Leben. Texte zu einer transformativen Theorie menschlicher Subjektivität*, Berlin: Suhrkamp 2017.

wird als die *Form* und nicht als der *Inhalt* verstanden, hinsichtlich der bzw. dessen der Mensch ein lebendiges Wesen ist. Natürlich handeln auch nicht-menschliche Tiere nicht grundlos. Aber sie handeln nicht aus Gründen *als* Gründen. Und der Auffassung der Neoaristoteliker nach ändert sich die Situation grundlegend, wenn es so ist, dass ein Lebewesen für Gründe *als* Gründe ansprechbar ist. Hier klingt der alte Topos an, dass die Rationalität des Menschen letztlich darin besteht, dass er ein *selbstbewusstes* Lebewesen ist. Dass der Mensch ein vernünftiges Lebewesen ist, heißt also, dass er im Denken und Handeln kritisier- und korrigierbar ist. Dasselbe würden wir nicht von nicht-menschlichen Tieren sagen: Wir können ihnen nicht ihr Verhalten in der Hoffnung auf Einsicht vorhalten. Man macht also etwas grundsätzlich falsch, wenn man in denselben Begriffen über menschliche wie nicht-menschliche Tiere nachdenkt. Der Grund ist, dass der Mensch das Lebewesen ist, das in Begriffen nachdenkt – und damit überhaupt erst ein denkendes Lebewesen ist.[20]

Die wohl meistdiskutierte Position im Reigen derer, die aktuell zu Aristoteles zurückgehen, um zugleich eine Alternative zu der Wahl zwischen reduktivem biologischen Naturalismus und radikalem Historismus zu formulieren, ist die Position John McDowells. Sie lässt sich so verstehen, dass sie Motive beider Seiten integriert, ohne allerdings in deren Fallstricke zu geraten. McDowell versteht seine Überlegungen als eine Bestimmung der Natur des Menschen. Sein Grundgedanke lautet dabei wie folgt: »Our Nature is largely second nature, and our second nature is the way it is not just because of the potentialities we were born with, but also because of our upbringing, our Bildung.«[21] Man kann bei McDowells Position damit von einem *Naturalismus der zweiten Natur* sprechen. Unter dem Begriff der ersten Natur versteht McDowell das, was in Reichweite der Erklärung der Naturwissenschaften ist. Es ist das, was eine biologische Analyse in den Blick nimmt. Da auf dieser Ebene keine Bestimmung der Natur des Menschen zu haben ist, schlägt er vor, dass der Mensch nicht allein eine erste Natur hat, sondern auch eine zweite. Aspekte seiner ersten und seiner zweiten Natur sind uns dabei in unterschiedlicher Weise verständlich: Eine

20 Vgl. in diesem Sinne auch Davidson, »Vernünftige Tiere«.

21 McDowell, *Mind and World*, S. 87.

Beschreibung physiologischer Vorgänge im Körper während der Verdauung ist etwas, was im Regelfall allein naturwissenschaftlich zu erklären ist. Eine Beschreibung dessen, was es heißt, dass wir denken und handeln, kann aber nur unter Rekurs auf die Gründe, aus denen wir das tun, geschehen. Der grundsätzliche Schachzug von McDowell besteht dabei darin, dass Gründe und Natur aufgrund eines verkürzten Verständnisses von Natur im Denken nicht zusammengehen. Wir müssen, so sein Vorschlag, den Naturbegriff gar nicht im Sinne dessen erläutern, was die Naturwissenschaften beschreiben. Vielmehr können wir im Rückgang zu Aristoteles die Vernunft als Teil der Welt begreifen, indem wir einen erweiterten Naturbegriff vertreten. Diese Argumentation ist für McDowell durchaus kompatibel mit den Ergebnissen der modernen Naturwissenschaften. Ihnen wird allerdings zum einen abgesprochen, dass sie alles, was es gibt, mit ihren theoretischen wie empirischen Mitteln erklären können. Zum anderen werden ihre weltanschaulichen Ausbuchstabierungen in Gestalt etwa der Soziobiologie dezidiert zurückgewiesen. Auf der Ebene biologisch-adaptiver Erklärungen allein können wir, so McDowell, letztlich nichts über die spezifische Art von Lebewesen erfahren, die wir sind.

McDowells zweitnatürlicher Naturalismus schließt allerdings nicht allein kritisch an den reduktiven biologischen Naturalismus an, von dem er den Gedanken beibehält, dass der Mensch eine Natur hat. Vielmehr schließt er zugleich kritisch an historistisches Gedankengut an, das ich in diesem Kapitel paradigmatisch anhand von Foucaults Position rekonstruiert habe. Die zweite Natur wird von McDowell unter dem Schlagwort der Bildung nämlich auch als Prozess der Akkulturation verstanden: Bei der Geburt sind wir seines Erachtens bloße Tiere, die sich aber, wenn sie unter normalen Bedingungen in eine historisch-kulturelle Sprachgemeinschaft einsozialisiert werden, zu rationalen Tieren entwickeln. Eine zweite Natur ist damit nichts, was wir von Geburt an einfach so hätten, so wie bei unserer Geburt unser Körper den Gesetzen der Physik einfach unterliegt. Sie ist vielmehr eine bloße Möglichkeit derart, dass sie der Kultivierung bedarf. Anders als der radikale Historismus pocht McDowell aber darauf, dass unsere Rationalität durchaus ein Wesensmerkmal der Art von Lebewesen ist, die wir sind. Wenn McDowell allerdings darauf beharrt, dass wir nicht schlechthin erzogen werden, sondern immer im Rahmen einer bestimmten Epoche und Kultur, so vollzieht er dabei eine doppelte gedankliche Bewegung: Einerseits behauptet er, dass wir durch das Hineinwachsen in eine historische Gemeinschaft allererst rationale Lebewesen werden. Andererseits macht er geltend, dass wir nicht rationale Lebewesen simpliciter sind, sondern dass unser Rationalität eine immer inhaltlich bestimmte ist. In bestimmter Weise kann man also sagen, dass die Natur des Menschen seine Vernunft ist und dass diese immer spezifisch historisch-kulturell geformt und nicht einfach so zu haben ist. Damit formuliert McDowell aber den Gedanken, *dass der Mensch von Natur aus Kultur hat.*[22] Unsere Natur entfaltet sich in und durch unsere Kultur. Mit und gegen McDowell kann man hier derart weiterdenken, dass unsere Vernunft nicht eine Eigenschaft ist, die wir einfach so haben. Vielmehr ist sie etwas, das wesentlich in sozialen Zusammenhängen wechselseitiger Anerkennung konstituiert wird und sich zugleich in kollektiven Praktiken artikuliert.[23]

Wenn man diesen letzten Gedanken mitgeht und Rationalität als etwas versteht, das sich immer auch in kollektiven Praktiken ausdrückt, so drängt sich ein naheliegender Einwand auf: Ist Rationalität nicht gerade der Widerpart zur Praxis? Meint Rationalität nicht letztlich gerade das Räsonieren und das Zurücktreten von praktischen Handlungszusammenhängen? Dieser Einwand beruht aber auf einem Fehlschluss. Er übersieht, dass noch das Zurücktreten von Praktiken, um diese reflexiv von der Seite aus zu thematisieren, kein Zurücktreten von Praxis *überhaupt* ist. Vielmehr handelt es sich hier natürlich selbst wiederum um eine bestimmte Praxis. Von dem Gedanken aus, dass unsere Rationalität eine prak-

22 Vgl. dazu weitergehend auch Georg W. Bertram, »Zweite Natur. Die Auflösung des Dualismus von Kultur und Natur«, in: Christian Barth, David Lauer (Hg.), *Die Philosophie John McDowells. Ein Handbuch*, Münster: Mentis 2014, S. 121-136. Als differenzierte Analyse unterschiedlicher Verständnisse des Verhältnisses von Natur und Kultur auch Christian Thies, *Alles Kultur? Eine kritische Bestandsaufnahme*, Stuttgart: Reclam 2016.

23 In jüngerer Zeit hat vor allem Robert Brandom diesen Gedanken im Rahmen einer praxeologisch fundierten und inferentialistisch ausgerichteten Bedeutungstheorie sprachlichen Handelns wirkmächtig ausbuchstabiert – allerdings um den Preis, gerade der historischen Dimension, die McDowell durchaus zu denken versucht, nicht länger Rechnung zu tragen. Vgl. Robert B. Brandom, *Begründen und Begreifen. Eine Einführung in den Inferentialismus*, Frankfurt/M.: Suhrkamp 2004, Kapitel 2.

tisch verkörperte Rationalität ist, lässt sich ein produktiver Ausgangspunkt für Grundbausteine einer Anthropologie des Designs gewinnen. Das werde ich nun im zweiten Teil des Kapitels zeigen.

3.2 Zu einer Praxeologie des Designs

Ich habe wiederholt darauf insistiert, dass Designgegenstände bestimmten Zwecken dienen. Auch wenn ich im Verlauf dieses Kapitels diese Redeweise noch nicht vollständig theoretisch einholen werde, so wird es mir im Folgenden doch darum gehen, Grundlagen für eine angemessene Explikation dieses Gedankens zu legen. Genauer möchte ich unter Rückgriff auf die frühe Philosophie Martin Heideggers zeigen, dass Design, indem es von Menschen für den Menschen gemacht ist, an der Basis dessen wirkt, was die menschliche Welt ausmacht. Martin Heidegger hat gezeigt,[24] dass der Weltbegriff gerade nicht nach dem Vorbild einer naturwissenschaftlichen Beschreibung bloß vorhandener Materie verstanden werden kann. Er beharrt darauf, dass die Welt etwas ist, was sich zwar in unseren kollektiven Praktiken zeigt, was aber gerade nicht positiv im Sinne eines Gegenstandes oder einer Menge von Gegenständen vor uns gebracht werden kann. Damit schmälert man nicht die Leistungen der modernen Naturwissenschaften. Man löst sie vielmehr aus ihrer Amalgamierung mit schlechter Philosophie. Denn wenn man auch die Naturwissenschaften als Praxiszusammenhänge versteht, so bestreitet man gerade nicht ihren epistemischen Status. Vielmehr wird es möglich, diesen robuster zu erläutern. Wenn es richtig ist, dass es in der Welt mehr und anderes gibt als das, was die modernen Naturwissenschaften beschreiben können bzw. die Welt *selbst* mehr und anderes ist als jenes – nämlich ein unthematischer Hintergrund, der in kollektiven Praktiken artikuliert ist –, so kann Design nicht länger als Projizieren von Sinn auf eine sinnfreie Materie verstanden werden.[25] Mit Heideg-

24 Vgl. Martin Heidegger, *Sein und Zeit*, Tübingen: Niemeyer 2001, Drittes Kapitel.

25 Vgl. grundsätzlich in diesem Geiste auch Markus Gabriel, *Sinn und Existenz. Eine realistische Ontologie*, Berlin: Suhrkamp 2016. Gabriels Spielart des Realismus meint allerdings ohne eine Theorie des Subjekts bzw. des Menschen auszukommen, weil sie darin wieder eine verkappte Spielart antirealistischen Denkens

gers Überlegungen lässt sich vielmehr zeigen, dass Design keine unwesentliche Zutat ist, mit der wir die Welt bloß peripher verändern. Design ist vielmehr heute an der Wurzel dessen, was unsere Welt als menschliche ausmacht.

Martin Heidegger hat in seinem 1927 erschienenen Hauptwerk *Sein und Zeit* eine Analyse unseres Weltverhältnisses vorgelegt,[26] die nicht zuletzt deshalb epochemachend ist, weil sie sich von einem falsch verstandenen Vorrang der Theorie und zugleich von einem falschen Begriff von Theorie absetzt. Sprachlich mutet Heideggers Buch zunächst idiosynkratisch an. Es stellt die Leser*innen vor ernstzunehmende exegetische Herausforderungen. Der Text wimmelt nur so vor Neologismen, vor terminologisch umgedeuteten alltagssprachlichen Ausdrücken, denen durch Rückgang in die Etymologie ein neuer Sinn verliehen wird. Die Eigenwilligkeit seiner Sprache hat gleichwohl eine performative Pointe: Heidegger glaubt, dass unser philosophisches wie alltägliches Sprechen von Vorverständnissen geprägt ist, die Ausdruck einer bestimmten und zugleich problematischen Metaphysik sind. Sie verstellen einen angemessenen Blick auf das, was wir sind. Trotz der Diskussionen um den Antisemitismus der aus dem Nachlass veröffentlichten *Schwarzen Hefte* zeigt sich Heideggers Projekt so als eines,[27] das durchaus ideologiekritische Aspekte aufweist. Beim frühen Heidegger gewinnt eine entsprechende metaphysikkritische Position wie folgt Kontur: Er möchte hinter die etablierten Vorverständnisse der modernen Philosophie auf eine ursprüngliche Ebene vorstoßen, die durch entsprechende Vorverständnisse verdeckt worden ist. Eine solche Ebene sieht er zumindest in *Sein und Zeit* im Verstehen gegeben, das sich in unserem alltäglichen praktischen Weltumgang ausdrückt. Dieses Verstehen ist nur unzureichend expliziert, wenn man

wittert. Das ist keineswegs überzeugend. Eine entsprechende Kritik hat Gabriel auch am frühen Heidegger, auf den ich mich hier insgesamt affirmativ beziehe, formuliert; vgl. Markus Gabriel, »Ist die Kehre ein realistischer Entwurf?«, in: David Espinet, Toni Hildebrandt (Hg.), *Suchen, Entwerfen, Stiften: Randgänge um Entwurfsdenken Martin Heideggers*, Paderborn: Fink 2014, S. 87-106.

26 Vgl. Heidegger, *Sein und Zeit*, v. a. § 9 ff.

27 Vgl. zu den *Schwarzen Heften* und ihrer Rezeption vor allem die differenzierte wie präzise Kritik von Dieter Thomä, »Wie antisemitisch ist Heidegger? Über die Schwarzen Hefte und die gegenwärtige Lage der Heidegger-Kritik«, in: Marion Heinz, Sidonie Kellerer (Hg.), *Martin Heideggers »Schwarze Hefte«. Eine philosophisch-politische Debatte*, Berlin: Suhrkamp 2016, S. 211-233.

es nach dem Vorbild eines theoretischen Erkennens konzipiert, bei dem ein Subjekt einem Objekt gegenübersteht und von diesem dann im Akt des Erkennens mentale Repräsentationen bildet. Eine solche Auffassung schneidet uns irrtümlicherweise von der Welt ab und verdammt uns auf die Zuschauerbühne. Die Welt ist aber nichts, dem wir fremd gegenüberstehen würden oder das unserem Zugriff entzogen wäre. Vielmehr ist sie etwas, in das wir immer schon im Sinne eines praktischen Umgehens mit ihr verstrickt sind. Ein Bild der Welt als empirische Gesamtheit von bewusstseinsexternen Gegenständen ist nicht allein deshalb irreführend, weil die Kategorie des Sinns damit als bloße Projektion auf als vorhanden gedachte Gegenstände der Welt verstanden wird.[28] Es ist vielmehr auch deshalb irreführend, weil es diese Gegenstände in zu große Distanz zu uns rückt und unseren Bezug zu ihnen auf eine theoretisch-kontemplative Einstellung verengt. In diesem Sinne konzipiert Heidegger den Begriff der Welt in neuartiger Weise, wenn er schreibt: »›Weltlichkeit‹ ist ein ontologischer Begriff und meint die Struktur eines konstitutiven Momentes des In-der-Welt-seins. Dieses aber kennen wir als existenziale Bestimmung des Daseins. Weltlichkeit ist demnach selbst ein Existenzial.«[29] Heidegger spricht hier von einem »Existenzial« als einem konstitutiven Moment dessen, was wir sind – nämlich Dasein und nicht Subjekt im Sinne der modernen Epistemologie. Wir sind, anders gesagt, eine Art von Lebewesen, das immer schon sinnhaft in eine Welt verstrickt ist, die ihm nicht als ganz Anderes oder Fremdes seiner existentiellen Bewegtheiten gegenübertritt.

Heideggers Überlegungen zu einem anderen Begriff der Welt als der geläufigen Auffassung sind unter designtheoretischer Perspektive nun insbesondere hinsichtlich der dabei von ihm vorgenommenen Analyse dessen, was er Zeug nennt, relevant. *Denn in Heideggers Zeuganalyse findet sich ein vielversprechender Ausgangspunkt für die Frage, welche Rolle Design im Rahmen der menschlichen Welt insgesamt spielt.*[30] Als Zeug bezeichnet Heidegger Gegenstände, mit

28 Vgl. als Analyse der Selbstwidersprüchlichkeit einer solchen These auch John McDowell, »Zwei Arten von Naturalismus«, in: ders., *Wert und Wirklichkeit. Aufsätze zur Moralphilosophie*, Frankfurt/M.: Suhrkamp 2009, S. 30-73. Zu Heidegger in diesem Sinne auch John Haugeland, *Dasein Disclosed*, Cambridge/Mass., London: Harvard University Press 2013.

29 Heidegger, *Sein und Zeit*, S. 64.

30 Hyun Kang Kim hat zudem überzeugend dafür argumentiert, dass sich Hei-

denen wir alltäglich praktisch-hantierend umgehen. Er nennt sie nicht Dinge, Objekte oder Gegenstände, weil er die damit einhergehende Konnotation vermeiden will, dass es sich hier um etwas handeln würde, das uns wie ein bloßes Objekt gegenübertritt. Zeug meint Gegenstände, die immer schon vorgängig im Lichte ihrer praktischen Brauchbarkeit erschlossen sind. Sie dienen immer schon bestimmten Zwecken, die nicht von außen an sie herangetragen werden, sondern die ein Moment dessen ausmachen, was sie sind. In weiten Teilen handelt es sich dabei offensichtlich um Artefakte. Und bei den meisten Artefakten, mit denen wir heute praktisch umgehen – von Ikea-Regalen über Automobile bis zu Webseiten –, handelt es sich um Artefakte, deren Formgebungen immer auch von Designentscheidungen geprägt sind. Aber auch Gegenstände, Prozesse und Ereignisse der Natur können Zeuge sein: Sterne werden für die Navigation verwendet, der Südwind als Anzeichen für den Regen.[31] Heidegger sagt damit offensichtlich nicht, dass entsprechende natürliche Gegenstände, Prozesse und Ereignisse von uns hervorgebracht worden sind. Er sagt aber, dass man selbst solche Gegenstände, Prozesse und Ereignisse insgesamt nicht richtig in den Blick nimmt, wenn man sie ausgehend von einer theoretisch-kontemplativen Haltung betrachtet. Denn sie sind nichts bloß Vorhandenes; sie sind nichts, was erschöpfend im Rahmen einer naturwissenschaftlichen Beschreibung expliziert werden könnte.[32] Die Plausibilität von Heideggers Überlegung lässt sich gut an einem in seinem Gebrauch aufgehenden Hammer verdeutlichen, der wohl sein Lieblingsbeispiel ist. Der Hammer ist nicht dort eigentlich Hammer, wo wir ihn bloß anstarren. Und wir kommen dem, was er ist, sicherlich nicht näher, wenn wir ihn ins Labor tragen und eine molekulare Beschreibung seiner Beschaffenheit vornehmen. Der Hammer ist nur dort ganz Hammer, wo

deggers Kategorien der Zuhandenheit und des Mitseins für Fragen des Social Designs fruchtbar machen lassen. Vgl. Hyun Kang Kim, »Vom Dasein zum Design. Heideggers ›Zuhandenheit‹ und ›Mitsein‹ als philosophische Grundlagen des Social Design«, in: Julia-Constanze Dissel (Hg.), *Design & Philosophie. Schnittstellen und Wahlverwandtschaften*, Bielefeld: Transcript 2016, S. 59-73.

31 Vgl. Heidegger, *Sein und Zeit*, S. 80.

32 Wer das behauptet, missversteht die Logik und Reichweite naturwissenschaftlicher Forschung. Vgl. dazu Hans-Jörg Rheinbergers exemplarische Studie: *Experimentalsysteme und epistemische Dinge. Eine Geschichte der Proteinsynthese im Reagenzglas*, Frankfurt/M.: Suhrkamp 2006.

wir mit ihm hämmern. Entsprechend kann Heidegger festhalten: »Die Seinsart von Zeug, in der es sich von ihm selbst her offenbart, nennen wir die Zuhandenheit. Nur weil Zeug dieses ›An-sich-sein‹ hat und nicht lediglich noch vorkommt, ist es handlich im weitesten Sinne und verfügbar. Das schärfste nur-noch-hinsehen auf das so und so beschaffene ›Aussehen‹ von Dingen vermag Zuhandenes nicht zu entdecken. Der nur ›theoretisch‹ hinsehende Blick auf Dinge entbehrt des Verstehens von Zuhandenheit.«[33] Zeug zeigt sich als Zeug somit nur unter der Perspektive unserer *praktischen* Verständnisse, die insgesamt unseren hantierenden Umgang mit ihm meinen. Die Leitfrage mit Blick auf Zeug ist somit nicht, was es jeweils als Vorhandenes ist. Ein Zeug als Zeug richtig zu verstehen heißt vielmehr, zu verstehen, wozu es als Zuhandenes gut ist. Zwei Qualifizierungen dieses Gedankens sind wichtig. Erstens bleibt Zeug für Heidegger zumeist unsichtbar. Nur wenn es defekt ist, nicht auffindbar ist oder für die verfolgten Zwecke funktional unangemessen ist, wird es als solches thematisch. Diese Überlegung ist auch mit Blick auf Design so schlagend, dass ich im nächsten Kapitel für einen anderen Begriff der Ästhetik des Designs argumentieren werde und gegen ein kontemplatives Verständnis. Auch wenn wir unsere Wohnräume manchmal mit visuell auffälligen Designgegenständen schmücken, so gilt diese Auffälligkeit doch nur für einen verschwindend geringen Teil von Designgegenständen, mit denen wir es im Alltag zu tun haben. Zweitens gilt, dass es Zeug niemals im Singular gibt. Heidegger schreibt: »Ein Zeug ›ist‹ strenggenommen nie. Zum Sein von Zeug gehört je immer ein Zeugganzes, darin es dieses Zeug sein kann, das es ist. [...] Zeug ist seiner Zeughaftigkeit entsprechend immer aus der Zugehörigkeit zu anderem Zeug: Schreibzeug, Feder, Tinte, Papier, Unterlage, Tisch, Lampe, Möbel, Fenster, Türen, Zimmer.«[34] Zeug ist nur das Zeug, das es ist, insofern es zugleich im Rahmen einer Ganzheit mit anderem Zeug ist. Etwas technischer kann man sagen: Zeug ist holistisch und nicht atomistisch individuiert. Hämmer ohne Nägel und ohne Wände usf. wären nicht das, was sie sind. Entsprechendes gilt offensichtlich auch für Designgegenstände: Sie stehen immer schon in Kontexten anderer Gegenstände – Plakate sind offensichtlich auf die Plätze und Orte ihrer Hängung verwiesen, wie

33 Heidegger, *Sein und Zeit*, S. 69.

34 Ebd., S. 68.

Möbelstücke offensichtlich häufig auch auf Fragen weitergehender Entscheidung der Innenarchitektur verwiesen sind.

An beide Thesen – dass das Zeug im alltäglichen Umgang unsichtbar bleibt und dass Zeug holistisch konstituiert ist – lässt sich eine Bestimmung von Design anschließen, die vom Designtheoretiker Lucius Burckhardt stammt. In einem 1980 unter dem Titel »Design ist unsichtbar« veröffentlichten Text hat Burckhardt nämlich einen Gedanken entwickelt,[35] der durchaus mit Heideggers Analyse verwandt ist. Von Unsichtbarkeit zu sprechen darf hier nicht falsch verstanden werden: »Natürlich kann man sie sehen, die Gegenstände des Designs; es sind Gestaltungen und Geräte bis hinauf zum Gebäude und hinab zum Dosenöffner.«[36] Burckhardt geht es aber darum, was in einer solchen gegenstandsorientierten Analyse fehlt: Wir können die Welt auch anders einteilen denn als Menge diskreter und unverbundener Gegenstände. Wenn es etwa um Straßenecken geht, gehören zu den Gegenständen, die hier gestaltet sind, eben nicht allein die Magazine, die der Kiosk verkauft. Es gehören dazu vielmehr »organisatorische [...] Systeme: Buslinien, Fahrpläne, Zeitschriftenverkauf, Ampelphasen usw.«[37] Eine gegenstandsbezogene Beschreibung des Designs übergeht somit die institutionellen Kontexte, in denen Designgegenstände stehen. Und indem man nicht länger über das Gestalten einzelner Gegenstände nachdenkt, sondern diese institutionellen Kontexte ebenfalls in den Blick nimmt, rücken zwischenmenschliche Beziehungen auf einmal in die Perspektive des Designers: »Auch zwischenmenschliche Systeme [wie die Institution des Krankenhauses mit ihren Rollen wie Arzt, Schwester und Patient] sind designt, entworfen.«[38] Burckhardt hält entsprechend fest, dass »Design eine unsichtbare Komponente hat, nämlich die institutionell-organisatorische, über welche Designer*innen ständig mitbestimmen, die aber durch die gängige Art der Einteilung unserer Umwelt im Verborgenen bleibt«.[39] Lucius Burckhardts Blickumkehr hat dabei

35 Vgl. Lucius Burckhardt, »Design ist unsichtbar«, in: Klaus T. Edelmann, Gerrit Terstiege (Hg.), *Gestaltung denken. Grundlagentexte zu Design und Architektur*, Basel: Birkhäuser 2010, S. 211-217.

36 Ebd., S. 211.

37 Ebd.

38 Ebd., S. 212.

39 Ebd., S. 214.

nicht zuletzt folgende Pointe: Er macht geltend, dass eine gegenstandsorientierte Analyse des Designs letztlich durch die Produktion neuer Gegenstände die Probleme, die sie beheben sollen, eher verschleppt und intensiviert, anstatt sie zu lösen. Denn »[j]eder neue Entwurf bewirkt im Gebrauch Änderungen, und diese Änderungen ziehen die Notwendigkeit neuer Entwürfe nach sich. Werden alle diese nacheinander sich öffnenden Probleme [...] als Einzelprobleme gelöst«,[40] so ist dieses Vorgehen kontraproduktiv. Nur wenn Designer*innen über Probleme und Neustrukturierungen institutioneller Kontexte nachdenken, können sie tatsächlich für eine Verbesserung sorgen. Wer das nicht tut, produziert letztlich gemeingefährliche Gegenstände – solche, die »uns von Systemen abhängig werden lassen, die uns am Ende ausplündern oder im Stich lassen«.[41]

Burckhardts Bestimmung geht einerseits produktiv über Heideggers Analyse hinaus. Bezieht man beide aufeinander, so kann man Folgendes sagen: Für den praktischen Weltbezug, in den Design eingelassen ist, ist charakteristisch, dass er immer auch mit institutionell-organisatorischen Aspekten und letztlich zwischenmenschlichen Beziehungen einhergeht. Mit Burckhardts Analyse lässt sich ersehen, dass Heideggers praxeologische Theorie unseres Weltverhältnisses noch keine hinreichende Analyse einer Praxeologie des Designs formuliert – auch wenn sie, wie ich noch einmal betonen möchte, einen guten Ausgangspunkt für diese liefert.[42] Denn offensichtlich gilt Heideggers Analyse für unser Weltverhältnis *insgesamt*. Entsprechend interessieren ihn Unterschiede zwischen Gegenständen des Handwerks, Designgegenständen oder Naturgegenständen, wenn sie durch den Gebrauch Funktionen zugewiesen bekommen, nur peripher. Andererseits bleiben Burckhardts Überlegungen zu einer Praxeologie des Designs, die zugleich ein Beitrag zur Frage der Sozialität des Designs sind, aber auch hinter Heideggers Überlegungen zurück. Denn Burckhardt klammert den weitergehenden Kontext von Praktiken aus, in denen sich auch

40 Ebd., S. 215.

41 Ebd., S. 217.

42 Vgl. für weitergehende systematische Anknüpfungspunkte designtheoretischer Fragen an Heidegger auch die Beiträge in David Espinet, Toni Hildebrandt (Hg.), *Suchen, Entwerfen, Stiften. Randgänge zum Entwurfsdenken Martin Heideggers*, Paderborn: Fink 2014.

die Designer*innen bewegen, die nicht länger über Objekte nachdenken, sondern über Probleme. Von Heidegger kann man lernen, dass unser praktischer Weltbezug gerade nicht objektiv vor uns gebracht werden kann, sondern einen unthematischen Horizont bildet, vor dem überhaupt erst etwas thematisch werden kann. Burckhardts Designer*innen hätten damit einerseits zwar einen weiteren Blick als herkömmliche Designer*innen, die Einzelgegenstände gestalten. Sie würden sich aber darin täuschen, wenn sie meinten, die Situation wie etwas Objektives vor sich bringen zu können. Was den unthematischen praktischen Horizont ihrer Tätigkeit angeht, wären sie nicht weniger blind als herkömmliche Designer*innen.

Heideggers und Burckhardts Überlegungen eint, dass sie eine Dimension letztlich übergehen oder – im Fall Burckhardts – nur systematisch verzerrt adressieren,[43] von der ich geltend machen werde, das sie konstitutiv für Designgegenstände ist: Die *ästhetische* Dimension des Designs. Eine Praxeologie des Designs, die nicht immer auch eine Ästhetik des Designs ist, bleibt verkürzt. Um die Ästhetik des Designs wird es im folgenden Kapitel gehen, das zugleich das programmatisch zentrale Kapitel des Buchs ist.

43 Burckhardt, »Design ist unsichtbar«, S. 214.

Kapitel 4
Ästhetik des Designs

Wer sich im Österreichischen Museum für Angewandte Kunst in Wien die Ausstellung »100 Beste Plakate 15« angeschaut hat, die dort vom 28. 9. 2016 bis 5. 2. 2017 zu sehen war, dem wird angesichts der Exponate deutlich geworden sein, dass es sich hier in markanter Weise um ästhetische Gegenstände handelt. In ihren offenen Formgebungen, ihrer häufig experimentellen Typographie wie ihren mitunter überraschenden visuellen Elementen zeigen sich die Plakate durchaus als ästhetisch eigensinnige Gegenstände. Der Erwerb der Fähigkeit in den Designklassen, entsprechende Plakate auf diesem Niveau zu gestalten, ist an Kunsthochschulen mitunter von dem ununterscheidbar, was in den benachbarten Kunstklassen geschieht. In jedem Fall ist das Gestalten immer auch eine ästhetische Praxis und damit eine, die nicht in einem Befolgen mechanischer Regeln aufgeht. Gute Designer*innen zeigen ihr Können vor allem darin, dass sie eigenständige Lösungen für die entsprechenden Herausforderungen entwickeln. Das gilt selbst in dem Fall, in dem sich diese Eigenständigkeit gar nicht exponiert in den Produkten zeigt. Und das tut sie häufig nicht: Man darf nicht vergessen, dass ein Museum – anders als im Bereich der Kunst – keineswegs der paradigmatische Ort ist,[1] an dem Designgegenstände in unserer Praxis auftauchen. Designgegenstände sind außerhalb eher spezieller Kontexte wie dem Museum zumeist in ganz praktischen Zusammenhängen in Gebrauch und fallen dort auch nur selten besonders auf. Aus der Beobachtung, dass es sich bei den ausgestellten Plakaten immer auch um ästhetische Gegenstände handelt, folgt also nicht, dass sie dadurch schon Kunstwerke wären. Selbst wenn es Grenzfälle geben mag und Zonen der Unentscheidbarkeit:

1 Damit sage ich nicht, dass heute alle Kunst im Museum stattfindet. Wenn man an die partizipative Kunst denkt oder an viele Performances, so wäre diese These auch nicht stichhaltig. Juliane Rebentisch hat allerdings überzeugend gezeigt, dass diese Überschreitung herkömmlicher Kontexte keineswegs zum Kollaps des Unterschieds zwischen Kunst und Nicht-Kunst führt. Entsprechend ist das Verlassen des Museums dialektisch noch auf dieses bezogen. Vgl. Juliane Rebentisch, *Theorien der Gegenwartskunst zur Einführung*, Hamburg: Junius 2015, v. a. Kapitel 2.

Unter ästhetischer Perspektive müssen Kunst und Design kategorial unterschieden werden. Selbst die offene, mitunter improvisatorische und in jedem Fall experimentelle wie forschende Arbeit in vielen Designklassen an Kunsthochschulen steht nämlich im Dienste der Entwicklung von Fähigkeiten, die anderen Zwecken dienen als die, die mit der Herstellung von Kunstwerken einhergehen. Pointiert könnte man sagen: Der Zweck dieser offenen und experimentellen wie forschenden Tätigkeiten ist im Design letztlich darauf gerichtet, Gegenstände für bestimmte Zwecke gestalten zu können. Demgegenüber ist der Zweck entsprechender Tätigkeiten in der Kunst die Herstellung zweckfreier Gegenstände. Etwas als Designgegenstand zu würdigen heißt also, etwas *Anderes* zu würdigen und zugleich *anders* zu würdigen als etwas als Kunstwerk zu würdigen. Es heißt, etwas *Anderes* zu würdigen, weil Kunstwerke und Designgegenstände verschiedene Arten von Gegenständen sind. Und zugleich heißt es, *anders* zu würdigen, weil diese Unterschiedenheit sich in unterschiedlichen Formen ästhetischen Urteilens und damit des Wahrnehmens, Denkens und Handelns artikuliert. Schaut man bloß auf die Tatsache, dass auch Designgegenstände mitunter in Museen ausgestellt werden, vertritt man nicht alleine eine Karikatur einer aufs Design erweiterten Institutionentheorie der Kunst.[2] Vielmehr schaut man in falscher Weise auf diese Gegenstände, wenn man den weitergehenden Kontext der Produktion wie des Gebrauchs solcher Gegenstände nicht in Rechnung stellt. Man muss, kurz gesagt, die gesamte Praxis, im Rahmen deren solche Gegenstände entworfen, produziert und gebraucht werden, angemessen berücksichtigen. Aus einer solchen Perspektive sollten auch die experimentellen wie forschenden Tätigkeiten in Designklassen an Kunsthochschulen verstanden werden. Es ist schlichtweg ein Irrtum zu glauben, man würde dem, was dort passiert, dadurch näherkommen, dass man diese Tätigkeiten von ihren weitergehenden praktischen Kontexten isoliert. Wer nur auf einen Ausschnitt oder ein Element einer solchen Praxis starrt, kommt ihrem Sinn nicht näher, sondern verpasst ihn gerade. Der Graphikdesigner Stefan Sagmeister täuscht sich also, wenn er behauptet: »You can have an art experience in front of a Rembrandt … or in front of a piece of

2 Der klassische Text der Institutionentheorie ist George Dickie, *Art and the Aesthetic. An Institutional Analysis*, Ithaca: Cornell University Press 1974.

graphic design.«[3] Dass man eine experimentelle Arbeit Sagmeisters wie ein Kunstwerk anschauen kann, heißt noch nicht, dass es sich bei den Arbeiten des Graphikdesigns um Kunstwerke handeln würde. Man kann nämlich auch etwas falsch anschauen.[4]

Um unterschiedliche Arten des ästhetischen Urteilens in ihrer Einheit wie Differenz wird es in diesem Kapitel gehen. Der Grundgedanke lautet dabei wie folgt: *Design und Kunst sind kategorial verschiedene Arten ästhetischer Gegenstände eigenen Rechts.* Design ist nicht schlechtere oder bessere Kunst, wie Kunst nicht schlechteres oder besseres Design ist. Diesen Grundgedanken werde ich in zwei Schritten entwickeln. Im ersten Teil des Kapitels werde ich dafür argumentieren, dass wir das Ästhetische als besondere Art der Aufmerksamkeit für die Besonderheit des Besonderen verstehen sollten. Diese Aufmerksamkeit ist aber nicht verständlich über eine Urteilsform zu erläutern, die abstrakt bleibt und damit von den besonderen Arten von Gegenständen absieht, über die jeweils geurteilt wird. Ausgehend von der jeweiligen Besonderheit der Art von Gegenständen lassen sich verschiedene Praxisformen unterscheiden. Wenn ich sage, dass das Ästhetische in einer Aufmerksamkeit für die Besonderheit des Besonderen besteht, so möchte ich diese Erläuterung also gerade nicht als minimale Definition oder transzendentale Bestimmung des Ästhetischen verstanden wissen. Es wird mir vielmehr darum gehen, zu zeigen, dass eine solche Bestimmung immer schon eine jeweils andere Wendung nimmt, je nach der Art von Gegenständen, um die es jeweils geht. Ich folge hier Überlegungen, die vor allem im Kontext des deutschen Idealismus entwickelt worden sind. Von Kant hat die ästhetische Tradition gelernt, dass wir das Ästhetische als besondere Urteilsform verstehen müssen. Von Hegel hat sie gelernt, dass diese Urteilsform gerade nicht abstrakt, d. h. unter Absehung von den jeweiligen Arten von Gegenständen, analysiert werden kann. Das Ergebnis des ersten

3 Das Zitat wird ihm zugeschrieben in Debbie Millman, *How to Think like a Great Graphic Designer*, New York: Allworth Press 2001, S. 53.

4 Sagmeister vertritt hier, ohne es zu wissen, eine Variante der Theorie der ästhetischen Einstellung. Als vielleicht wichtigster Vertreter dieser Theorie kann Jerome Stolnitz gelten, die vernichtende Kritik daran stammt von George Dickie. Vgl. Jerome Stolnitz, *Aesthetics and Philosophy of Art Criticism. A Critical Introduction*, Cambridge: Riverside Press 1960. George Dickie, »The Myth of the Aesthetic Attitude«, in: *American Philosophical Quarterly* 1 (1964), S. 56-65.

Teils des Kapitels lautet damit wie folgt: Ästhetik muss als Theorie geschichtlich offener Praxisformen verstanden werden, in denen es jeweils in unterschiedlicher Weise um eine Würdigung des Besonderen als Besonderen geht.

Ästhetische Eigenarten des Designs sind einerseits immer wieder in Analogien zu Strukturen und Entwicklungsprinzipien der Natur erörtert worden.[5] Andererseits sind sie immer wieder in Analogie zur Kunst diskutiert worden. Bei Natur und Kunst handelt es sich zudem vielleicht um die paradigmatischen Arten von Gegenständen, die in der Tradition der philosophischen Ästhetik diskutiert worden sind. Entsprechend wird der zweite Teil des Kapitels drei Praxisformen des Ästhetischen genauer analysieren: Das Funktionieren von Designgegenständen, die Erfahrung von Kunstwerken und die Betrachtung von Naturphänomenen. Meine auf den ersten Blick vielleicht ungewöhnliche These lautet, dass das Funktionieren von Designgegenständen eine genuine ästhetische Kategorie ist. Denkt man an die Möbel, auf denen wir sitzen, und an die Typographie der Texte, die wir lesen, so wäre die Vorstellung seltsam, dass wir die ästhetischen Eigenarten dieser Gegenstände kontemplativ und um ihrer selbst willen wahrnehmen. Das passiert just dann, wenn sie im Museum ausgestellt werden. Aber das Museum ist sicher nicht der paradigmatische oder bevorzugte Ort, an dem Designgegenstände zu finden sind. Sie finden sich in unhinterfragter Weise in unserem Alltag. Damit erweist sich eine Designästhetik als problematisch, die davon ausgeht, dass die Ästhetik dieser Gegenstände vornehmlich oder ausschließlich auf ihre sinnlichen Qualitäten zurückzuführen sei. Ohne zu bestreiten, dass Designgegenstände oftmals auch irgendwie aussehen, sich anfühlen oder klingen und sogar unseren sinnlichen Weltbezug prägen, werde ich Folgendes geltend machen: Wenn man die Ästhetik nicht länger anhand des Paradigmas des kontemplativen Verweilens bei sinnlichen Eigenarten der Dinge versteht, kann das Funktionieren dieser Gegenstände selbst als ihre ästhetische Bestimmung verstanden werden.[6] Insgesamt werde ich im zweiten Teil des Kapitels folgende

5 Die Analogie zur Natur zeigt sich markant bereits in Louis Sullivan, »The Tall Office Building Artistically Considered«, in: *Lippincott's Magazine* 3 (1896), S. 403-409. Vgl. darüber hinaus Philip Steadman, *The Evolution of Designs. Biological Analogy in Architecture and the Applied Arts*, London, New York: Routledge 2008.

6 Ich versuche hier ein analoges Vorgehen mit Blick auf das Funktionieren, wie es

kontrastive Grundbestimmungen von Design, Kunst und Natur entwickeln: Design ist als ästhetisch-praktische Form der Welterschließung zu bestimmen. Kunst ist hingegen als Reflexionsgeschehen im Medium eigensinniger Formgebungen zu begreifen. Und Natur ist als Erfahrung der offenen Bestimmbarkeit von Sinn angesichts der Sinnferne ihrer Phänomene zu erläutern.

4.1 Praxisformen des Ästhetischen

Zu der notorisch schwierigen Stellung, die die Ästhetik im Rahmen der institutionalisierten Philosophie hat, gehört nicht allein, dass sie immanent auf Fragen der praktischen wie theoretischen Philosophie bezogen ist.[7] Zu ihrer schwierigen Stellung gehört zudem, dass nicht nur der Sinn ihrer Grundbegriffe umstritten ist, sondern der Streit schon bei der Frage beginnt, welche ihre Grundbegriffe sind. Diese Unklarheit spiegelt sich auch in der Pluralität von Verwendungsweisen des Wortes »Ästhetik« im Alltag wider: Überwältigende Naturerfahrungen nennen wir ebenso ästhetisch wie Filme und Opern, Möbel und Buchcover. Selbst ein gutes Essen mit allen Sinnen zu genießen, kennzeichnen wir oftmals als ästhetisches Erlebnis. Und auch vor eher unsinnlichen Reizen wie der Eleganz eines mathematischen Beweises oder der Eleganz eines Arguments macht die Ästhetik nicht halt. Natürlich wird es nicht schwerfallen, einige der Verwendungsweisen des Begriffs derart als abgeleitet zu verstehen, dass es sich allein um Homonymien handelt. Vielleicht müssen wir uns entsprechend nicht mit ästhetischen Dienstleistungen von Zahnärzten und den Angeboten von Kosmetikstudios be-

Lambert Wiesing in seinem jüngsten Buch mit Blick auf das Besitzen versucht hat. Dort hat er überraschenderweise dafür argumentiert, dass eine besondere Form des Besitzens ästhetisch zu rekonstruieren ist. Das ist insofern überraschend, weil man zunächst wohl denkt, dass Besitzen mit Ästhetik nichts zu tun haben kann. Vgl. Lambert Wiesing, *Luxus*, Berlin: Suhrkamp 2015.

7 Das lässt sich bereits von der Genese der philosophischen Ästhetik als eigenständiger Disziplin her verständlich machen. Vgl. dazu Brigitte Scheer, *Einführung in die philosophische Ästhetik*, Darmstadt: Wissenschaftliche Buchgesellschaft 1997, Kapitel 2 sowie Christoph Menke, »Wahrnehmung, Tätigkeit, Selbstreflexion: Zu Genese und Dialektik der Ästhetik«, in: Andrea Kern, Ruth Sonderegger (Hg.), *Falsche Gegensätze. Zeitgenössische Positionen zur philosophischen Ästhetik*, Frankfurt/M.: Suhrkamp 2002, S. 19-48.

schäftigen. Nichtsdestotrotz stellt sich die Frage, ob es so etwas wie eine Kernbestimmung des Ästhetischen gibt.

In der Tradition der philosophischen Ästhetik sind verschiedene Begriffe herangezogen worden, um eine Grundbestimmung des Ästhetischen zu formulieren: Ästhetik wurde vor allem als Theorie der Schönheit, als Theorie der Kunst und als Theorie sinnlicher Erkenntnis verstanden. Ich möchte diese Begriffe kurz nacheinander kommentieren und zugleich zeigen, warum keiner von ihnen tatsächlich das Versprechen einlöst, die Grundbedeutung des Ästhetischen anzugeben. Ausgehend von dem dritten Vorschlag werde ich gleichwohl in kritischer Auseinandersetzung mit dem Erbe Kants den Gedanken formulieren, dass es sich beim Ästhetischen um eine besondere Form des Gegenstandsbezugs handelt. Im Geiste Hegels werde ich daraufhin diese Form als verkörpert in sich geschichtlich entwickelnden Praxisformen zu denken versuchen, so dass es sie nicht in abstrakter oder transzendentaler Weise gibt.

Schönheit als Grundbestimmung des Ästhetischen?

Der Begriff der Schönheit war in der Geschichte der Philosophie lange Zeit der dominanteste Begriff, wenn es um eine Grundbestimmung des Ästhetischen geht. Schon Platon, der noch keinen Begriff der Ästhetik als eigenständiger philosophischer Teildisziplin hatte, hat dem Schönen eine zentrale Rolle zugedacht. Er verstand es als Anzeichen des Guten.[8] Für uns heute kontraintuitiv ist dabei wohl der Gedanke, dass schön im engeren Sinne nicht Gegenstände sind, sondern vielmehr die Prinzipien, die von solchen Gegenständen exemplifiziert werden: Maß und Proportion, Symmetrie und Wohlgeformtheit.[9] Wer heute von Begriffen wie der Wohlproportioniertheit oder Wohlgeformtheit das Feld des Ästhetischen aufziehen möchte, formuliert sicherlich keine Theorie des Schönen mehr, sondern, wenn überhaupt, eine Theorie des Kitschs. Wenn entsprechende Kriterien bei Platon die ihnen zugedachte Rolle spielen, unterscheidet sich das von ihm investierte Verständnis des Ästhetischen markant von unserem heutigen Verständnis von

8 Vgl. zu dem Zusammenhang des Guten und des Schönen auch Scheer, *Einführung in die philosophische Ästhetik*, Kapitel 1.

9 Vgl. Platon, *Symposion/Gastmahl*, Hamburg: Meiner 2012. Dazu auch Gadamer, *Wahrheit und Methode*, S. 481 ff.

Ästhetik.[10] Denn Schönheit wird bei ihm ausgehend von einer Ordnung gedacht, die vor allem als mathematische Ordnung zu erläutern ist. Abgesehen davon, dass der Gedanke, eine Ästhetik aus dem Geiste der Mathematik zu betreiben, nahezu all unseren Intuitionen darüber widerspricht, was Ästhetik ist:[11] Platon kann die Konkretion der Verkörperung des Ästhetischen nur unzureichend aufklären. Zu diesen Konkretionen gehört nicht allein die Frage, wie Allgemeinbegriffe wie der Begriff der Schönheit von einzelnen schönen Gegenständen instantiiert werden. Vor allem gehört dazu auch die Frage, in welcher Weise sich das Ästhetische in unserem Denken, Wahrnehmen und Handeln Ausdruck verleiht. Im Lichte einer solchen Analyse hat vor allem die angloamerikanische Ästhetik des 20. Jahrhunderts versucht, dem Begriff der Schönheit im Feld ästhetischer Begriffe seine Sonderstellung zu nehmen.[12] Schönheit wird so zu einem ästhetischen Prädikat unter anderen.

Ludwig Wittgenstein hat in seinen *Vorlesungen und Gesprächen über Ästhetik, Psychologie und religiösen Glauben* darauf hingewiesen, dass wir den Begriff der Schönheit tatsächlich viel seltener gebrauchen, als es uns von der philosophischen Tradition suggeriert worden ist. Vor allem aber gebrauchen wir ihn anders. Er schreibt: »Es ist bemerkenswert, dass im wirklichen Leben, wenn man tatsächlich ästhetische Urteile fällt, die ästhetischen Adjektive wie ›schön‹, ›fein‹ usw. kaum eine Rolle spielen [...]. Wenn wir ein ästhetisches Urteil über einen Gegenstand fällen, bestaunen wir ihn nicht nur und sagen: ›Oh, wie wundervoll‹. Wir unterscheiden zwischen Leuten, die wissen, wovon sie sprechen, und anderen, die das nicht wissen.«[13] Natürlich ist einiges, was Wittgenstein hier sagt,

10 Vgl. mit Blick auf die Musik als ästhetische Praxis auch die Bemerkungen von Gunnar Hindrichs in der Einleitung von Gunnar Hindrichs, *Die Autonomie des Klangs. Eine Philosophie der Musik*, Berlin: Suhrkamp 2013.

11 Das gilt auch für Badious Ästhetik, die auf der Grundlage einer grundsätzlich mathematisch ausgerichteten Ontologie zustande kommt. Vgl. Alain Badiou, *Kleines Handbuch zur Inästhetik*, Wien: Turia+Kant 2008. Zu Badious Philosophie insgesamt auch Frank Ruda, *For Badiou. Idealism without Idealism*, Evanston: Northwestern University Press 2015.

12 Einschlägig ist hier Frank Sibley, »Aesthetic Concepts«, in: *The Philosophical Review* 67 (1959), S. 421-450. Vgl. zudem die Beiträge in Rüdiger Bittner, Peter Pfaff (Hg.), *Das ästhetische Urteil*, Köln: Kiepenheuer & Witsch 1977.

13 Ludwig Wittgenstein, *Vorlesungen und Gespräche über Ästhetik, Psychoanalyse und*

kontrovers. Den letzten Satz etwa könnte man so verstehen, dass er nahelegt, dass nur derjenige legitimiert ist, ein Urteil zu fällen, der ein Experte für entsprechende Gegenstände ist. Plausibler wird dieser Gedanke vielleicht dann, wenn man ihn so versteht, dass er einklagt, dass man an Kunstwerken auch vorbeisehen und vorbeihören kann. Dazu muss man häufig über besonderes praktisches Wissen verfügen, also die Fähigkeit erworben haben, auf bestimmte Weise hinzusehen oder hinzuhören. Jemand der nur europäische Popmusik gehört hat, wird kaum in der Lage sein, zu sagen, worum es in indischen Ragas überhaupt geht. Kontroverser ist allerdings, dass Wittgenstein das Adjektiv »schön« hier in eine Reihe mit dem Adjektiv »fein« stellt. Wie schon aus den Bemerkungen zu Platon deutlich wird, ist in der Tradition unter Schönheit Anderes und Grundsätzlicheres verstanden worden als etwas, das in eine Reihe mit »fein« gehören würde.[14] Aber darum geht es Wittgenstein und anderen Autoren gerade: Um eine Depotenzierung des Schönheitsbegriffs im Lichte der Frage, wie wir das Wort »schön« tatsächlich verwenden. Ich möchte mich an dieser Stelle keineswegs auf diesen Gedanken verpflichten. Ich möchte allerdings mit Wittgensteins Bemerkung geltend machen, dass wir sozusagen falsch auf ästhetische Phänomene schauen, wenn wir sie so verstehen, dass ihr Kern die Schönheit wäre. Etwas unsauber gesprochen: Die Textur unseres Denkens, Sprechens und Handelns geht dann nicht in angemessener Weise in das ein, was die Sache selbst ist. Es ist nicht von der Hand zu weisen, dass unklar ist, ob jemand, der vor einem Gemälde steht und nur sagt, dass es schön ist, überhaupt eine Erfahrung *mit* diesem Gemälde gemacht hat oder nicht allein eine Erfahrung *angesichts* dieses Gemäldes. Dieser Punkt hat natürlich nur unter bestimmten Beschreibungen Gültigkeit: Es kann sein, dass das Gemälde der entsprechenden Person aufgrund seiner ästhetischen Kraft die Sprache verschlagen hat. An der Analyse ästhetischer Prädikate, wie sie im Mainstream der analytischen

religiösen Glauben, Frankfurt/M.: S. Fischer 2005, S. 26. Vgl. dazu auch Stefan Majetschak, *Ästhetik zur Einführung*, Hamburg: Junius 2007, S. 134 ff.

14 Vgl. in diesem Sinne auch Martin Seel, »Schönheit – Eine kleine begriffliche Reise«, in: ders., *Aktive Passivität. Über den Spielraum des Denkens, Handelns und anderer Künste*, Frankfurt/M.: S. Fischer 2014, S. 355-376 und Christoph Menke, »Die Schönheit. Zwischen Anschauung und Rausch«, in: ders., *Die Kraft der Kunst*, Berlin: Suhrkamp 2013, S. 41-55.

Ästhetik betrieben wurde, ist in diesem Sinne oft lächerlich, dass sie Kunsterfahrungen nach dem Vorbild der bloßen Identifikation von ästhetischen Eigenschaften von Kunstwerken verzeichnet. Aber das ist nicht Wittgensteins Punkt und sein Problem; es wäre vielmehr selbst Gegenstand seiner Kritik. Wittgenstein geht es um Fälle wie jene, in denen jemand nicht deshalb schweigt, weil ihn die Kraft eines Werkes sprachlos macht, sondern in denen jemand bloß sagen kann, er fände etwas schön. Und Wittgensteins Lektion lautet hier, dass das, was diese Person hier sagt, schon die ganze Wahrheit ist und nicht dahinter eine von sprachlichen Praktiken unbeleckte und unbefleckte Erfahrung liegen würde. Es geht ihm nicht darum, dass das Verstehen von Kunstwerken sich immer oder auch nur meistens in Form verbaler Interpretationen vollzieht. Das bestreitet er gerade – meistens heißt ein Kunstwerk zu verstehen, einfach nur seine Formen wahrnehmend nachzuvollziehen. Aber – und das ist die Lektion – ein solches Verstehen ist Teil einer prinzipiell *öffentlichen* und *geteilten* Praxis. Und diese Praxis wird verzeichnet, wenn man den Begriff der Schönheit zu ihrem Gravitationszentrum erklärt. Wittgensteins Lektion lautet daher kurz gesagt: Wir müssen unsere *Praxis* im Umgang mit Kunstwerken ernst nehmen. Sie muss in angemessener Weise im Blick behalten werden in der Formulierung einer ästhetischen Theorie.

Nicht allein im Hinblick auf die Kunst ist dabei fraglich, wie es um die Relevanz und Signifikanz des Schönheitsbegriffs steht. Schon Kant hat zwischen dem Schönen und dem Erhabenen unterschieden,[15] unter anderem um Naturerfahrungen in den Griff zu bekommen, angesichts deren es geradezu abwegig wäre, davon zu sprechen, dass sie schön sind. Wenn wir inmitten eines Sturms unterwegs sind oder vor tosenden Wasserfällen stehen, so handelt es sich hier auch um eine ästhetische Erfahrung. Wir würden sie, solange es uns nicht an Leib und Leben geht, dabei keineswegs als ausschließlich negative ästhetische Erfahrung kennzeichnen. Aber dennoch würden wir vermutlich nicht sagen, dass es sich hier um ein schönes Erlebnis gehandelt habe. Analogien gibt es im Bereich der Kunst, ohne dass diese nun wiederum treffend anhand des Begriffs der Erhabenheit zu fassen wären: Es wäre ganz seltsam, wenn man die Performance *Lips of Thomas* von Marina Abramović

15 Vgl. Immanuel Kant, *Kritik der Urteilskraft*, Frankfurt/M.: Suhrkamp 1974, S. 115 ff. und S. 164 ff.

oder die aus Wachs modellierten Objekte von Andrea Hasler in ihrer Ausstellung »Burdens of Excess« (Gusford, Los Angeles 7.-10. August 2013), die allesamt aussehen, als seien sie aus Fleisch, als »schön« bezeichnen würde. Die Pointe ist: Es wäre allerdings genauso verfehlt, sie als hässlich zu bezeichnen. Wir verwenden hier andere Prädikate – verstörend vielleicht, eindringlich, offensiv, gewagt, oder was auch immer wir hier gewillt sind, zu sagen und zu erfahren. Solche ästhetischen Prädikate sind nicht länger am Gedanken orientiert, dass es einen einzigen Begriff gibt, von dem aus sie ihren Sinn erhalten würden und der unsere gesamte Praxis des Handelns, Denkens und Sprechens bestimmt. Dabei ist eine Analyse von Prädikaten natürlich unzureichend: *Wir müssen die gesamte Praxis unseres Nachvollzugs von Kunstwerken in den Blick nehmen*. In dieser spielen begriffliche Artikulationen zwar eine Rolle, aber sie kann nicht auf sie reduziert werden. Diese Argumente gelten nicht nur für Erfahrungen von Kunstwerken und ästhetische Betrachtungen der Natur, sondern auch für die Ästhetik von Designgegenständen. Nicht allein sind im Regelfall diejenigen in angemessener Weise auf ästhetische Momente von Designgegenständen bezogen, die sie gebrauchen und nicht einfach anstarren – oder sie etwa im Gebrauchen manchmal auch noch anstarren. Noch das Betrachten eines Plakats in öffentlichen Räumen ist zugleich ein bestimmter Gebrauch. Diesen Situation kann nicht von dem Paradigma einer kontemplativen Betrachtung eines Gemäldes im Museum aus erläutert werden. Vielmehr ist auch mit Blick auf Design schon allein das Spektrum von Begriffen viel größer und auch anders gelagert, als eine anhand des Begriffs der Schönheit entwickelte Ästhetik uns nahelegen würde. Kurz gesagt: Bei jemandem, der nur sagt, dass das von Paula Scher gestaltete Interieur des New Jersey Performing Arts Center »schön« ist, ist fraglich, ob er damit überhaupt etwas ausdrückt. Es ist anders gesagt fraglich, ob er hier etwas Anderes ausdrückt, als dass er etwas, aus welchen Gründen auch immer oder auch keinen Gründen, sinnlich angenehm und ansprechend findet.[16]

16 Unter anderem Carnap hat den problematischen Gedanken artikuliert, dass solche Äußerungen mit Blick auf Kunstwerke nichts Anderes als Beifallklatschen oder Buh-Schreien seien. Vgl. Rudolf Carnap, *Philosophy and Logical Syntax*, London: Kegan Paul 1935, S. 28. Mein Punkt wäre, dass man zu solch problematischen Aussagen auch dadurch kommt, dass man ein ebenso eingeschränktes

Philosophische Ästhetik wird heute nicht länger primär als Theorie des Schönen betrieben, dafür umso häufiger als Philosophie der Kunst. Letztlich ist dieser Vorschlag zur Grundbestimmung des Ästhetischen scheinbar leicht von der Hand zu weisen: Nicht allein Kunstwerke nennen wir ästhetische Gegenstände, sondern auch Naturbetrachtungen können ästhetisch sein und Designgegenstände. Ein wichtiger Protagonist für die Weichenstellung, die Ästhetik auf kunstphilosophische Fragen zu beschränken, war Georg Wilhelm Friedrich Hegel. Bereits die ersten Sätze seiner posthum veröffentlichten *Vorlesungen über die Ästhetik* lauten: »Diese Vorlesungen sind der Ästhetik gewidmet; ihr Gegenstand ist das weite Reich des Schönen, und näher ist die Kunst, und zwar die schöne Kunst ihr Gebiet.«[17] Wenn Hegel von schöner Kunst spricht, so lässt sich diese Redeweise derart übersetzen, dass es ihm nicht um die Kunst geht, die »als ein flüchtiges Spiel gebraucht [wird], dem Vergnügen und der Unterhaltung [dient], unsere Umgebung [verziert], dem Äußeren der Lebensverhältnisse Gefälligkeit [gibt] und durch Schmuck andere Gegenstände [heraushebt]«.[18] Er sagt in diesem Sinne auch, dass es ihm nicht um die »dienende Kunst« gehe, sondern um die »in ihrem Zwecke wie in ihren Mitteln freie Kunst«.[19] Im Rahmen seiner Analyse der Kunst findet sich Hegels ebenso berühmter wie berüchtigter Satz, dass »das Naturschöne nur [...] ein Reflex des dem Geiste angehörigen Schönen [ist], als eine unvollkommene, unvollständige Weise, eine Weise, die ihrer Substanz nach im Geiste selber enthalten ist«.[20] Hegel formuliert damit den dezidierten Anspruch, dass sich das Projekt der Ästhetik auf die Kunst nicht allein als den primären, sondern vielmehr sogar den *ausschließlichen* Gegenstand zu beschränken habe. Folgendermaßen ist diese zunächst kontraintuitiv anmutende These potentiell zu verteidigen: In der ästhetischen Naturbetrachtung erfahren wir

wie problematisches Verständnis sprachlicher Artikulation von Kunsterfahrungen hat.

17 Georg W. F. Hegel, *Vorlesungen über die Ästhetik*, Band 1, Frankfurt/M.: Suhrkamp 1986, S. 13.

18 Ebd., S. 20.

19 Ebd.

20 Ebd., S. 14.

etwas, das, anders als man denken könnte, nicht einfach das ganz andere dessen ist, was wir selbst sind. Der darin investierte Begriff der Natur darf nun aber gerade nicht im Sinne des Naturbegriffs der modernen Naturwissenschaften verstanden werden: Natur ist ein Moment dessen, was wir als geistige Lebewesen sind, aber in der Natur selbst ist dieses Geistige noch nicht in geistig-selbstbewusster Weise präsent.[21] Man kann auch sagen: Erst im Menschen weiß sich der Geist als Geist. Setzt er die Natur als sein Anderes, so hat er die Grenze just dadurch überschritten, dass sie eine gesetzte ist. Man kann die Redeweise von einem Reflex auch in einem moderateren Sinne wie folgt erläutern: Die Formen des Wahrnehmens und Erlebens von Natur sind durch kulturelle Praktiken geprägt und keineswegs Produkt einer Konfrontation eines unbeleckten Subjekts mit einem bloß vorhandenen Objekt. Unsere unmittelbare Begegnung mit der Natur ist vermittelte Unmittelbarkeit:[22] Sie ist als ästhetische Naturbetrachtung durch die Praxis der Kunst geprägt. Insofern wir Natur ästhetisch betrachten, sind immer schon die eingespielten Wahrnehmungsformen der Kunst im Spiel, die ihr erst eine Kontur verleihen.

Man mag diese Überlegungen für zutreffend halten oder auch nicht. Aus ihnen folgt per se natürlich noch nicht, dass die Natur nicht auch in eigenständiger Weise als ästhetisches Phänomen behandelt werden kann. Hegel erinnert zu Recht daran, dass eine ästhetische Betrachtung der Natur konstitutive kulturelle wie historische Voraussetzungen hat. Sie ist weder unschuldig noch invariant. Daraus folgt aber nicht, dass die Naturerfahrung nicht als eigenständiger Gegenstandsbereich der Ästhetik Kontur gewinnt. Zudem übergeht Hegel in seinen *Vorlesungen über die Ästhetik* dezidiert die dienende Kunst. Unter diesen Begriff würde heute sicherlich auch das Design fallen. Hegel hat prinzipiell kein gutes Argument, solche ästhetischen Gegenstände aus dem Kanon des-

21 Das sollte man nicht als Pantheismus missverstehen, sondern vielmehr als Spielart eines nicht-reduktiven Materialismus. Vgl. dazu Hegels Naturphilosophie in Hegel, *Enzyklopädie der philosophischen Wissenschaften*, Band 2.

22 Die Lektion bereits des Anfangs der *Phänomenologie des Geistes* lautet, dass alle Unmittelbarkeit vermittelte ist: Was scheinbar unvermittelt und gegeben ist, ist in Wahrheit vermittelt und etwas, das in einem komplexen Netz von Relationen steht. Vgl. Georg W. F. Hegel, *Phänomenologie des Geistes*, Frankfurt/M.: Suhrkamp 1986, A. Bewußtsein.

sen auszuschließen, was innerhalb der Ästhetik behandelt werden sollte. Es bleibt dabei: Zwar ist die Kunst ein wichtiger Teil der Ästhetik. Sie ist aber nicht ihr einziger Gegenstand.

Von der sinnlichen Erkenntnis zum ästhetischen Urteil

Der dritte Vorschlag eines Grundbegriffs der Ästhetik geht auf den Begründer der Ästhetik als eigenständiger philosophischer Teildisziplin zurück, nämlich Alexander Gottlieb Baumgarten. Dieser schreibt relativ zu Beginn seiner *Theoretischen Ästhetik*: »Das Ziel der Ästhetik ist die Vollkommenheit (Vervollkommnung) der sinnlichen Erkenntnis als solcher. Damit aber ist Schönheit gemeint.«[23] Es ist wichtig, festzuhalten, dass Baumgarten hier anders als Platon von Schönheit als einer Vervollkommnung *sinnlicher* Erkenntnis spricht. Diese qualifiziert er wie folgt: »Die sinnliche Erkenntnis ist gemäß der von ihrer wesentlichen Bedeutung hergeleiteten Benennung die Gesamtheit der Vorstellungen unterhalb der Schwelle streng logischer Unterscheidungen.«[24] Baumgartens Philosophie steht im Kontext der sogenannten Schulphilosophie, die im Gefolge des neuzeitlichen Rationalismus eine Erkenntnis der Wirklichkeit vermittels eines systematischen Lehrgebäudes metaphysischer Denkbestimmungen zu errichten versuchte.[25] Mit dem Begriff einer spezifisch sinnlichen Erkenntnis bringt er allerdings einen Gedanken ins Spiel, der sich gegen die weitestgehende Ausklammerung der immer auch sinnlichen Seite des Menschen im neuzeitlichen Rationalismus richtet. Dieser Zug führt zur Konstitution der Ästhetik als eigenständiger philosophischer Teildisziplin.[26] Die spezifisch sinnliche Erkenntnis, um die es Baumgarten geht, gilt einer Rehabilitierung der im Rationalismus so verstandenen unteren Erkenntnisvermögen. Solche unteren Erkenntnisvermögen sind eben sinnliche Erkenntnisvermögen (»cognitio sensitiva«). Sie werden von Baumgarten als analog zu den rationalen Erkenntnisvermögen verstanden (»analogis rationis«). Ihre Analogie und zugleich Differenz besteht in Folgendem: Während rationale Erkenntnisse klar sind und distinkt, sind sinnliche Erkenntnisse klar, aber nicht

23 Alexander G. Baumgarten, *Theoretische Ästhetik*, Hamburg: Meiner 2013, §14.
24 Ebd., §17.
25 Vgl. dazu Scheer, *Einführung in die philosophische Ästhetik*, Kapitel 3.
26 Vgl. ebd., Kapitel 2.

distinkt. Baumgarten geht es mit dieser Unterscheidung letztlich um die Aufwertung einer Form des Erkennens, die die sinnlich vernommenen Phänomene nicht begrifflich fixiert, sondern sie vielmehr in ihrer Fülle vernimmt. Seine Ästhetik ist dabei aber weiterhin dem schulphilosophischen Programm nicht allein in seinem Begriff rationaler Erkenntnis verpflichtet, zu der er eine analoge Form sinnlicher Erkenntnis konzipiert. Sie ist ihr auch darin verpflichtet, dass er entsprechende epistemische Vermögen so versteht, dass sie in einer metaphysischen Ordnung der Welt gründen.

Bekanntermaßen ist es die Philosophie Immanuel Kants, die dem Gedanken einer solchen Metaphysik den Boden unter den Füßen weggezogen hat. Bereits der erste Paragraph der Analytik des Schönen seiner *Kritik der Urteilskraft* widerspricht dann auch Baumgartens epistemischer Bestimmung des Ästhetischen: »Um zu unterscheiden, ob etwas schön sei oder nicht, beziehen wir die Vorstellung nicht durch den Verstand auf das Objekt zum Erkenntnisse, sondern durch die Einbildungskraft (vielleicht mit dem Verstande verbunden) auf das Subjekt und das Gefühl der Lust oder Unlust desselben. Das Geschmacksurteil ist also kein Erkenntnisurteil, mithin nicht logisch, sondern ästhetisch, worunter man dasjenige versteht, dessen Bestimmungsgrund nicht anders als subjektiv sein kann.«[27] Kant redet hier nicht allein nicht länger von Erkenntnis. Im Gegenteil: er unterscheidet kategorial zwischen epistemischem Urteil und ästhetischem Urteil. Er redet zudem auch nicht länger von Sinnlichkeit, sondern von Einbildungskraft als einem Vermögen. Anstatt das Ästhetische wie Baumgarten als Form sinnlicher Erkenntnis zu bestimmen, begreift Kant das Ästhetische als besondere Form des Urteilens. Es handelt sich dabei um eine Form des Urteilens, in der das urteilende Subjekt nicht etwas über das Objekt erkennt, sondern in der seine Erkenntnisvermögen vielmehr in ein freies, als lustvoll empfundenes Spiel versetzt werden. Kant hat uns damit ins Stammbuch geschrieben, dass Ästhetik keine Lehre der sinnlichen Erkenntnis ist, sondern eine Theorie einer besonderen Art von Rationalität, die zugleich eine besondere Art von Reflexivität meint.[28] Kants Perspektive ist diejenige, die danach fragt,

27 Kant, *Kritik der Urteilskraft*, S. 115.

28 Vgl. dazu auch Birgit Recki, *Ästhetik der Sitten. Die Affinität von ästhetischem Gefühl und praktischer Vernunft bei Kant*, Frankfurt/M.: Vittorio Klostermann 2001 sowie Andrea Kern, »Zur ästhetischen Erkenntnis der Freiheit: Kant und Hegel«,

was die Bedingung der Möglichkeit einer Erfahrung des Schönen im Subjekt ist. Er beantwortet diese Frage im weiteren Verlauf der Analytik des Schönen mit einer Zergliederung von wesentlichen Dimensionen des ästhetischen Urteils. Die Besonderheit ästhetischen Urteilens kommt gegenüber epistemischen Urteilen dabei nicht dadurch zustande, dass hier andere Erkenntnisvermögen als im epistemischen Urteil beteiligt wären. Beispiel für so etwas wäre z. B. Frank Sibleys Fakultät des »Geschmacks«, die als Bedingung der Möglichkeit des korrekten Gebrauchs ästhetischer Begriffe eingeführt wird.[29] Sie liegt vielmehr darin beschlossen, dass unsere Erkenntnisvermögen, die auch in epistemischen Praktiken am Werk sind, im ästhetischen Selbstbezug in anderer Weise im Spiel sind. Man kann sagen: Sie sind spielerisch im Spiel. Sie kommen in ihrer Betätigung nicht zu einem Abschluss, sondern diese reproduziert sich, wodurch das Subjekt lustvoll sein Passen in die Welt erfährt. Entsprechend wäre es irrig, zu glauben, dass im Ästhetischen keine Begriffe involviert wären. Aber in der ästhetischen Beurteilung beurteilen wir das Beurteilte nicht nach der Maßgabe, dass wir es unter einen Begriff subsumieren. Vielmehr beurteilen wir den *besonderen Gegenstand in seiner Besonderheit*. Damit wird das ästhetische Urteil vom Vermögen der Urteilskraft her bestimmt, und zwar ausgehend von der reflektierenden Urteilskraft: Anders als die bestimmende Urteilskraft, die die Subsumption des Besonderen unter ein Allgemeines meint, zielt die reflektierende Urteilskraft auf ein Urteilen, bei dem, ausgehend vom Besonderen, das Allgemeine allererst gesucht wird.[30] Wenn Kant Recht hat, muss man *sowohl* die epistemologische Deutung des Ästhetischen zurückweisen *als auch* eine sinnlichkeitstheoretische Deutung.[31]

in: Gunnar Hindrichs, Axel Honneth (Hg.), *Freiheit. Stuttgarter Hegel-Kongress 2011*, Frankfurt/M.: Vittorio Klostermann 2013, S. 141-165.

29 Vgl. dazu die Diskussion in Emily Brady, Jerrold Levinson (Hg.), *Aesthetic Concepts. Essays after Sibley*, Oxford: Oxford University Press 2001 sowie vor allem Ted Cohen, »Aesthetic/Non-aesthetic and the Concept of Taste: A Critique of Sibley's Position«, in: *Theoria* 39 (1973), S. 113-152.

30 Vgl. Kant, *Kritik der Urteilskraft*, S. 15 ff.

31 Diese zweite Konsequenz besteht zumindest für einen herkömmlichen Begriff der Sinnlichkeit. Vgl. dazu auch Daniel M. Feige, »Zum Verhältnis von Kunsttheorie und allgemeiner Ästhetik. Sinnlichkeit als konstitutive Dimension der Kunst?«, in: *Zeitschrift für Ästhetik und Allgemeine Kunstwissenschaft* 56 (2011), S. 123-142.

Diese Konsequenz zieht ein Großteil der heute sowohl in der kontinentalen als auch der analytischen Ästhetik diskutierten Theorien ästhetischer Erfahrung nicht. In den Arbeiten Monroe C. Beardsleys in der angloamerikanischen Ästhetik wie in den Beiträgen Rüdiger Bubners in der deutschen Ästhetik gewinnt Ästhetik Kontur als Theorie ästhetischer Erfahrung.[32] Von Baumgarten erbt eine Theorie ästhetischer Erfahrung den Gedanken, dass Sinnlichkeit ein unverzichtbares Moment der Ästhetik ist. Von Kant hingegen übernimmt sie den Gedanken, dass es sich hier um einen besonderen und gegenüber der theoretischen wie praktischen Rationalität eigensinnigen Zustand handelt. Die Theorie ästhetischer Erfahrung führt entsprechend den Sinnlichkeitsbegriff Baumgartens mit der nicht-epistemischen Bestimmung des Ästhetischen Kants zusammen: Es geht um eine besondere Art von Erfahrung, die dem Gedanken nach immer zugleich eine sinnliche Erfahrung ist. Ich halte die darin artikulierte Einsicht, dass es im Ästhetischen um ein *Besonderes geht, das nicht ein bloßer Fall eines Allgemeinen ist*, sondern auf das wir uns im Denken, Handeln und Wahrnehmen als Besonderes beziehen, für unverzichtbar. In dieser Hinsicht darf das Niveau, das Kants Theorie des ästhetischen Urteilens formuliert hat, nicht unterschritten werden. Allerdings ist zum einen die – nicht von Kant selbst stammende – Festlegung auf den immer auch

32 Vgl. Monroe C. Beardsley, *Aesthetics. Problems in the Philosophy of Criticism*, New York: Harcourt, Brace and World 1958, v. a. S. 527 ff. und Rüdiger Bubner, *Ästhetische Erfahrung*, Frankfurt/M.: Suhrkamp 1989. Ich habe im Lichte der folgenden Kritik Probleme mit der Charakterisierung von Joachim Küpper und Christoph Menke in der Einleitung ihres Bandes zur ästhetischen Erfahrung: Ihre Analysen klingen so, als implizierten sie, dass es eine einheitliche Art ästhetischer Erfahrung gäbe, die dann bloß noch sekundär und abgeleitet Differenzierungen kennt. Vgl. Joachim Küpper, Christoph Menke (Hg.), *Dimensionen ästhetischer Erfahrung*, Frankfurt/M.: Suhrkamp 2003, Einleitung. Ich möchte dabei keineswegs die Differenzen kaschieren, die zwischen einer Theorie ästhetischer Erfahrung deutscher Provenienz und einer Theorie ästhetischer Erfahrung analytischer Provenienz bestehen. Eine Konfrontation beider Traditionslinien leisten etwa folgende Sammelbände Stefan Deines u. a. (Hg.), *Kunst und Erfahrung. Beiträge zu einer philosophischen Kontroverse*, Berlin: Suhrkamp 2012 und Richard Shusterman, Adele Tomlin (Hg.), *Aesthetic Experience*, London, New York: Routledge 2008.

wesentlich *sinnlichen* Charakter des Ästhetischen problematisch, zum anderen die – von Kant selbst stammende – Festlegung auf eine *vermögenstheoretische Rekonstruktion* der Grundlagen des Ästhetischen. Im Folgenden möchte ich entsprechend einige kritische Bemerkungen zur Sinnlichkeit wie zur vermögenstheoretischen Rekonstruktion formulieren, die mich dann zu dem Gedanken führen werden, dass es in ihrem Sinn offene Praxisformen des Ästhetischen als irreduzible Verkörperungen des ästhetischen Urteils gibt. Mein grundlegender Gedanke lautet dabei, dass es keine abstrakte Urteilsform gibt, sondern verschiedene Wendungen, die das ästhetische Urteil nimmt, so dass eine Pluralität von systematisch zusammenhängenden Formen existiert. Anders gesagt: Eine Theorie des ästhetischen Urteils – und das heißt auch: des ästhetischen Wahrnehmens, Denkens und Handelns – kann nicht in formalistischer Weise und damit unter Absehung von einer sich geschichtlich entwickelnden Praxis des Umgangs mit besonderen Arten von Gegenständen formuliert werden. Vielmehr gehen, anders als Kant glaubt, Gegenstände in bestimmter Weise in die Konturen der jeweiligen Praxisform ein.

Kritik der Sinnlichkeit

Eine sinnlichkeitstheoretische Rekonstruktion des Ästhetischen ist zumindest dann, wenn sie beansprucht, eine Grundbestimmung des Ästhetischen zu sein, darauf verpflichtet, sich folgender Herausforderung zu stellen: Sie muss die Erfahrung von Kunstwerken und den Gebrauch von Designgegenständen in irgendeiner Weise ausgehend von der Art und Weise rekonstruieren, wie sich uns Designgegenstände und Kunstwerke sinnlich darbieten. Einige kritische Bemerkungen zu diesem Gedanken mit Blick auf die Kunst und das Design scheinen mir an dieser Stelle wichtig zu sein. Mit Blick auf eine sinnlichkeitstheoretische Rekonstruktion der Kunst hat vor allem der amerikanische Kunsttheoretiker und Kunstkritiker Arthur C. Danto wirkmächtige Einwände vorgebracht.[33] Man hat Dantos Überlegungen oft der sogenannten Institutionentheorie der Kunst zugeschlagen, die die These vertritt, dass etwas dadurch ein Kunstwerk wird, dass es in bestimmten institutionellen Kontex-

33 Vgl. v.a. Danto, *Die Verklärung des Gewöhnlichen.*

ten – der sogenannten Kunstwelt – zur Kunst erklärt wird.[34] Danto hat in der Tat den Begriff der Kunstwelt in einem frühen Aufsatz geprägt.[35] Was dann aber die Institutionentheorie der Kunst damit gemacht hat, ist dezidiert nicht länger in seinem Sinne.[36] Danto ist zwar durchaus der Meinung, dass es Kunst nur im Rahmen einer sich geschichtlich entwickelnden Praxis gibt, zu der auch Institutionen gehören. Aber seine Frage ist keine institutionentheoretische, sondern eine ontologische: eine Frage danach, was ein Kunstwerk zu einem Kunstwerk macht. Dantos Antwort sieht dabei nicht allein so aus, dass der Begriff der Institution hier keine Rolle spielt. Vielmehr spielt auch der Begriff der Sinnlichkeit keine Rolle. Er versteht Kunstwerke als durch eine Praxis der Interpretation konstituiert,[37] die die Kunstwerke daraufhin betrachtet, in welcher besonderen Weise sie uns etwas zu verstehen geben.[38] Wenn wir ein Gemälde oder eine Skulptur betrachten oder ein musikalischen Werks hören, so sind wir nicht mit einer unüberschaubaren Vielfalt sinnlicher Eindrücke konfrontiert, durch die wir uns selbst besonders intensiv spüren würden. Und wir würden die Situation auch falsch beschreiben, wenn wir sagen würden, wir seien zunächst mit einer unüberschaubaren Vielfalt sinnlicher Eindrücke konfrontiert, die dann in einem zweiten und logisch davon unabhängigen Schritt noch interpretiert würden. Womit wir in Wahrheit konfrontiert sind, sind besondere Arten von Gegenständen, in deren scheinbar unschuldige Wahrnehmung bereits Interpretationen eingehen. Ein Kunstwerk als Kunstwerk zu sehen heißt, Elemente und Eigenschaften zu identifizieren, die zu ihm gehören und die es nicht auch bloß noch hat. Ist der Ausstellungsraum im Museum, in dem ein Rubens hängt, üblicherweise nicht Teil des Werks, so wird der Raum von den meisten Installationen als Teil des Werks integriert. Gehört der Aufführungsort einer Symphonie von Beethoven üblicherweise nicht selbst

34 Pierre Bourdieu etwa merkt nicht, dass er immer dann, wenn er Danto sagt, Dickie meint; vgl. Pierre Bourdieu, *Die Regeln der Kunst. Genese und Struktur des literarischen Feldes*, Frankfurt/M.: Suhrkamp 2001, S. 452.

35 Vgl. Arthur C. Danto, »The Artworld«, in: *The Journal of Philosophy* 62 (1964), S. 571-584.

36 Dazu noch einmal Dickie, *Art and the Aesthetic.* Als kritische Abgrenzung von Danto vgl. Danto, *Die Verklärung des Gewöhnlichen*, Vorwort.

37 Vgl. ebd., v. a. Kapitel 4 und Kapitel 5.

38 Zentral sind hier Dantos Überlegungen zur Struktur von Kunstwerken als Metaphern. Vgl. ebd., Kapitel 7.

zum Werk, so gehört er bei den meisten Performances dazu. Mehr noch: Performances sind üblicherweise gar nichts anderes als das, was sich in einem bestimmten Zeitraum vor bestimmten Zuschauern bzw. mit bestimmten Teilnehmern an einem bestimmten Ort ereignet. Es geht Danto nicht darum, eine rigide Theorie darüber vorzuschlagen, was zu Symphonien im Gegensatz zu Gemälden gehört. Ganz im Gegenteil: Eine der Pointen seiner Überlegungen lautet, dass man sich interpretativ auf die je singulären Werke einlassen muss und es hier keine im Vorhinein feststehende Antwort gibt. Zu Dantos Lektion gehört dabei, dass die Elemente und Eigenschaften von Werken, die wir interpretativ erschließen, keineswegs vornehmlich oder ausschließlich sinnlicher Art sein müssen. Dass ein Werk etwa revolutionär ist, sieht man ihm nicht immer an. Danto weist uns meines Erachtens zu Recht darauf hin, dass eine Auffassung der Kunsterfahrung problematisch wäre, die davon ausgehen würde, dass wir es zunächst mit einer sinnlichen Mannigfaltigkeit zu tun haben, auf die wir dann noch in einem zweiten Schritt interpretative Unterscheidungen anwenden würden. Einen entsprechenden interpretativen Zugriff auf Kunstwerke zu bestreiten hieße, sie nach dem Vorbild eines in seiner phänomenalen Fülle unüberschaubaren Naturerlebnisses zu begreifen. Die Rettung der Sinnlichkeit wäre hier aber ein Pyrrhussieg: Man würde sie um den Preis erkaufen, Kunstwerke in verzeichneter Weise zu beschreiben.

Interpretative Prozesse bestimmt Danto dabei so, dass sie auf die Frage bezogen sind, was von einem Kunstwerk verhandelt wird. Anhand des Schlagworts der *aboutness* macht er geltend, dass wir angesichts von Kunstwerken immer die Frage stellen können und müssen, worum es hier geht. Was zeigt uns das Kunstwerk in seiner individuellen Konstellation von Elementen und in seiner Exemplifikation bestimmter Eigenschaften? Erfahrungen mit Kunstwerken sind damit besondere Erfahrungen von Sinn. Besonders sind sie darin, dass Sinn in der Kunst als *konstitutiv verkörperter* Sinn erfahren wird: Der Sinn eines Kunstwerks ist nichts anderes als das, was es in und durch seine Konstitution von Elementen und Exemplifikationen von Eigenschaften leistet, und nicht etwas, das »dahinter« in Form einer tieferen Bedeutung auf eine exegetische Ausdeutung warten würde.[39] Die Oberfläche der Kunst ist entsprechend auch

39 Gleichwohl hat Danto sich nicht der Option verschlossen, neben der Interpretation von Kunstwerken auch eine Tiefeninterpretation derselben zuzulassen, wie

für Danto schon die ganze Wahrheit der Kunst. Aber sie ist eben keine ausschließlich oder primär *sinnliche* Oberfläche. Kunstwerke zeigen uns nur dadurch etwas über uns, dass sie sich selbst zeigen; sie sind »semantisch gesprochen [...] komplex, da sie ein subtiles Stück Selbstbezüglichkeit in sich aufnehmen«.[40] Mit diesen Überlegungen bestreitet Danto natürlich keineswegs, dass die Elemente und Eigenschaften vieler Kunstwerke oder sogar der meisten sich uns immer auch sinnlich darbieten. Ich möchte aber festhalten: *Danto bestreitet aus guten Gründen, dass Erfahrungen von Kunst in ein- und dasselbe Register wie etwa ästhetische Naturbetrachtungen gehören.* Seine Lektion lautet: Es ist etwas faul an dem Vorgehen, bei einem allgemeinen Begriff ästhetischer Erfahrung anzufangen, der anhand eines besonderen Bezugs aufs Sinnlichkeit ausgezeichnet wird, und dann noch auf Natur, Design und Kunst gleichermaßen angewendet wird. Dass Dantos Überlegungen dabei, obwohl sie offen ihren Ausgangpunkt bei der Concept Art und den Readymades nehmen, nicht allein für einige neuere Kunstwerke gelten,[41] kann man sich am Fall literarischer Werke verdeutlichen. Natürlich spielen in vielen Arten von Literatur wie vor allem den meisten Arten von Lyrik sinnliche Aspekte wie der Klang der Worte eine wichtige Rolle. Aber das wird man wohl kaum für alle Arten von Literatur behaupten wollen. Literarische Prosa etwa ist nicht etwa allein oder vornehmlich der Klang der Worte. Bei Werken der literarischen Prosa handelt es sich nicht um ästhetische Gegenstände, die auf der Ebene sinnlicher Eigenschaften beschreibbar sind.[42] Es handelt sich

sie etwa von Teilen des neomarxistischen Denkens und der Psychoanalyse verteidigt wird. Diese darf allerdings Kunstwerke nicht bloß symptomatologisch deuten. Vgl. Arthur C. Danto, »Tiefeninterpretation«, in: Ders., *Die philosophische Entmündigung der Kunst*, München: Fink 2010, S. 71-93.

40 Danto, *Die Verklärung des Gewöhnlichen*, S. 227. Diese Bestimmungen gewinnen bei Danto, ausgehend von seinem Analogisieren von Kunstwerken mit Metaphern, Kontur; vgl. ebd., Kapitel 7.

41 Nick Zangwill geht so weit, zu sagen, dass solche Kunstwerke, aufs Ganze gesehen, unbedeutend sind, und meint damit die Readymades aus der Kunsttheorie ausschließen zu können. Das kann man nur als Banausentum bezeichnen. Bei der Alternative, die Readymades zum Wesen der Kunst zu erklären oder sie zu übergehen, handelt es sich offensichtlich um eine falsche Alternative. Vgl. Nick Zangwill, »Groundrules in the Philosophy of Art«, in: *Philosophy* 70 (1995), S. 533-544.

42 Vgl. in diesem Sinne Hegels Theorie der Literatur: G. W. F. Hegel, *Vorlesungen über die Ästhetik*, Band 3, Frankfurt/M.: Suhrkamp 1986, S. 222 ff. Gleichwohl

vielmehr um Gegenstände, die auf der Ebene ihrer sprachlichen Form als ästhetische Gegenstände verstehbar werden. Es gilt also: Nicht für alle Kunstwerke – wie für viele Arten von Literatur und die meisten Werke der Concept Art – sind sinnliche Eigenschaften konstitutiv. Und auch für solche Kunstwerke, für die sinnliche Eigenschaften konstitutiv sind, gilt, dass sie in den Bereich des *verkörperten Sinns* gehören. Sie sind nicht angemessen zu beschreiben als Gegenstände, angesichts deren wir Erfahrungen machen bzw. durch die wir uns angesichts einer unüberschaubaren Fülle phänomenaler Eigenarten selbst spüren oder in dieser verlieren würden. Entsprechend sollte der Begriff der Erfahrung in dem der ästhetischen Erfahrung weniger ausgehend von einer sensualistischen Tradition verstanden werden, sondern vielmehr von der Tradition Hegels bis Gadamers her.[43] Diese hat den Erfahrungsbegriff so verstanden, dass Erfahrungen etwas sind, das man macht, und nicht so sehr unbedingt eine sinnliche Erfahrung. Mit Danto möchte ich gleichwohl vor allem einen Punkt festhalten: Was immer mit Blick auf Kunst unter Sinnlichkeit verstanden werden mag – Sinnlichkeit muss hier letztlich etwas anderes heißen als das, was man außerhalb der Ästhetik darunter versteht. Es müsste angesichts der Kunst ein Wahrnehmen sein, das zugleich ein Denken ist.

Dantos treffende Kritik an einem bestimmten Begriff der Sinnlichkeit der Kunst lässt sich nur eingeschränkt für die Frage der Sinnlichkeit des Designs fruchtbar machen. Denn anders als die Kunsterfahrung ist der Gebrauch von Designgegenständen nicht selbstgenügsam. Das heißt aber keineswegs, dass wir hinsichtlich des Designs mit einer sinnlichkeitstheoretischen Rekonstruktion weiterkommen würden als mit Blick auf die Kunst. Leider verwechselt ein Großteil der Vertreter und Vertreterinnen der Designtheorie die Frage der Ästhetik des Designs immer noch mit der Frage des Aussehens, Klingens oder der Haptik von Designgegenständen.[44] Ich möchte überhaupt nicht bestreiten, dass viele

täuscht sie sich darin, sinnliche Aspekte definitorisch per se aus der Literatur auszuschließen. Vgl. als instruktive Analyse von Hegels Theorie der Literatur auch Niklas Hebing, *Hegels Ästhetik des Komischen*, Hamburg: Meiner 2015, v. a. Kapitel IX.

43 Vgl. Hegel, *Phänomenologie des Geistes*, S. 68 ff. Gadamer, *Wahrheit und Methode*, S. 352 ff.

44 Das gilt noch für den Offenbacher Ansatz eines erweiterten Funktionalismus,

Designgegenstände uns immer auch sinnlich affizieren. Aber der Begriff einer selbstgenügsamen sinnlichen Erfahrung greift hier noch offensichtlicher zu kurz als mit Blick auf die Kunst. Schließlich ist die Eleganz eines alten Rolls-Royce-Modells keine Sache des bloßen Hinschauens. Es muss ein *verständiges* Hinschauen sein, das unter anderem darum weiß, um was für einen Gegenstand es sich hier handelt, und das auch einen Blick dafür hat, wie genau die Gestaltungsentscheidungen hier in das Produkt eingegangen sind. Dasselbe gilt für die Klarheit der Formen und der Kontraste der Materialien in Le Corbusiers Stuhl *Basculant LC1*: Auch hier bedarf es eines anderen Sehens als eines gewissermaßen reinen Sehens. Um nicht falsch verstanden zu werden: In der menschlichen Welt gibt es letztlich kaum etwas, was nicht mit sinnlicher Wahrnehmung zu tun hätte. Aber ein Begriff der Sinnlichkeit im herkömmlichen Sinne reicht überhaupt nicht hin, um die entsprechenden ästhetischen Dimensionen dieser Gegenstände zu würdigen. Mehr noch: Auch die just mit Danto entwickelten Überlegungen zur Interpretation von Kunstwerken treffen gar nicht das, was es heißt, Designgegenstände als ästhetische Gegenstände angemessen zu verstehen. Wer so mit Designgegenständen umgeht, wie Danto unseren Umgang mit Kunstwerken beschreibt, geht gar nicht mit Designgegenständen um. Er oder sie verschiebt sie durch die Art der Auseinandersetzung ins Register der Kunst. *Anders als in der Kunst muss die Ästhetik des Designs in irgendeiner Weise von den Funktionen der Gegenstände wie unserem Gebrauch dieser Gegenstände her verstanden werden* – etwas, das wir mit Blick auf Kunstwerke als funktionslose und eigensinnige Gegenstände sicher nicht sagen würden. Designgegenstände zeigen sich in dem, was sie sind, in ihrer praktischen Verwendung und sind im Regelfall nicht für eine bloß kontemplative ästhetische Betrachtung gemacht.[45] Ästhetik und Gebrauch hängen hier in anderer Weise zusammen als derart, dass wir solche

der in anderen Hinsichten bemerkenswerte Differenzierungsleistungen vollbracht hat. Vgl. dazu Dagmar Steffen (Hg.), *Design als Produktsprache. Der Offenbacher Ansatz in Theorie und Praxis*, Frankfurt/M.: form 2000, v. a. S. 34 ff.

45 In diesem Sinne ist Andy Hamiltons folgende These nicht allein zu inklusiv, sondern auch zu exklusiv: »Design involve constructions where the visual or sonic appearance or feel is important.« Andy Hamilton, »The Aesthetics of Design«, in: Jessica Wolfendale, Jeanette Kennett (Hg.), *Fashion. Philosophy for Everyone. Thinking with Style*, New York: Wiley 2011, S. 53-69, hier: S. 57.

Gegenstände deswegen – wohlmöglich gerne – gebrauchen, weil sie ästhetisch ansprechend sind; der Gebrauch *selbst* muss ein Moment ihres Ästhetischen ausmachen bzw. unter gegenstandstheoretischer Perspektive: Die Funktionen des Gegenstandes müssen so verstanden werden, dass sie irreduzibel durch den jeweiligen Gegenstand verkörpert werden. Und ein solch *ästhetisches Funktionieren* bzw. *ästhetisches Gebrauchen* ist nicht analog zu dem Fall zu denken, dass wir uns bei einem Waldspaziergang im Spiel der Natur verlieren oder mit einem Kunstwerk eine starke Erfahrung machen.

Von einer Theorie subjektiver Vermögen zu einem nicht-formalistischen Begriff der Form

Die skizzierten Probleme einer sinnlichkeitstheoretischen Rekonstruktion des Ästhetischen gründen letztlich darin, dass das, was hier Sinnlichkeit und Wahrnehmung heißt, je nach Art der Gegenstände, mit denen wir es zu tun haben, eine gänzlich andere Kontur erhält. Vergleichbare Probleme ergeben sich durch die in paradigmatischen Theorien ästhetischer Erfahrung explizit oder implizit vorausgesetzte Theorie der Vermögen. Sie kennzeichnet auch das Erbe Kants. Was aber sollte daran problematisch sein, dem Menschen Vermögen zuzuschreiben, die mit Blick auf seine epistemischen, praktischen wie ästhetischen Zwecke transzendental sind? Problematisch daran ist, dass die einzelnen Artikulationen wie Kontexte der Betätigung des Vermögens nicht in angemessener Weise in den *Begriff* desselben eingehen.[46] Das Vermögen wird in seinem Sinn nicht weiterbestimmt durch seine Aktualisierungen – wenn es auch ohne Artikulationen vielleicht kein Vermögen sein kann. Vermögen drücken sich in den Kontexten ihrer Betätigung aus, aber die Kontexte gehen nicht in ihre Bestimmung ein.[47] Die

46 Mir ist klar, dass es durchaus Versuche gibt, den Begriff des Vermögens und damit ihre transzendentale Rolle anders zu denken; vgl. etwa Andrea Kern, *Schöne Lust. Eine Theorie der ästhetischen Erfahrung nach Kant*, Frankfurt/M.: Suhrkamp 2000.

47 Unter diesem Gesichtspunkt ist es nur konsequent, dass Christoph Menke das Ästhetische als Kraft erläutert, die gerade nicht mehr der Logik des Vermögens und damit der Struktur subjektiver Fähigkeiten entspricht, sondern in der sich vielmehr ein gegenwendiges Moment in solchen Vermögen und Fähigkeiten artikuliert. Vgl. Christoph Menke, *Kraft. Ein Grundbegriff ästhetischer Anthropologie*, Frankfurt/M.: Suhrkamp 2008.

Ausübungen eines Vermögens sind damit monoton: Der Sinn von Vermögen steht nicht im Lichte ihrer Artikulation zur Disposition, auch wenn es hier natürlich zu vielfältigen Privationen kommen kann. Eine Reformulierung des Begriffs des Vermögens ist ausgehend von der dialektischen Lektion in Reichweite, die ich im Kapitel zur Geschichtlichkeit des Designs gezogen habe: Ein herkömmlicher Vermögensbegriff ist derart ein *prospektiver* Begriff, dass er ein sinnkritisches Moment dessen meint, was in der Zukunft passieren wird. Eine kantische Agenda weiß zumindest vermögenstheoretisch immer schon, was der Mensch gewesen sein wird – und was das Ästhetische gewesen sein wird. Demgegenüber möchte ich im Geiste Hegels einen *retroaktiven* Begriff des Vermögens vorschlagen: Vermögen sind nicht derart von ihren Artikulationen unaffiziert, dass diese sie monoton exemplifizieren würden. Vielmehr gehen die einzelnen Artikulationen in das Vermögen derart ein, dass sie seinen Sinn neu- und weiterbestimmen. Ein solcher Gedanke ist nicht unbedingt mit einer Spielart einer Transzendentalphilosophie unvereinbar. Er versteht aber transzendentale Bestimmungen nicht länger als sinnkritisch vorgängig gegeben. Vielmehr müssen diese als etwas verstanden werden, das im Sinne des Setzens der eigenen Voraussetzungen in und durch einen Prozess zustande kommt. Nicht allein hat ein Verständnis unserer selbst als vermögender Wesen historische Grundlagen. Vielmehr ist noch der Sinn dieser Bestimmung mit Blick auf die Zukunft unbestimmt und kann sogar insgesamt zur Disposition stehen. Das aber heißt, dass die Form des Ästhetischen immer auch als *unbestimmte Form* im Lichte der Kontexte, in denen sie zum Tragen kommt, verstanden werden muss. Das ist wohlgemerkt nicht so, weil die ästhetischen Aspekte des Designs irgendwie unbestimmt wären oder Designgegenstände sich uns sinnlich unausschöpflich darbieten würden. Vielmehr kennt diese Form selbst wiederum verschiedene und dabei nicht aufeinander reduzierbare Formen, die gemäß der retroaktiven Logik in Bewegung sind. Meine These zur Form des Ästhetischen lautet also: *Die Form des Ästhetischen muss im Sinne eines nicht-formalistischen Begriffs der Form verstanden werden.*[48] Genauer muss sie so in zweierlei Weise verstanden werden. Erstens gibt

48 Eine paradigmatische Formulierung eines solchen Begriffs hat Hegel mit seiner Logik vorgelegt. Vgl. Hegel, *Enzyklopädie der philosophischen Wissenschaften*, Band 1, S. 65 ff.

es nicht eine Form, sondern eine Pluralität von Formen.[49] All diese Formen verkörpern das ästhetische Urteil Kants nicht in einem abstrakten Sinne, so dass sich das ästhetische Urteil unabhängig von diesen Verkörperungen angeben lassen würde. Vielmehr geben sie ihm eine jeweils spezifische und irreduzible Wendung. Zweitens ist es nicht so, dass entsprechende Formen unabhängig von einer Geschichte der Gegenstände, auf die sie bezogen sind, bestimmt werden können. Mit Blick auf die Kunst und das Design kommen vielmehr durch neue Kunstwerke und Designgegenstände nicht allein empirisch neue Gegenstände hinzu, die dieselbe ästhetische Form der Kunst oder des Designs exemplifizieren würden. Der hier in Anschlag gebrachte Begriff einer nicht-formalistischen Form besagt vielmehr, *dass die jeweiligen Gegenstände in die Form selbst eingehen*, so dass es eben keine reine, transzendentale und von Gegenständen unabhängige Form mehr ist. Im Lichte der Werke Wagners hat sich ebenso der Sinn dessen geändert, was Musik ist, wie im Lichte der Werke Schönbergs – und das eben nicht in einem quantitativen Sinne, dass neue Materialien Teil der Musik geworden sind, sondern in einem qualitativen Sinne. Im Lichte der graphischen Arbeiten Paul Rands hat sich ebenso der Sinn des Graphikdesigns geändert wie im Lichte der Arbeiten Paula Schers. *Genau in diesem Sinne möchte ich den Begriff der Praxisformen des Ästhetischen verstanden wissen*: als in Praktiken des Umgangs mit Gegenständen verkörperte wie aufeinander irreduzible Formen, die sich anhand der unterschiedlichen Art und Weise zeigen, wie uns entsprechende Gegenstände jeweils im Handeln, Denken und Wahrnehmen verständlich sind. Der hier investierte Begriff der Praxis*form* lässt sich dabei nicht allein von Hegel, sondern in anderer Weise auch in seinen Analogien wie Disanalogien zu dem verständlich machen, was nach Aristoteles Formen des Lebendigen sind: Natur, Kunst und Design teilen als ästhetische Phänomene in etwa das miteinander, was Mensch, Tier und Pflanze miteinander teilen. Genauer gesagt: Was Natur, Kunst und Design einerseits und Mensch, Tier und Pflanze andererseits miteinander teilen, gewinnt Kontur ausgehend

49 Jane Forseys *Aesthetics of Design* möchte in bestimmter Weise ebenfalls solche Formen des Ästhetischen denken. Es gelingt ihr aber meines Erachtens nur unzureichend, weil sie in zu enger Anbindung an Kant überhaupt nicht die Option sieht, den Formbegriff selbst nicht länger formalistisch zu erläutern. Vgl. symptomatisch etwa Forsey, *Aesthetics of Design*, S. 102.

von ihrer jeweils spezifischen Form des Ästhetischseins bzw. Lebendigseins. Es geht, kurz gesagt, um die Seinsweise der jeweiligen Arten von Gegenständen hinsichtlich der Form, wie sie uns verständlich werden und das heißt: welche Wendung unser Denken, Wahrnehmen und Handeln hier jeweils nimmt.[50]

Natürlich hat diese Analogie ihre Grenzen: Natur, Kunst und Design sind eben keine natürlichen Arten. Damit liegt der Sinn der jeweiligen Form nicht schon *vor* ihrer geschichtlichen Entwicklung fest. Wenn es entsprechend das ästhetische Urteil im Singular nicht länger gibt, muss auch das Verhältnis der entsprechenden Praxisformen anders gedacht werden: Es muss als ein Verhältnis gedacht werden, das in bestimmter Weise zugleich ein Nicht-Verhältnis ist. Denn so wie der Sinn der jeweiligen *Praxisform* offen ist, so liegt auch der Sinn der *Unterschiedenheit* dieser Formen nicht vor ihrer prozessualen Entwicklung fest. Ihr Verhältnis bzw. Nicht-Verhältnis lässt sich dem Geiste nach mit einer bekannten begrifflichen Trias genauer fassen, die der französische Philosoph und Psychoanalytiker Jacques Lacan entwickelt hat: der Unterscheidung zwischen Symbolischem, Imaginärem und Realem.[51] Meint das Symbolische die sozial geteilten Voraussetzungen unseres Sprechens, Denkens und Handelns von expliziten grammatikalischen Regeln bis zu impliziten Gepflogenheiten, so meint das Imaginäre die Auffassung des Sprechens, Denkens und Handelns als Ausdruck eines einheitlichen und kohärenten Bildes. Dieses Bild bleibt nach Lacan unerreichbar und diese Unerreichbarkeit wird von ihm zugleich als produktiv gedeutet. Das Reale schließlich ist das, was sich niemals positiv artikulieren lässt, sondern sich als ein gegenwendiges Moment unserer Rationalität und unseres Begehrens in Form von Kontingenzen, Unterbrechungen, Störungen usf. Ausdruck verleiht. Ich möchte mich an dieser Stelle weder auf Lacans Begriff des Subjekts verpflichten, noch seinem Verständnis von Sprache insgesamt folgen. Was mich hier vielmehr interessiert, ist das Verhältnis von gegebener intelligibler Ordnung im Symbolischen im Verhältnis – oder besser gesagt: Nicht-Verhältnis – zum Realen. Das Reale

50 Vgl. in diesem Sinne Thompson, *Leben und Handeln*, Einleitung.

51 Ich interpretiere diese Trias hier natürlich etwas zweckentfremdet. Vgl. genauer Jacques Lacan, *Die vier Grundbegriffe der Psychoanalyse*, Berlin, Weinheim: Quadriga 1987. Dazu auch Slavoj Žižek, *How to Read Lacan*, London, New York: W. W. Norton & Company 2007.

ist bei Lacan nämlich bestimmt als *produktive Negativität*. Es ist etwas, an dem wir uns immer abarbeiten, das aber niemals gänzlich aufgeht in dem, was wir tun; es ist etwas sich immer Entziehendes. Aber als sich Entziehendes artikuliert es zugleich in jeweils unterschiedlichen Konstellationen des Symbolischen Unterscheidungen und Unterschiedenheit. Etwas zeigt sich als unterschieden, auch wenn es sich immer anders als unterschieden zeigt und man niemals des Unterschieds selbst habhaft werden kann, sondern gewissermaßen immer nur seiner Symptome. Man würde entsprechend die Produktivität von Lacans Begriff des Realen gänzlich verpassen, wenn man ihn nach dem Vorbild dessen, was bei Kant die »Dinge an sich« sind, verstehen würde.[52] So kann das Reale bei Lacan nicht verstanden werden: Das Reale zeigt sich immer als das sich Entziehende im Rahmen des Symbolischen, aber es zeigt sich in seiner Unterschiedenheit zugleich als Reales. Es geht hier um ein Moment dessen, was in unserem Sprechen, Denken und Handeln nicht positiv repräsentierbar ist, das aber gleichwohl in seinem negativen Entzogensein sich als etwas zeigt, das sich durchhält. Wenn man nun diesen Gedanken mit dem im Geiste Hegels entwickelten Gedanken verbindet, dass der Sinn einer Sache letztlich in Form einer prozessualen Neuaushandlung derart zu denken ist, dass jedes temporale Moment dieser Sache die vorangehenden Momente neu- und weiterbestimmt, so ist das genau das Verständnis von Praxisformen, das mir hier vorschwebt. Anders gesagt: Nicht allein artikuliert sich in jedem Symbolischen das Reale derart, dass es sich als Reales artikuliert. Zugleich artikuliert es sich jeweils anders, so dass mit der Entwicklung des Symbolischen sich zugleich das Reale in seinem Sinn bzw. Nicht-Sinn entwickelt. Ein entsprechendes Jenseits, das das Reale meint, ist nicht allein ein Jenseits, das sich immer im Diesseits als Jenseits zeigt. Es ist zugleich ein Jenseits *dieses* Diesseits. Die Redeweise von offenen Formen des Ästhetischen möchte ich im Register dieser lacanianisch gepräg-

52 Das gilt zumindest dann, wenn man Kants »Ding an sich« als etwas begreift, das hinter unserem epistemischen Weltbezug steht, das wir aber prinzipiell niemals erkennen können, da wir es nur mit Erscheinungen zu tun haben, die letztlich auf das Konto der Art und Weise gehen, wie wir aufgrund unserer vernünftig-sinnlichen Doppelnatur allein die Welt empirisch und gedanklich sehen können. Vgl. zu einem anderen Verständnis des »Dings an sich« gleichwohl Alenka Zupančič, *Ethics of the Real. Kant, Lacan*, London, New York: Verso 2000.

ten Überlegungen wie folgt verstehen: Natur, Kunst und Design sind von einer jeweils *unbestimmten Bestimmtheit*. Bestimmt sind sie als diese jetzt; unbestimmt ist ihr Sinn im Lichte zukünftiger Praktiken. Aber in all diesen zukünftigen Praktiken zeigt sich ein entsprechender Unterschied, der sich einer letztlich inhaltlichen Festlegung gleichwohl immer verweigert. Noch die Unbestimmtheit wäre dann nicht länger so zu erläutern, dass sie – aufgrund der konstitutiven Unabgeschlossenheit der entsprechenden Praxisformen hinsichtlich ihres Sinns – unqualifiziert wäre, sondern sie wäre vielmehr immer eine *bestimmte Unbestimmtheit*.

Wie aus diesen Ausführungen deutlich wird, verstehe ich den Unterschied zwischen Natur, Kunst und Design als kategorialen Unterschied, aber zugleich als einen, der nicht inhaltlich abschließend bestimmbar ist. Zudem verstehe ich ihn als Unterschied, der keineswegs der These widerstreitet, dass es Grenzfälle, Übertragungen und Überschneidungen zwischen diesen Bereichen gibt, die den Inhalt der entsprechenden Bereiche jeweils neu- und weiterbestimmen. Es bleiben aber Bereiche, die kategorial getrennt sind. Um eine hinweisende Beschreibung diese drei Praxisformen wird es mir im zweiten Teil dieses Kapitels gehen.

4.2 Natur, Kunst und Design

Der hier vorgeschlagene Blick auf ästhetische Fragen widerspricht sowohl Perspektiven, die von einer ahistorisch geprägten Erfahrungsform ausgehen, als auch Perspektiven, die dem Gedanken verpflichtet sind, dass man, wenn man über ästhetische Fragen spricht, nicht auch über Gegenstände und ihre Unterschiedlichkeit sprechen muss. Zwar geht auch die Redeweise von Praxisformen nicht von gegebenen Gegenständen aus. Aber entsprechende Praxisformen werden so verstanden, dass sie in geschichtlich offener Weise nichts anderes meinen als *Reihen* von Gegenständen. Die folgende Analyse dieser drei Praxisformen ist dabei methodisch keinem primär vertikalen Blick verpflichtet. Sie fragt nicht so sehr danach, wie Natur, Kunst und Design ausgehend von einer Geschichte der Naturbetrachtung, der Kunsterfahrung und des Gebrauchs von Designgegenständen bzw. ihrem Funktionieren jeweils ihre offene Kontur weiterentwickeln. Vielmehr stellt sie aus horizontaler

Perspektive entsprechende Praxisformen des Ästhetischen *kontrastiv* einander gegenüber. In diesem Sinne sollen Naturbetrachtungen, Kunsterfahrungen und Funktionen von Designgegenständen im Folgenden untersucht werden.

Naturbetrachtungen

Zunächst einige Bemerkungen zur Praxisform der ästhetischen Naturbetrachtung. Auch wenn die Natur in außerästhetischer Hinsicht keiner Geschichte im eigentlichen Sinne unterliegt, sondern vielmehr Ausdruck von Prozessen der biologischen Evolution ist, so hat eine ästhetische Naturbetrachtung selbst natürlich eine Geschichte. In der Tradition der philosophischen Ästhetik ist die Natur einerseits häufig als ausgezeichneter Gegenstand des Ästhetischen behandelt worden, der Ausdruck genuiner Formen des Erlebens ist. Andererseits ist die Natur ästhetisch immer wieder in große Nähe oder in Distanz zur Kunst gerückt worden. Im Folgenden wird es auch darum gehen, diese Nähe und Distanz zugleich mit Blick auf das Design zu diskutieren. Ästhetische Naturbetrachtungen zeichnen sich dadurch aus,[53] dass sie sich Gegenständen, Situationen und Ereignissen der Natur vor allem hinsichtlich ihres phänomenalen Erscheinens hingeben. Es geht in ihnen nicht darum, einen bestimmten Prozess hinsichtlich seines praktischen Nutzens oder mit Blick auf eine angemessene theoretische Beschreibung zu erfassen. Vielmehr geht es allein darum, wie sich uns Aspekte der Natur in ihrer Simultanität oder Prozesshaftigkeit phänomenal darbieten. Unter der Perspektive einer solchen Betrachtung kann sich uns ganz Unterschiedliches zeigen. Zur ästhetischen Naturbeobachtung gehört damit nicht allein der Fall, dass wir uns kontemplativ der Schönheit einer Landschaft hingeben. Dazu gehört auch der Fall, dass uns das Rauschen der Blätter im Wind aufmerken lässt. In solchen und verwandten Fällen werden wir, wie Kant sagen würde, durch diese Art der Betrachtung insgesamt mit Blick auf unsere sinnlichen wir rationalen Vermögen verlebendigt. Dabei hat gerade Kant hinsichtlich ästhetischer Naturbetrachtungen festge-

53 Vgl. dazu v. a. Martin Seel, *Eine Ästhetik der Natur*, Frankfurt/M.: Suhrkamp 1996; Gernot Böhme, *Für eine ökologische Naturästhetik*, Frankfurt/M.: Suhrkamp 1989, und Glenn Parsons, *Aesthetics and Nature*, London: Continuum 2008.

halten, dass sie keineswegs immer schön sein müssen. Viele Naturbetrachtungen haben zugleich etwas Bedrohliches: Wenn wir, auf dem Deich stehend, die mannshohen Wellen wie die unendliche Weite des tosenden und aufgewühlten Meeres ästhetisch betrachten – und das heißt: selbst wenn wir nicht von ihnen faktisch in unserem Leib und Leben bedroht werden –,[54] würden wir sie nicht als »schön« qualifizieren. Unter dem Begriff des dynamisch Erhabenen fasst Kant eine negative Lust, die aber gleichwohl doch eine Lust ist. Sind wir der Natur hier nicht ausgeliefert, sondern derart auf Distanz zu ihr, dass sie uns nicht in unserer Existenz bedrohen kann, so finden wir ihren »Anblick [...] umso anziehender, je furchtbarer er ist«.[55] Und Kants Gedanke ist, dass sich analog zu dem, was im Urteil über das Schöne erfahren wird, auch im Urteil über das Erhabene etwas Allgemeinmenschliches in der Erfahrung zeigt: Wir erfahren uns als vernünftige Lebewesen angesichts einer Macht, die alles, »wofür wir besorgt sind (Güter, Gesundheit, Leben), als klein« erscheinen lässt, dennoch als souverän.[56] Kants Analyse des dynamisch Erhabenen kann damit als Analyse einer genuin eigenen Art des ästhetischen Erlebens der Natur verstanden werden. Das irreduzible Moment der ästhetischen Naturbetrachtung kommt allerdings erst dann in den Blick, wenn man sie kontrastiv gegenüber der Kunsterfahrung erläutert. Ästhetische Naturbetrachtungen sind Betrachtungen, an denen nicht zuletzt reizvoll ist, dass es sich hier um Gegenstände, Situationen und Ereignisse handelt, die nicht vom Menschen gemacht sind. In diesem gegenüber unserem Handeln und Denken gegenwendigen Moment zeigt die Natur aber gerade eine Nähe zur Kunst: Kunstwerke sind Artefakte einer besonderen Art, insofern sie uns Erfahrungen eröffnen, in denen wir uns eben nicht als Subjekte erfahren, denen die Welt und wir uns als Subjekt selbst als etwas zu Gebot stehen, über das wir verfügen könnten. Bevor ich diesen Gedanken und damit auch die Nähe wie Distanz von Kunst und Design genauer ausbuchstabieren werde, gilt es, zwei naheliegende Einwände zu kontern. Der erste Einwand lautet, dass auch die Natur heute in weiten Teilen

54 Vgl. gleichwohl als ästhetische Rekonstruktion auch lebensbedrohlicher Grenzerfahrungen Wiesing, *Luxus*, Teil I.

55 Kant, *Kritik der Urteilskraft*, S. 185.

56 Ebd., S. 186.

vom Menschen gemacht ist,[57] der zweite, dass nicht alle Kunstwerke und Designgegenstände Artefakte sind.

Dem ersten Einwand leistet eine bekannte Analyse des amerikanischen Literaturwissenschaftlers Stephen J. Greenblatt Vorschub. Er schreibt in seinem Aufsatz »Grundzüge einer Poetik der Kultur« mit Blick auf Naturparks wie den Yosemite-Nationalpark: »An einem bestimmten Punkt endet die Asphaltierung, und man trifft auf ein Schild, das den Beginn der Wildnis annonciert. [....] [Die] [Wildnis] gibt sich zu erkennen durch das abrupte Ende jeglichen Asphalts und durch eine Hinweistafel, die Verhaltensregeln aufführt, welche an dieser Stelle in Kraft treten: Keine Hunde, keine Abfälle, kein wildes Zelten usf.«[58] Greenblatt interessiert sich vor allem für die Rolle entsprechender Hinweistafeln ebenso wie für die Tatsache, dass man hier den Asphalt verlässt: Beide sind für ihn als *Zeichen* zu verstehen, die konstitutiv dafür sind, überhaupt Natur als Natur erfahren zu können. Ohne eine Praxis der Markierung von Natur wäre die Unterscheidung zwischen dem Natürlichen und dem Nicht-Natürlichen sinnlos. Mehr noch: »[D]ie Wildnis wird durch eine Verschärfung der Regeln angekündigt, eine Verschärfung, welche die Bedingung dafür herstellt, dem Asphalt zu entkommen. [...] Die Wildnis wird gleichzeitig festgehalten und ausradiert durch die amtlichen Gesten, die ihre Grenzen festlegen; das Natürliche wird dem Künstlichen gegenübergestellt in einer Weise, die deren Unterscheidung sinnlos macht.«[59] Kontrovers ist an diesem Gedanken natürlich, dass aus der Tatsache, dass Natur der kulturellen Markierung bedarf, und weitergehend, dass Natur sich überhaupt nur im Rahmen kultureller Unterscheidungen als solche artikulieren kann, nicht folgt, dass es das Markierte letztlich überhaupt nicht gibt. Denn warum sollten Zeichen generell so verstanden werden, dass sie das, was sie bezeichnen, erst hervorbringen? Dennoch hat Greenblatt mit dem Gedanken Recht, dass Natur in bestimmter Weise nichts einfach Vorhandenes ist.

57 Viele jüngere Designtheorien, die mit einem entgrenzten Designbegriff arbeiten, verpflichten sich letztlich explizit oder implizit auch auf eine solche These. Das gilt auch für von Borries, *Weltentwerfen*, S. 39 ff.

58 Stephen J. Greenblatt, »Grundzüge einer Poetik der Kultur«, in: Stephen J. Greenblatt, *Schmutzige Riten. Betrachtungen zwischen Weltbildern*, Berlin: Wagenbach 1991, S. 107-122, hier: S. 116.

59 Ebd.

Am plausibelsten ist dieser Gedanke mit Blick auf Beispiele wie die Gärten von Vorstadthäusern oder Stadtparks. Zwar sind sie Ausdruck biologischer Prozesse des Wachsens und Gedeihens, aber dennoch stehen solche Prozesse hier funktional im Dienste dessen, wozu diese Naturparks oder Gärten da sind. In diesem Sinne kann man sie durchaus auch als Artefakte beschreiben. Aber daraus folgt nicht, dass *jede* Art von Natur letztlich künstlich und damit ein Artefakt ist. Und es folgt auch nicht daraus, dass wir alle Arten solcher Parks oder Gärten nur noch im Hinblick auf das, was der Mensch hier bewirkt, betrachten. Denn auch der ästhetische Reiz des eigenen Gartens oder eines Stadtparks liegt ja nicht selten darin, dass wir es hier mit etwas zu tun haben, dessen lebendige Formen eine gewisse Autonomie gegenüber unserem Zugriff gewinnen. Noch derjenige, der jedes Wochenende den Rasen seines Gartens mäht, ist jemand, der sich dialektisch an einem entsprechend unverfügbaren Moment abarbeitet. Mit dieser These ist nicht gemeint, dass man nicht weiß, was dabei herauskommt, wenn man Bäume pflanzt – das kann manchmal der Reiz sein, aber ist es keineswegs immer. Es ist damit vielmehr gemeint, dass solche Bäume an dem Ort, an dem sie stehen, etwas verwandeln, da sie sich ästhetisch zu jedem Zeitpunkt immer auch als individuelle Gegenstände zeigen. So zeigt sich schon mit Blick auf die lebendige Natur im Bereich des Pflanzlichen und nicht allein im Bereich des Tierischen, dass uns hier etwas gegenübertritt, was eine Organisation aufweist, die sich nicht unserem Tun verdankt und die dennoch in bestimmter Weise als ästhetisch sinnvoll erlebt wird.

Bevor ich diesem Gedanken weiter nachgehen werde, kurz eine Bemerkung zum zweiten Einwand: Es ist naheliegend, die These, dass alle Kunstwerke Artefakte sind, unter Verweis auf bestimmte Arten von Kunstwerken zu bestreiten. Werke der Land Art etwa scheinen mit einem bestimmten natürlich wie geographischen Ort identisch zu sein. Bei Joseph Beuys' Werk *7000 Eichen* scheint es sich sogar einfach um eine entsprechende Anzahl von Bäumen zu handeln. Es gilt aber: Durch die Art des Gebrauchs werden entsprechende natürliche Orte bzw. Bäume zu Kunstwerken. Der amerikanische Kunsttheoretiker George Dickie hat im Rahmen seiner sogenannten Institutionentheorie der Kunst, die als notwendige Bedingung für Kunstwerke nennt, dass es sich hier um Artefakte handeln muss, entsprechende Überlegungen vorgestellt:[60] Ein Stein, der einfach so herumliegt, ist natürlich zunächst einmal kein Artefakt. Sobald aber der Stein als Werkzeug benutzt wird – um etwas zu zermahlen etwa –, wird er zu einem Artefakt. Dickies überzeugender Gedanke lautet, dass es nicht unbedingt die kausale Geschichte ist, die etwas zu einem Artefakt macht. Vielmehr ist es sein Gebrauch und damit seine Funktionalisierung im Rahmen einer menschlichen Praxis, die eine bestimmte Geschichte hat. Mit Blick auf *The Lightning Field* von Walter De Maria und viele weitere Werke der Land Art ist zudem wichtig, wie sich entsprechende Orte zu dem verhalten, was herkömmlicherweise unter einem Werk verstanden worden ist. Und angesichts von Beuys' Bäumen ist offensichtlich, dass es sich nicht um bloße Bäume handelt, sondern um Bäume, deren Pflanzung ein ebenso künstlerischer wie politischer Eingriff in den öffentlichen Raum darstellt. Dieser Eingriff wirft zugleich bestimmte Fragen auf und thematisiert etwa ganz konkrete ökologische Aspekte der Lebensform der 1980er Jahre. Im Fall von Beuys' Bäumen handelt es sich um Gegenstände, die anderer Art sind als bloße Naturdinge.

Damit ist bereits ein Aspekt des Kontrasts zwischen ästhetischen Naturbetrachtungen und Kunsterfahrungen benannt: Zwar sind Gegenstände, Situationen und Ereignisse der Natur nicht außerhalb des Reichs des Sinns, da sie uns im Rahmen verschiedener Praktiken in verschiedener Weise verständlich werden. Das ist letztlich eine wichtige Einsicht Hegels, die mit seiner These verbunden ist, dass die Natur nicht einfach das ganz Andere des Geistes ist. Dennoch sind ästhetische Naturbetrachtungen in anderer Weise sinnvoll als Kunsterfahrungen. *Denn die Natur ist ästhetisch gerade dadurch sinnvoll, dass sie nicht sinnvoll ist.* In ihrer Sinnlosigkeit ist sie eben ästhetisch sinnvoll. Es zeigen sich uns hier in der Betrachtung Gegenstände, Situationen und Ereignisse, die ästhetisch zweckmäßig zu sein scheinen, ohne aber Ausdruck unserer Zwecke und unseres Verfügens zu sein. Kant hat in der Analytik des Schönen bekanntermaßen davon gesprochen, dass im ästhetischen Urteilen etwas der bloßen Form nach als zweckmäßig beurteilt wird, obwohl es keinem Zweck dient, da es nicht unter der Maßgabe praktischer wie theoretischer Zwecke beurteilt wird. Ausgehend

60 Vgl. George Dickie, »The New Institutional Theory of Art«, in: Peter Lamarque, Stein H. Olsen (Hg.), *Aesthetics and the Philosophy of Art. The Analytic Tradition*, Oxford: Wiley-Blackwell 2004, S. 47-54.

von dieser Bestimmung hat er Kunst und Natur in eine gewisse Nähe gerückt: »An einem Produkte der schönen Kunst muß man sich bewußt werden, daß es Kunst sei, und nicht Natur; aber doch muß die Zweckmäßigkeit der Form desselben von allem Zwange willkürlicher Regeln so frei scheinen, als ob es ein Produkt der bloßen Natur sei. [...] Die Natur war schön, wenn sie zugleich als Kunst aussah; und die Kunst kann nur schön genannt werden, wenn wir uns bewußt sind, sie sei Kunst, und sie uns doch als Natur aussieht.«[61] Nur scheinbar trifft Kant in diesem Zitat zwei sich widersprechende Aussagen wenn er sagt, dass die Kunst einerseits als Natur angesehen werden muss und andererseits nicht als Natur angesehen werden darf. Kunst darf dahingehend nicht als Natur angesehen werden, dass sie nicht ohne uns in die Welt kam, sondern als Artefakt Ausdruck unserer Zwecke ist. Zugleich ist Kunst aber auch nicht Ausdruck unserer Zwecke, wie es sonstige Artefakte sind: Kunstwerke müssen dahingehend wie Natur angesehen werden, dass sie keinen Zweck außer sich selbst haben. Anders gesagt: Kunstwerke sind autonome Gegenstände, die als solche keinen praktischen oder theoretischen Zwecken dienen, sondern ihren Zweck in sich selbst haben. Das heißt aber, dass sie sich uns wie Naturgegenstände der Form nach als zweckmäßig zeigen, ohne dass jedoch mit ihnen ein bestimmter Zweck einhergehen würde. Ganz in diesem Geiste, dass in der Kunst als besonderer Art von Artefakten ein gegenwendiges Moment zu dem aufscheint, was für sonstige Artefakte wesentlich ist, ist die Kunst in die Nähe der Natur zu rücken. Es wäre also falsch, Kants Zitat so zu deuten, dass die Kunst die konkreten Formen der Natur nachzuahmen habe.[62] Bei Kunstwerken handelt es sich um Arten von Artefakten, die gerade nicht wie sonstige Artefakte im Rahmen praktischer wie theoretischer Zwecke aufgehen. Sie zeigen sich als eigensinnig und ihre Sinnhaftigkeit inkorporiert immer auch ein Moment des Anderen gegenüber dem, was wir sonst sinnvoll nennen.

61 Kant, *Kritik der Urteilskraft*, S. 165.

62 In diesem Sinne ist folgende Aussage Adornos durchaus auf einer Linie mit Kants These: »Je strenger die Kunstwerke der Naturwüchsigkeit und der Abbildung von Natur sich enthalten, desto mehr nähern die gelungenen sich der Natur.« Theodor W. Adorno, *Ästhetische Theorie*, Frankfurt/M.: Suhrkamp 1973, S. 120. Vgl. weitergehend auch Theodor W. Adorno, *Ästhetik (1958/59)*, Berlin: Suhrkamp 2017, v. a. dritte Vorlesung.

Etwas Entsprechendes lässt sich von Designgegenständen nicht sagen: Designgegenstände sind, anders als Kunstwerke, auf unsere praktischen Zwecke bezogen. Auch dann, wenn ganz manifeste Formen der Natur in Kunstwerke eingehen, verhandeln entsprechende Kunstwerke im Medium dieser Formen zugleich eigensinnig, was sie als Kunstwerke sind. Indem sie notwendigerweise dabei auf ihre Formen reflektieren, reflektieren wir zugleich uns und unser Verständnis von Natur und Geist im Lichte der Erfahrung solcher Werke. Natürlich gehen Formen der Natur auch in Designgegenstände nicht so ein, dass Designgegenstände einfach Naturgegenstände kopieren würden. Aber Designgegenstände stellen anders als Kunstwerke nicht notwendig eine Reflexion ihrer selbst dar. Vielmehr können sie Formen der Natur auch in den Dienst dessen stellen, wozu sie da sind – etwa im Fall des Regals *Naturoscopie* von Noé Duchaufour-Lawrance. Gleichwohl können sich Designgegenstände natürlich auch symbolisierend auf Natur beziehen – offensichtlich ist das im ökologischen Design. Aber auch wenn das geschieht, so sind entsprechende Gegenstände keine autonome Reflexion unserer selbst im Medium eigensinniger Formen, sondern vielmehr eine Weiterentwicklung unserer Praxis. Das ist in der Kunst auch dann anders, wenn sie in jüngeren Formen wie der partizipativen Kunst den sozialen und politischen Raum besetzt und immer auch einen Eingriff in denselben darstellt:[63] Kunst ist sie nur insofern, als sie zugleich immanent die Frage nach dem Sinn eines solchen Eingriffs aufwirft und das vermittels eines Nachvollzugs ihrer Formgebungen.

Kunsterfahrungen

Damit komme ich zu einigen Bemerkungen zur Erfahrung von Kunstwerken als ästhetischer Praxisform. Zeigt sich die Natur in ihren Prozessen einerseits als ästhetisch zweckmäßig, anderseits aber als zweckfrei, so zeigt sie sich dennoch nicht *als* sich ästhetisch Zeigende. Das gerade ist ein kategorialer Unterschied zur Kunst:[64]

63 Vgl. als ebenso einschlägige wie kontroverse Analyse dazu Nicolas Bourriaud, *Relational Aesthetics*, Paris: Les Presses Du Reel 2002. Als Versuch, entsprechende Entwicklungen der Gegenwartskunst kritisch weiterzudenken auch Ludger Schwarte, *Notate für eine zukünftige Kunst*, Berlin: Merve 2016.

64 Mit Martin Seel kann man auch sagen: Kunstwerke sind immer Präsentationen

Kunstwerke zeigen uns allein etwas, insofern sie sich selbst zeigen und damit zugleich als Zeigende zeigen. Hegel hat diesen Gedanken derart präzisiert, dass uns Kunstwerke dadurch immer etwas über uns zeigen. Sind Kunstwerke keine Verlängerung theoretischer oder praktischer Zwecke, so sind sie eine besondere Form eines Reflexionsgeschehens, im Rahmen dessen wir uns selbst gegenübertreten. In der Kunst erfahren wir etwas über uns nicht in einem epistemischen oder praktischen Sinne, sondern vielmehr in einem *reflexiven* Sinne.[65] In der Einleitung seiner *Vorlesungen über die Ästhetik* schreibt Hegel: »Kunst ist nur eine Art und Weise, das Göttliche, die tiefsten Interessen des Menschen, die umfassendsten Wahrheiten des Geistes zum Bewußtsein zu bringen und auszusprechen.«[66] Entsprechend bestimmt er das »allgemeine Bedürfnis zur Kunst [als] das vernünftige, daß der Mensch die innere und äußere Welt sich zum geistigen Bewußtsein als einen Gegenstand zu erheben hat, in welchem er sein eigenes Selbst wieder erkennt«.[67] Wenn Hegel in dem ersten Zitat davon spricht, dass Kunst »das Göttliche« und »die tiefsten Interessen des Menschen« und »die umfassendsten Wahrheiten« ausspricht und bewusst macht, so ist diese Reihe im Sinne bedeutungsäquivalenter Formulierungen dessen zu verstehen, was die Kunst leistet. Das heißt aber auch: Das Göttliche ist keine transzendente Wahrheit; durch die Kunst dringen wir nicht in ein jenseitiges Reich derart vor, dass wir alles Irdische hinter uns ließen. Hegel sagt nämlich, dass »der Schein selbst [...] dem Wesen wesentlich [ist und daß] die Wahrheit [nicht] wäre [...], wenn sie nicht schiene und erschiene«.[68] Eine uns unzugängliche und damit transzendente Wahrheit wäre gar keine Wahrheit sondern schlichtweg nichts. Zwar dringen wir für Hegel in der Kunsterfahrung in bestimmter Weise durchaus in ein anderes Reich vor – aber es ist das Reich des Geistes und damit das, was wir selbst je schon sind. In den eigensinnigen Formen der Kunst kommen

ihrer selbst. Vgl. Martin Seel, *Ästhetik des Erscheinens*, Frankfurt/M.: Suhrkamp 2003, S. 172 ff.

65 Vgl. im Sinne dieser These ausführlicher Daniel M. Feige, *Kunst als Selbstverständigung*, Münster: Mentis 2012 und Georg W. Bertram, *Kunst als menschliche Praxis. Eine Ästhetik*, Berlin: Suhrkamp 2014.

66 Hegel, *Vorlesungen über die Ästhetik*, Band 1, S. 20.

67 Ebd., S. 52.

68 Ebd., S. 21.

wir, so fremd sie uns manchmal auch erscheinen mögen und so fremd sie uns notwendigerweise mit Blick auf unsere praktischen wie theoretischen Zwecke bleiben,[69] näher an das heran, was wir sind, als in alltäglichen Praktiken. Eine vergleichbare Bemerkung ist angesichts von Hegels Redeweise davon notwendig, dass die Kunst Entsprechendes »zu Bewußtsein« bringt und ausspricht. Die Kunst bringt hier nichts zu Bewusstsein und spricht hier nichts aus, was vorher schon im Sinne einer Bestimmung dessen, was wir sind, feststehen würde. Sie bestimmt vielmehr erst, was wir sind, *indem* sie es ausspricht. Erst im Lichte der künstlerischen Form klärt sich das, was wir sind; erst in ihrem Lichte arbeiten wir heraus, was wir sind. Hegel hat das an den Skulpturen der antiken Griechen verdeutlicht:[70] Stehen sie für die wesentlichen sittlichen Orientierungen dieser historischen Gemeinschaft, so sind solche Orientierungen hier nichts, was vor der Kunst in Form allgemeiner Grundsätze gegeben gewesen wäre. Vielmehr arbeiten die Künstler im und durch das Medium der Kunst sie erst in ihrer Konkretion heraus. Entsprechend darf man Hegels Aussagen zum »allgemeinen Bedürfnis zur Kunst« nicht so verstehen, dass er hier eine repräsentationale Bestimmung der Aufgabe der Kunst formulieren würde, wenn er schreibt, dass der Mensch in der Kunst »die innere und äußere Welt sich zum geistigen Bewußtsein als einen Gegenstand« erhebt, »in welchem er sein eigenes Selbst wieder erkennt«. Die Lektion lautet vielmehr folgendermaßen: In der und durch die Kunsterfahrung setzen wir uns mit uns auseinander; Kunst als Kunst ist kein Medium der Erkenntnis, sondern ein Medium der Selbstverständigung. Wenn Hegel davon spricht, dass die Kunst nur »eine Art und Weise« eines solchen Selbstverständigungsgeschehens sei, und im hier diskutierten Kontext sagt, dass die Kunst in »den gemeinschaftlichen Kreis mit der Religion und Philosophie« gehört,[71] dann stellt er Kunst folgendermaßen in eine Reihe mit Religion und Philosophie: *Funktional* sind sie identisch, ihrer *Form* nach unterscheiden sie sich aber. In Kunst, Religion und Philosophie als Praktiken der Selbstverständigung ist der Geist ganz

69 Vgl. Daniel M. Feige, »Fremdheit als Aspekt der Form der Kunsterfahrung«, in: Werner Fitzner (Hg.), *Kunst und Fremderfahrung*, Bielefeld: Transcript 2016, S. 197-213.

70 Hegel, *Vorlesungen über die Ästhetik*, Band 2, S. 374 ff.

71 Ebd., Band 1, S. 20 f.

bei sich selbst, insofern er hier jeweils in unterschiedlicher Form mit etwas konfrontiert ist, das keinem anderen Zweck dient als seiner Selbstreflexion; der Geist ist in Kunst, Religion und Philosophie, kurz gesagt, absoluter Geist.[72]

Den Gedanken, dass Kunsterfahrungen, indem sie uns eine Aussicht auf uns selbst geben, eben nicht repräsentational, sondern wesentlich transformativ sind, hat im 20. Jahrhundert Martin Heidegger in dezidierter Rückbindung an Hegel weiterentwickelt.[73] Dabei hat er weniger den reflexiven Charakter der Kunst betont als vielmehr ihren welterschließenden. Hinsichtlich der Rolle eines antiken Tempels in der historischen Lebensform des antiken Griechenlandes bemerkt er: »Das Tempelwerk fügt erst und sammelt zugleich die Einheit jener Bahnen und Bezüge um sich, in denen Geburt und Tod, Unheil und Segen, Sieg und Schmach, Ausharren und Verfall – dem Menschenwesen die Gestalt eines Geschicks gewinnen. Die waltende Weite dieser offenen Bezüge ist die Welt [eines] geschichtlichen Volkes.«[74] Diesen Gedanken präzisiert er wie folgt: »Niemals aber sind die Menschen und die Tiere, die Pflanzen und die Dinge als unveränderliche Gegenstände vorhanden und bekannt, um dann beiläufig für [das Kunstwerk], [das] eines Tages auch noch zu dem Anwesenden hinzukommt, die passende Umgebung darzustellen. Wir kommen dem, was ist, eher nahe, wenn wir alles umgekehrt denken.«[75] Heideggers Auffassung nach ist Kunst eine der Praxisformen, durch die wir unsere Welt als jeweils spezifische überhaupt erst erschließen. Bringt man diesen Gedanken mit Hegels Gedanken des wesentlich reflexiven Charakters der Kunst zusammen, so kann man sagen, dass die Kunsterfahrung eine Form der Auseinandersetzung mit uns selbst meint, durch die wir nicht allein unsere Selbstverständnisse thematisieren. Vielmehr muss eine solche Thematisierung zugleich als Neuaushandlung verstanden werden. In und durch Kunsterfahrungen gewinnen wir selbst und unsere Welt jeweils eine neue Kontur. Gegenüber Hegel hat

72 Vgl. Hegel, *Enzyklopädie der philosophischen Wissenschaften im Grundrisse*, Band 1, S. 366 ff.

73 Vgl. zu diesem Konnex auch Robert Pippin, *Kunst als Philosophie. Hegel und die moderne Bildkunst*, Berlin: Suhrkamp 2012, Kapitel 4.

74 Martin Heidegger, »Der Ursprung des Kunstwerkes«, in: Martin Heidegger, *Holzwege*, Frankfurt/M.: Vittorio Klostermann 2003, S. 1-74, hier: S. 27 f.

75 Ebd., S. 28 f.

Heidegger dabei den eigensinnigen und widerständigen Charakter der Kunst deutlicher betont. Stiften Kunstwerke derart sinnvolle Bezüge, dass sie unsere Welt jeweils neu und anders erschließen lassen, so erschließen sie unsere Welt dennoch in einer anderen Weise als etwa unsere alltägliche Praxis oder auch wissenschaftliches Wissen. Denn sie erschließen unsere Welt so, dass sie sie immer auch in ihrer Unverfügbarkeit und Widerständigkeit zeigen. Heidegger hat dazu das Begriffspaar Welt und Erde geprägt: Eröffnet das Kunstwerk uns eine sinnvolle Welt, so geschieht das derart, dass in der eröffneten Welt ein gegenwendiges Moment derselben aufscheint. Gegenwendig ist das Moment, weil es sich immer nur als sich Entziehendes zeigen kann; in dem, was offen zutage liegt, artikuliert sich etwas, was gerade nicht und was niemals offen zutage liegen kann. Heidegger nennt es die Erde und macht es an dem Gebrauch der Materialien im Kunstwerk fest: »Dastehend ruht das Bauwerk auf dem Felsgrund. Dies Aufruhen des Werks holt aus dem Fels das Dunkle seines ungefügen und doch zu nichts gedrängten Tragens heraus. Dastehend hält das Bauwerk dem über es wegrasenden Sturm stand und zeigt so erst den Sturm selbst in seiner Gewalt. Der Glanz und das Leuchten des Gesteins, anscheinend selbst nur von Gnaden der Sonne, bringt doch erst das Lichte des Tages, die Weite des Himmels, die Finsternis der Nacht zum Vorschein.«[76] Wird in alltäglichen Gegenständen ihr Werkstoff verbraucht, wird er im Kunstwerk nur gebraucht und zeigt sich so in dem, was er ist: Als dem Sinn gegenwendiges Moment, das gleichwohl sich als solches nur im Medium des Sinns zeigen kann. Erde ist entsprechend dasjenige, was »ins Offene gebracht wird als das Sichverschließende«.[77]

Heideggers Antipode Theodor W. Adorno hat eine durchaus verwandte Einsicht in seiner *Ästhetischen Theorie* artikuliert.[78] Sie ist Heideggers Analyse allerdings dahingehend überlegen, dass sie von der wesentlich geschichtlichen Natur dessen, was künstlerische Materialien sind, ausgeht. Zugleich erlaubt sie – anders als Heideggers mitunter bloß symptomatologische Deutungen einzelner

76 Ebd., S. 28.

77 Ebd., S. 33.

78 Vgl. zum Verhältnis von Heidegger und Adorno auch die Beiträge in Iain Macdonald, Krzysztof Ziarek (Hg.), *Adorno und Heidegger. Philosophical Questions*, Stanford: Stanford University Press 2007.

Kunstwerke –,[79] das gegenwendige Moment der Kunst ausgehend von der Formung des Materials im Rahmen des jeweils singulären Kunstwerks zu denken. Adorno schreibt: »Alle Kunstwerke, und Kunst insgesamt, sind Rätsel.«[80] Rätsel sind sie darin, dass sie sich keinen außerästhetischen Anforderungen an theoretische wie praktische Zwecke fügen. Zugleich sind sie dennoch keine Rätsel im herkömmlichen Sinne, weil es hier nichts aufzulösen gibt. Ein Kunstwerk zu verstehen heißt, seinen Formen und Verläufen mit dem Geist und oft auch dem ganzen Körper nachzufahren, es nachzubuchstabieren. Es heißt aber niemals, es zu übersetzen. Entsprechend schreibt Adorno: »Machen Kunstwerke nichts nach als sich, dann versteht sie kein anderer, als der sie nachmacht.«[81] Je mehr man sich mit ihnen auseinandersetzt, desto weniger kommt man der Auflösung des Rätsels näher, sondern desto rätselhafter werden sie. Entsprechend sind sie paradoxe Rätsel, für die zugleich konstitutiv ist, dass es keine Auflösung für sie gibt. Den Rätselcharakter der Kunst bestimmt Adorno genauer dahingehend, dass Kunstwerke, »[o]bwohl [sie] weder begrifflich sind, noch urteilen, [...] logisch [sind]«.[82] In der Erfahrung von Kunstwerken kommt uns etwas entgegen, was in sich stimmig und notwendig ist, obwohl es keinen Anforderungen dessen genügt, was Stimmigkeit oder Notwendigkeit im außerästhetischen Sinne heißt. Das nennt Adorno das Formgesetz des Kunstwerks: Hinsichtlich seiner Form – und das heißt auch hinsichtlich dessen, was sein Inhalt ist, denn der Inhalt der Kunst ist ihre Form –[83] konstituiert das Kunstwerk seine Materialien und Elemente in je singulärer Weise: Sie gewinnen eine bestimmte und dabei nicht beliebige Kontur, ohne aber aus früheren Kunstwerken und ihren Materialien und Elementen ableitbar zu sein. Mit Adornos Ästhetik gewinnt der mit Hegel entwickelte Gedanke, dass Kunst wesentlich ein Reflexionsgeschehen ist, und der mit Heidegger entwickelte Gedanke, dass Kunst wesentlich

79 Vgl. dazu auch die kritische Rekonstruktion in Judith Siegmund, *Die Evidenz der Kunst. Künstlerisches Handeln als ästhetische Kommunikation*, Bielefeld: Transcript 2007, S. 52 ff.

80 Adorno, *Ästhetische Theorie*, S. 182.

81 Ebd., S. 190.

82 Ebd., S. 205.

83 Vgl. in diesem Geiste bereits Hegel, *Enzyklopädie der philosophischen Wissenschaften im Grundrisse*, Band 1, S. 265 ff.

ein Transformationsgeschehen ist, im Sinne einer *negativistischen* Deutung der Kunst Kontur:[84] Im Rahmen von Kunsterfahrungen setzen wir uns mit uns selbst auseinander und werden dadurch andere – aber wir werden andere in der Weise, dass etwas Anderes unserer Selbst dabei zum Vorschein kommt. Kunst ist darin Ausdruck einer gegenüber praktischer und theoretischer Vernunft irreduziblen Form von Vernunft, dass sie ein gegenwendiges Moment gegenüber der praktischen und theoretischen Vernunft aufscheinen lässt.[85] Und das ist, so möchte ich festhalten, im Design anders: Obwohl in den ästhetischen Formen, die es erprobt, der Kunst auf den ersten Blick oftmals nicht unverwandt, ist Design dennoch eine kategorial andere ästhetische Praxisform, insofern Design immer auch eine gestalterische Erarbeitung praktischer Funktionen ist. Gemäß der hier vorgestellten Analyse muss man Kunst zwar keineswegs a-funktional bestimmen – denn von transformativer Reflexion zu sprechen, die immer ein negatives Moment an sich hat, kann offensichtlich selbst im Sinne einer funktionalen Bestimmung der Kunst verstanden werden. Dennoch ist sie autonom darin, dass sie gegenüber praktischen Zwecken frei ist. Und das ist mit Blick auf Design anders.

Funktionen von Designgegenständen

Damit komme ich abschließend zum Funktionieren und Gebrauchen von Designgegenständen als ästhetischer Praxisform. Designgegenstände sind Gegenstände, die zu etwas da sind. Sie erfüllen praktische Funktionen und ihre Form steht in irgendeiner Weise im Zusammenhang mit diesen Funktionen. Diese scheinbar harmlose These ist im Rahmen der aktuellen Debatten der Designtheorie und der Designforschung kontrovers geworden. Ich möchte im Folgenden gleichwohl zeigen, dass es eine Deutung des Erbes des Funktionalismus gibt, die ihn gegenüber herkömmlichen Einwänden immunisiert.[86] Eine entsprechende Verteidigung wird eine

84 In der deutschen Ästhetik haben vor allem Christoph Menkes Arbeiten Adornos Ästhetik in dieser Richtung weitergedacht. Vgl. Christoph Menke, *Die Souveränität der Kunst. Ästhetische Erfahrung nach Adorno und Derrida*, Frankfurt/M.: Suhrkamp 1991.

85 Vgl. dazu ausführlicher auch Feige, *Computerspiele*, Kapitel 4.

86 Vgl. zu den kanonischen Einwänden u. a. Hartmut Seeger, »Funktionalismus im

ästhetische Lesart des Funktionalismus dergestalt meinen, dass Funktionen selbst nicht etwas sind, unter das verschiedene Designgegenstände subsumierend fallen. Wer Designgegenstände so beschreibt, beschreibt sie nicht länger als ästhetische Gegenstände, sondern vielmehr als austauschbare Gegenstände.

Der klassische Funktionalismus

Als paradigmatische Fassung des Funktionalismus kann die Theorie Louis Sullivans gelten.[87] In ihr ist auch die berühmte Formel zu finden, dass die Form aus der Funktion folgen solle. Die zentrale Passage seines 1896 veröffentlichten Aufsatzes zum Kunstcharakter von Bürogebäuden lautet dabei wie folgt: »Jedes Ding in der Natur hat eine Gestalt, das heißt eine Form, eine äußere Erscheinung, durch die wir wissen, was es bedeutet, und die es von uns selbst und von allen anderen Dingen unterscheidet. In der Natur bringen diese Formen das innere Leben, den eingeborenen Wert der Geschöpfe oder der Pflanze, die sie darstellen, zum Ausdruck; sie

Rückspiegel des Designs«, in: Volker Fischer, Anne Hamilton (Hg.), *Theorien der Gestaltung. Grundlagentexte zum Design. Band 1*, Frankfurt/M.: form 1999, S. 216-218; Karin Hirdina, »Der Funktionalismus und seine Kritiker«, in: Volker Fischer, Anne Hamilton (Hg.), *Theorien der Gestaltung. Grundlagentexte zum Design. Band 1*, Frankfurt/M.: form 1999, S. 225-229 und Gerda Müller-Krauspe, »Opas Funktionalismus ist tot«, in: Volker Fischer, Anne Hamilton (Hg.), *Theorien der Gestaltung. Grundlagentexte zum Design. Band 1*, Frankfurt/M.: form 1999, S. 218-225. Zu den differenziertesten Würdigungen des Funktionalismus gehören die klassischen Aufsätze von Adorno und Wellmer. Vgl. Theodor W. Adorno, »Funktionalismus heute«, in: Theodor W. Adorno, *Kulturkritik und Gesellschaft I. Prismen. Ohne Leitbild*, Frankfurt/M.: Suhrkamp 1977, S. 375-395 und Albrecht Wellmer, »Kultur und industrielle Produktion. Zur Dialektik von Moderne und Postmoderne«, in: *Merkur* 37 (1983), S. 133-145.

87 Vgl. Sullivan, »The Tall Office Building artistically Considered«. Eine gekürzte deutsche Fassung liegt vor mit Louis H. Sullivan, »Das große Bürogebäude, künstlerisch betrachtet«, in: Volker Fischer, Anne Hamilton (Hg.), *Theorien der Gestaltung. Grundlagentexte zum Design. Band 1*, Frankfurt/M.: form 1999, S. 142-146. Vgl. zu den Ursprüngen des Funktionalismus auch Edward R. De Zurko, *Origins of Functionalist Theory*, New York: Columbia University Press 1957. Ich danke Sokratis Georgiadis für den Hinweis auf letzteren Text. Vgl. zum Funktionalismus in der Architekturtheorie auch Maurice Lagueux, »Reconfiguring Four Key ›-isms‹ commonly used in Architectural Theory«, in: *British Journal of Aesthetics* 39 (1999), S. 179-188.

sind so charakteristisch und so unverkennbar, daß wir ganz einfach sagen, es sei ›natürlich‹, daß sie so sind. […] Es ist das Gesetz aller organischen und anorganischen, aller physische und metaphysischen, aller menschlichen und übermenschlichen Dinge, aller echten Manifestationen des Kopfes, des Herzens und der Seele, daß das Leben in seinem Ausdruck erkennbar ist, daß die Form der Funktion folgt. Das ist [das] Gesetz. Dürfen wir also dieses Gesetz täglich in unserer Kunst übertreten?«[88] Der Grundgedanke, dass in irgendeiner Weise die Form aus der Funktion zu folgen hat, ist ein Signum des klassischen Funktionalismus. Auf ihn haben sich auch viele Positionen verpflichtet, die sich nicht unbedingt explizit in seine Tradition gestellt haben. Wenn Peter Behrens in seinem 1907 veröffentlichten Aufsatz »Kunst und Technik« sagt, dass die Ingenieursprodukte der Zukunft »neben praktischem Nutzen einer Vollendung der Form zugeführt werden« müssen und das so geschehen solle,[89] dass »der innere Organismus eines industriellem Zwecke dienenden Gebäudes […] klar erhalten bleiben [muss] und [dieser] die Ursache zu einer neuen, den Geist unserer Zeit bezeichnenden Schönheit werden« solle,[90] so ist auch hier das funktionalistische Erbe zu erkennen: Es geht um eine angemessene Kommunikation der funktionalen Rolle des Gegenstandes wie seiner Teile. Die Form steht damit im Dienste eines Ausdrückens und Transparentmachens der Funktion.[91] In anderer Weise findet sich dieser Gedanke zwei Dekaden später wiederum in der Abrechnung mit dem Begriff der Gestaltung, die der Bildhauer Naum Gabo im Geiste des Konstruktivismus formuliert: Der Gestalter muss für Gabo durch den Ingenieur ersetzt werden, der »nicht mit ›gestalterischen‹, sondern mit rein konstruktiven Absichten an diese Dinge herantritt«.[92] Gestaltung ist für ihn keine eigenständige Aufgabe, sondern vielmehr etwas, das sich mit dem soliden Arbeiten des Ingenieurs bereits erledigt hat: »Die Neukonstruktion allein bedingt

88 Sullivan, »Das große Bürogebäude, künstlerisch betrachtet«, S. 144 f.

89 Behrens, »Kunst und Technik«, S. 23.

90 Ebd.

91 Diesen Gedanken formuliert in anderer Weise auch Gottfried Semper. Vgl. Gottfried Semper, »Wissenschaft, Industrie und Kunst«, in: Klaus T. Edelmann, Gerrit Terstiege (Hg.), *Gestaltung denken. Grundlagentexte zu Design und Architektur*, Basel: Birkhäuser 2006, S. 107-111.

92 Naum Gabo, »Gestaltung?«, in: *Bauhaus* 4 (1928), S. 2-6, hier: S. 4. Ich danke Johannes Lang, der mich auf Gabos Text aufmerksam gemacht hat.

schon die neue Gestaltung. Der Ingenieur braucht lediglich den Gegenstand so folgerichtig zu konstruieren, dass alle seine Teile ihre Funktionen streng präzise erfüllen. Die gute Gestaltung des Gegenstandes ergibt sich dann aus der Konstruktion von selbst, sie ist mit ihr zwangsläufig verbunden.«[93] In diesen Charakterisierungen klingt nicht allein die fast zwei Dekaden vorher formulierte Kritik des Ornaments von Adolf Loos an,[94] sondern auch Gabos These ist weiterhin der funktionalistischen Agenda verpflichtet. Er radikalisiert sie allerdings dahingehend, dass die angemessene Form keiner eigenständigen Diskussion mehr bedarf, weil seines Erachtens die Konstruktionsleistungen der Ingenieure mit einem Schlag dieses Problem lösen.

Nicht allein ist Sullivans Slogan, dass die Form aus der Funktion folgen solle, eine paradigmatische Fassung des klassischen Funktionalismus, der das Nachdenken über Design und Architektur noch in Anfeindungen ihm gegenüber dialektisch viele Jahrzehnte im Griff hatte. Vielmehr lassen sich anhand von Sullivans Vorschlag auch paradigmatisch die Probleme des klassischen Funktionalismus ausweisen.[95] Erstens sind schon die Grundlagen von Sullivans Slogan im Sinne seiner Beschreibung von Formen der Natur unzutreffend. Es stimmt schlichtweg nicht, dass uns natürliche Dinge durch ihre äußere Form zeigen, was sie sind. Hier können wir an Mimikry und andere Formen der Täuschung denken sowie an die funktionale Opazität vieler natürlicher Phänomene. Vor allem aber sollten wir an die Tatsache denken, dass die biologische Evolution keineswegs optimale Lösungen für funktionale Anforderungen findet. Biologisch betrachtet, leben wir nicht in der besten aller möglichen Welten, sondern in einer Welt, in der biologische Lösungen durch selektiven Druck erzeugt worden sind – Lösungen, die aufeinander in komplexer Weise aufbauen und deshalb häufig auch problematische Weichenstellungen mitschleppen.[96] Man könnte jetzt sagen, dass Sullivan aber gar keinem Begriff des Lebens

93 Ebd.

94 Vgl. Loos, »Ornament und Verbrechen«.

95 Meine Kritik trifft sich in Teilen mit derjenigen Roger Scrutons und Andreas Dorschels. Vgl. Roger Scruton, *The Aesthetics of Architecture*, London: Princeton University Press 1979, S. 38 ff. und Dorschel, *Gestaltung*, v. a. § 10, § 15, § 18, § 27.

96 Vgl. in diesem Sinne auch Stephen J. Gould, *Illusion Fortschritt. Die vielfältigen Wege der Evolution*, Frankfurt/M.: Fischer 1999.

verpflichtet ist, wie er vom noch jungen Darwinismus seiner Zeit vertreten worden ist, sondern vielmehr einem Begriff des Lebens aus einer im weitesten Sinne aristotelischen Tradition. Das mag zwar richtig sein. Aber nicht allein würden dann die Einsichten von Aristoteles in systematisch verzerrter Weise artikuliert. Vielmehr ist Sullivans Analyse offensichtlich mit dem Einwand konfrontiert, dass Gegenstände der Architektur und des Designs keine natürlichen Arten bilden. Ästhetisches kann zwar lebendig sein und uns verlebendigen – aber es lebt nicht derart, wie Pflanzen, Tiere und Menschen Träger einer jeweils kategorial unterschiedenen Lebensform sind. Sullivan springt schon in der kurzen zitierten Passage die ganze Zeit zwischen ganz verschiedenen Arten von Gegenständen und Ebenen hin und her und zieht unkontrollierte Analogieschlüsse. Denn was angesichts lebendiger Gegenstände vielleicht noch Sinn machen könnte, muss es angesichts von Artefakten keineswegs länger tun. Zweitens ist vor allem die Redeweise davon, dass es hier nicht allein um physische, sondern auch um metaphysische Dinge geht, entlarvend: Sullivans These ist Ausdruck einer revisionistischen Metaphysik. Nicht die Dinge selbst sind Träger der von Sullivan behaupteten Ordnung, sondern seine Aussagen sind *Empfehlungen*, wie wir in Prozessen der Gestaltung mit Funktionen von Gegenständen umgehen sollten. Was Sullivan uns hier als Aussagen über Tatsachen verkauft, sind in Wahrheit nur Vorschriften. Dabei ist, ausgehend von einem dritten Kritikpunkt, der Weg verbaut, dass wir mit einer Reformulierung von Sullivans These als Empfehlung im Sinne einer Art und Weise, wie gelungene Designgegenstände entworfen werden können, leben könnten.[97] Denn die Redeweise, dass eine Verletzung der Maxime, dass die Form der Funktion folgen solle, ein Verstoß gegen ein *Gesetz* sei, ist letztlich sinnlos. Nicht allein aus dem eben genannten Grund, dass es sich hier, anders als Sullivans Rhetorik suggeriert, nicht um ein Naturgesetz handeln kann – denn gegen Naturgesetze kann man offensichtlich gar nicht verstoßen. Vielmehr auch aus dem Grund, weil das, was Sullivan hier sagt, vollkommen *unbestimmt* ist. Denn *wie genau* lässt sich ein solches Gesetz für konkrete Designentscheidungen fruchtbar machen? Was sollte es *heißen*, dass aus den funktionalen Anforderungen eines Stuhls oder eines Plakats etwa seine

97 Vgl. in diesem Sinne auch Dorschel, *Gestaltung*, S. 50 ff.

Form zu folgen habe? Ein Verständnis der *spezifischen Einheit der Funktion und der Form* scheint mir für eine angemessene Ästhetik des Designs unverzichtbar – aber diese besteht eben nicht in einem Folgerungsverhältnis wie Sullivan behauptet. Sullivan hat Recht damit, dass er Funktionen von Design und die spezifischen Formen, im Rahmen deren entsprechenden Funktionen Kontur verliehen wird, als wesentlich für Designgegenstände begreift. Er täuscht sich aber darin, dass es hier ein gesetzesartiges Verhältnis und damit eine vorgängig gegebene Richtschnur für die Praxis von Designern und Designerinnen gibt.

Zum Begriff der Funktion

Bleiben wir zunächst noch beim Funktionsbegriff. Sullivans Analyse ist für den Funktionalismus nicht zuletzt auch deshalb paradigmatisch, weil sie sich in Teilen auf die lebendige Natur bezieht, um den Begriff der Funktion zu erläutern. Die wohl historisch für den designtheoretischen Funktionalismus bedeutendsten Spielarten eines Funktionalismus stammen aus der Biologie.[98] Darunter kann einerseits verstanden werden, dass die Funktionen von Designgegenständen letztlich als Ausdruck einer organizistischen Metaphysik wie bei Sullivan gedeutet werden. Das kann andererseits so verstanden werden, dass Designgegenstände nach dem darwinschen Vorbild der adaptiven Lösungen von Organismen im Kampf ums Überleben gedeutet werden und damit immer auch Ausdruck eines Prozesses des Problemlösens sind. Es gilt: Die Unterschiede der Deutung des Funktionsbegriffs sind häufig zugleich auf unterschiedliche Verständnisse dessen zurückzuführen gewesen, was im Bereich der belebten Natur als Funktionen verstanden wurde.

Eine paradigmatische Redeweise von Funktionen mit Blick auf die Rolle von Organen im »System« des Körpers lässt sich am Beispiel des Herzens verdeutlichen: Ein Herz ist ein Herz, weil es Blut pumpt.[99] Etwas ist also nicht zunächst ein Herz und hat darüber hinaus und logisch unabhängig von dieser Charakterisierung dann noch die Eigenschaft, Blut zu pumpen. Die Eigenschaft, Blut zu pumpen, ist keine akzidentielle Eigenschaft des Herzens, sondern

98 Vgl. dazu noch einmal Steadman, *The Evolution of Design*.

99 Vgl. dazu die klassische Analyse von Robert C. Cummins, »Functional Analysis«, in: *Journal of Philosophy* 72 (1975), S. 741-765.

eine wesentliche Eigenschaft im Sinne einer definierenden Eigenschaft des Herzens. Entsprechend ist es für eine Bestimmung des Herzens als Herz grundsätzlich nicht relevant, wie es aussieht und ob es sich um ein künstliches Herz handelt oder um ein natürlich gewachsenes Herz – so relevant diese Unterscheidungen in anderer Hinsicht auch sein mögen. Anders gesagt: All diese Unterschiede sind nur insofern relevant, insofern sie etwas zu der Funktion des Herzens, Blut zu pumpen, beitragen. Die Analogien zu Designgegenständen liegen hier natürlich auf der Hand: Wozu sollte ein Stuhl da sein, wenn nicht, um auf ihm zu sitzen? Und wozu sollten Aspekte wie die Länge der Stuhllehne, das Material, aus dem er ist usf. sonst gut sein, außer dazu, der Funktion des Stuhls zu dienen, auf ihm zu sitzen? Aber die Analogie mit dem Herzen trägt nicht: Nicht allein haben Stühle immer ästhetische Eigenschaften in einem manifesten Sinne. Wie ein Stuhl aussieht, ist nicht so nebensächlich wie das Aussehen des Herzens. Zur Gebrauchsdimension von Designgegenständen gehört häufig, dass wir uns mit Gegenständen umgeben, von denen wir glauben, dass sie zu uns passen oder die wir schlichtweg ästhetisch ansprechend finden. Vor allem aber sind Stühle als Designgegenstände dahingehend ästhetische Gegenstände, *dass sie jeweils spezifische Erarbeitungen der Funktion im Medium von Prozessen der Formgebung sind.* Wer über Stühle als Designgegenstände und damit immer auch als ästhetische Gegenstände spricht, muss über eine *Geschichte* des Sitzens als eine Geschichte des *geformten* und *gestalteten* Sitzens und damit letztlich über eine *Kulturgeschichte* des Stuhls sprechen.[100] Der Gedanke einer »nackten« Rekonstruktion der Funktion ist irreführend, weil sie just die designspezifische Ebene überspringt. Die These der Redundanz verschiedener Designgegenstände nimmt Design nicht ernst genug, da sie es nur als unwesentliche Zutat zu einer von seinen formgebenden Entscheidungen unbeleckten Funktion sieht.[101] Mit Karl Marx kann man sagen: »Hunger ist Hunger, aber Hunger, der sich durch gekochtes, mit Gabel und Messer gegeßnes

100 Vgl. zum Einfluss von Designgegenständen auf unser Denken und Handeln die Beiträge in Grace Lees-Maffei, Rebecca Houze (Hg.), *The Design History Reader*, London: Bloomsbury Academic 2010.

101 Naum Gabos zitierte Polemik gegen den Begriff der Gestaltung sollte entsprechend allein als eine Polemik gegen den Begriff der *schlechten* Gestaltung verstanden werden.

Fleisch befriedigt, ist ein andrer Hunger, als der rohes Fleisch mit Hilfe von Hand, Nagel und Zahn verschlingt.«[102] Marx insistiert hier nicht allein darauf, dass es eine Geschichte der Befriedigung des Bedürfnisses des Hungers gibt. Er erinnert vielmehr vor allem daran, dass die Art der Produktion – im Sinne unseres Themas: die formgebenden Prozesse des Gestaltens und Entwerfens – auch das Bedürfnis selbst prägt.[103] Zwar ist an der Beschreibung der funktionalen Rolle des Herzens weiterführend, dass es eine solche Funktion offensichtlich nur in einer Ganzheit gibt, im Rahmen dessen sie erfüllt wird. Für eine designtheoretische Bestimmung von Funktionen ist sie allerdings unbrauchbar, weil sie erstens eine solche Funktion als statisch und stabil denkt und weil sie zweitens formgebende Prozesse nur als Verlängerung und weiteren Ausdruck der Funktion selbst deuten kann. Just deshalb findet der klassische Funktionalismus in entsprechenden biologisch-funktionalen Bestimmungen sein Vorbild.

Dieselben Einwände gelten für den Versuch, nicht die faktischen Funktionen von Organen im Sinne eines designtheoretischen Funktionalismus zu bestimmen, sondern die Struktur des Werdens solcher Organe. Sie gelten kurz gesagt auch für eine Übertragung *evolutions*biologischer Funktionsbestimmungen auf den Bereich von Funktionen von Designgegenständen. Eine evolutionsbiologische Erklärung eines physiologischen Merkmals eines Organismus oder auch des Sozialverhaltens von Tieren besteht darin, seine adaptive Rolle zu erklären. Die Erklärung der adaptiven Rolle gibt eine Antwort auf die Frage, welchen Vorteil ein Merkmal oder eine Verhaltensweise für das Überleben des Individuums im Sinne der Weitergabe seiner Gene in die nächste Generation hatte. Solche adaptiven Rollen sind Produkte naturgeschichtlicher Prozesse. Entsprechende physiologische Merkmale von Organismen und entsprechendes Sozialverhalten von Tieren bestanden nicht schon immer und werden wohl auch nicht immer so bestehen bleiben: Im Lichte eines anderen Selektionsdrucks werden Individuen, die bes-

102 Karl Marx, *Einleitung zur Kritik der politischen Ökonomie*, Berlin: Dietz 1985, S. 623 f. Ich folge hier in Teilen Andreas Dorschels Deutung der entsprechenden Passage. Vgl. Dorschel, *Gestaltung*, v. a. Kapitel I.

103 Vgl. dazu weitergehend auch Peter-Paul Verbeek, *What Things Do. Philosophical Reflections on Technology, Agency, and Design*, University Park/Pennsylvania: The Pennsylvania State University Press 2005, v. a. Part III.

ser an die jeweilige neue Umwelt angepasst sind, überleben und es werden andere und neue Merkmale selektiert. Die bessere Anpassung ist dabei nicht teleologisch zu verstehen, denn die Evolutionsbiologie geht grundsätzlich davon aus, dass Unterschiede zwischen Individuen aufgrund zufälliger genetischer Kopierfehler entstehen. Im Rahmen evolutionsgeschichtlicher Prozesse kommt es mitunter natürlich zu funktionalen Veränderungen und nicht bloß Weiterentwicklungen. So sind die Flügel von Vögeln ehemals funktional zur Wärmeregulierung selektiert worden. Später wurden sie dann funktional ko-adaptiert zum Fliegen.[104] Ein solcher Prozess kennt Veränderungen und Kontingenzen, ist aber blind dahingehend, dass in seiner Beschreibung nicht auf eine Instanz rekurriert werden muss, in der sich ein solcher Prozess selbst durchsichtig würde. Just deshalb wäre es auch ein Kategorienfehler, davon zu sprechen, dass Prozesse biologischer Evolution geschichtliche Prozesse wären. Die im dritten Kapitel zur Geschichtlichkeit des Designs entwickelten Überlegungen zur unbestimmten Bestimmtheit geschichtlicher Gegenstände weist eine ganz andere logische Form auf als das Schrittgesetz biologischer Evolution. Es weist eine logische Form auf, die ein Wissen von sich selbst hat und sich selber in ihrer Unabgeschlossenheit und Unbestimmtheit durchsichtig wird. Geschichte, so lautete die Lektion dieses Kapitels, beginnt dort, wo neue kategoriale Rahmen entstehen; wo es Ereignisse derart gibt, das sie neue Arten von Beschreibungen notwendig machen. So etwas ist mit Blick auf die Form der Beschreibung der Evolution nicht denkbar: Sie ist und bleibt dieselbe, gleich ob wir über Flügel oder Lungen reden.

Mögen sich Designer*innen auch mitunter in vielfältiger Weise von biologischen Formen und Prozessen inspirieren lassen, so schaffen sie dennoch notwendigerweise *kategorial andere Arten von Gegenständen* als diejenigen, von denen sie sich anregen lassen. Den wohl systematisch ambitioniertesten Versuch, eine solche evolutionsbiologische Rekonstruktion von Funktionen für eine

104 Vgl. dazu Stephen J. Gould, Richard C. Lewontin, »The Spandrels of San Marco and the Panglossian Paradigm: A Critique of the Adaptationist Programme«, in: *Proceedings of the Royal Society of London*, Series B 205 (1979), S. 581-598. Stephan J. Gould, »The exaptive Excellence of Spandrels as a Term and Prototype«, in: *Proceedings of the National Academy of Sciences of the United States of America* 94 (1997), S. 10750-10755.

Funktionsbestimmung von Artefakten fruchtbar zu machen, haben Glenn Parsons und Allen Carlson in ihrem wichtigen Buch *Functional Beauty* vorgelegt.[105] Die beiden Autoren vertreten dabei nicht die krude soziobiologische These, dass Artefakte mit ihren Funktionen aus biologischen Gründen selektiert worden sind. Vielmehr versuchen sie eine entsprechende *selected-effects*-Theorie für eine Theorie von Artefaktfunktionen fruchtbar zu machen, um die Probleme einer intentionalistischen Theorie von Artefaktfunktionen zu umgehen. Die *selected-effects*-Theorie definieren sie wie folgt: »Merkmal X hat eine eigentliche Funktion F dann und nur dann, wenn X gegenwärtig existiert, weil Vorläufer von X in der jüngeren Vergangenheit positiv die Fitness beeinflusst haben, weil sie F leisteten, was zu einer Reproduktion des Genotyps für das Merkmal X geführt hat.«[106] Dabei sind sie sich aber durchaus der Tatsache bewusst, dass es zu Umnutzungen kommen kann – sei es, dass die Benutzer Designgegenstände gegen den Strich verwenden,[107] sei es, dass das Design, wie etwa im Fall der Arbeiten von Droog Design, in Neu- und Umnutzungen von selbst bereits funktionalen Gegenständen besteht, die mereologische Elemente im neuen Design werden. Ebenso sind sich die Autoren der Tatsache bewusst, dass im Bereich von Artefakten anders als im Bereich biologischer Anpassungen Erfolg und Weitergabe etwas ganz anderes heißen. Schließlich ist der Nachfolger eines iPads auch dann kein genetischer Nachfahre dieses iPads, wenn die Nachfolgegeneration kleiner und fragiler sein sollte. Polemisch formuliert: Legt man zwei iPads zusammen, hat man nicht irgendwann ein drittes. Die Autoren übernehmen deshalb auch die *selected-effects*-Theorie nur der Form nach, wenn sie sie wie folgt reformulieren: »X hat eine eigentliche Funktion F dann und nur dann, wenn Xe gegenwärtig existieren, weil Vorläufer von X in der jüngeren Vergangenheit erfolgreich darin waren, Bedürfnissen oder Wünschen auf dem Markt dadurch zu entsprechen, dass sie F leisteten, was zur Herstellung und Verteilung von Xen führte.«[108] Das Problem

105 Vgl. Carlson/Parsons, *Functional Beauty*, Kapitel 3. Zudem darauf aufbauend Parsons, *The Philosophy of Design*, Kapitel 5.

106 Carlson/Parsons, *Functional Beauty*, S. 73. Übersetzung D. M. F.

107 Vgl. aus designtheoretischer Perspektive dazu Katharina Bredies, *Gebrauch als Design. Über eine unterschätzte Form der Gestaltung*, Bielefeld: Transcript 2014.

108 Carlson/Parsons, *Functional Beauty*, S. 75. Übersetzung D. M. F.

mit dieser Formulierung bleibt gleichwohl folgendes: Funktionen von Artefakten können sich hier zwar ändern, nämlich dann, wenn sie in richtiger Weise auf frühere Artefakte und ihre Funktionen bezogen sind. Aber letztlich gehen auch Parsons und Carlson von *funktional identischen* Gegenständen aus. Sie können die ästhetische Dimension von Designgegenständen deshalb auch nur noch als unwesentliche Zutat zu den Funktionen entsprechender Gegenstände behandeln.[109]

Ästhetisches Funktionieren

Ein Fingerzeig für ein Denken der ästhetischen Einheit von Form und Funktion lässt sich positiv wie negativ Bemerkungen im bereits zitierten Aufsatzes von Naum Gabo entnehmen. Er hält fest, dass »[d]ie allgemein nützlichen Gebrauchsgegenstände […] nicht dazu da [sind], um bewundert, sondern um benutzt zu werden.

109 Da lässt sich auch gut daran ersehen, wie Parsons in seinem Buch zur Philosophie des Designs die Frage der Ästhetik des Designs angeht. Vgl. Parsons, *The Philosophy of Design*, Kapitel 6. Derselbe Einwand trifft Forseys *Aesthetics of Design*, die Form und Funktion von Designgegenständen dahingehend auseinanderdividiert, dass sie behauptet, »it is not their functions [of different design objects] that make them original but their formal features instead[:] What makes the Oral-B ›Cross-Action‹ toothbrush by Lunar Design in 1999 original or different from the rest on the drugstore shelf will be its formal features: colour, shape, proportion, and so on rather than its function of cleaning ones teeth, which is shared by all of the others. And what differentiates the ›Paimio‹ chair by Alvar Aalto from the ›Barcelona‹ chair by Mies van der Rohe, for instance, will not be the function that makes them same, but the apparent features, or form of each that makes them different.« Forsey, *Asthetics of Design*, S. 58. Indem Forsey derart zwischen monotoner Funktion und variabler Form unterscheidet und die Einheit beider verabschiedet, könnte ihre Ästhetik des Designs auch Ästhetik des Ornaments heißen. Zwar gehen ihre Überlegungen im späteren Verlauf des Buchs unter Rückgriff auf Kants Begriff der anhängenden Schönheit durchaus in die Richtung dessen, worauf ich in diesem Kapitel abziele. Sie schreibt, »that while we can aesthetically appreciate the function of an object we can also appreciate the way it fulfils that function by considering its style.« Ebd., S. 166. Allerdings ist auch diese Beschreibung nicht konsequent genug, weil sie es so darstellt, als könnten wir uns ästhetisch entweder auf funktionale oder auf formale Aspekte beziehen. Die Pointe meiner Überlegungen lautet, dass es sich hier um eine falsche Alternative handelt beziehungsweise um eine falsche dualistische Beschreibung von etwas, das gerade in seiner Einheit verständlich zu machen wäre.

Die wahre Ästhetik des Gebrauchsgegenstandes liegt nicht in seinem Aussehen, sondern in seiner Verwendung.«[110] Gabo artikuliert damit die wichtige Einsicht, *dass die Ästhetik des Designs eine Ästhetik des Funktionierens und des Gebrauchens ist, und keine Ästhetik der Kontemplation.* Die wahre Ästhetik von Designgegenständen ist damit keine Ästhetik des Ornaments bzw. keine Ästhetik, die auf der Ebene des Aussehens, Klingens usf. von Designgegenständen statthat. Sie liegt vielmehr in ihrem Funktionieren und in der Art und Weise, wie dieses Funktionieren sich in unserem Gebrauch dieser Gegenstände artikuliert. Gleichwohl verschenkt Gabo diese wichtige Einsicht, wenn er sie letztlich – mit Karel Teige gesprochen – im Rahmen einer »Ästhetik der Maschine« erläutert:[111] »Einen Gebrauchsgegenstand neu zu gestalten, bedeutet noch nicht die Verpflichtung, ihn auch grundsätzlich zu ändern, seine Konstruktion zu vervollkommnen oder gar, ihn aufs Neue zu erfinden. Dem engen Sinne nach hieße es lediglich, den gegebenen Gegenstand in eine neue Form zu kleiden.«[112] Indem er das sagt, investiert Naum Gabo aber gerade das dualistische Verständnis von Form und Funktion, das er im Aufsatz eigentlich angetreten ist, aus dem Geiste des Konstruktivismus zu verabschieden, wenn er alle äußerliche, ornamentale »Gestaltung« bekämpfen möchte. Die Leistungen, geformte Funktionen zu erschaffen, gibt er gar nicht auf, sondern gibt sie an die Adresse des Ingenieurs weiter – weil er den Gestalter polemisch als jemanden erläutert, der nur äußerliche und unwesentliche Arbeiten an den Gegenständen betreibt. Das ist eine Karikatur: Design ist ästhetisch darin, dass es immer wesentlich geformte Funktion ist und eine Funktion ihren Sinn damit erst durch die Form, die ihr gegeben wird, erhält. Die These lautet nicht, dass es faktisch keine ungeformten Funktionen gibt. Sie besagt, dass es unter ästhetischen Gesichtspunkten nur zwei Seiten ein und derselben Sache gibt. Ästhetisch ist Design somit nicht primär durch sein Aussehen. Damit behaupte ich nicht, dass die manifesten ästhetischen Eigenarten solcher Designgegenstände irrelevant wären. Ich behaupte allein, dass sich keine Ästhetik des Designs, ausgehend

110 Gabo, »Gestaltung?«, S. 5.

111 Karel Teige, »Der Konstruktivismus und die Liquidierung der ›Kunst‹«, in: Volker Fischer, Anne Hamilton (Hg.), *Theorien der Gestaltung. Grundlagentexte zum Design. Band 1*, Frankfurt/M.: Form 1999, S. 152-158, hier: S. 158.

112 Gabo, »Gestaltung?«, S. 3.

von solchen Eigenarten, formulieren lässt, da sie nur unzureichend mit dem praktischen Charakter von Designgegenständen zusammengedacht werden können. Ästhetisch sind Designgegenstände demgegenüber darin, dass *jeder gelungene Designgegenstand seine Funktion im Medium von Prozessen der Formgebung neu erfindet*. Ich möchte also festhalten, dass mit der Kritik am klassischen Funktionalismus noch nicht der designtheoretische Funktionalismus als solcher diskreditiert ist. Was ich hier in Grundzügen verteidige, ist ein *ästhetischer Funktionalismus* des Designs. Ästhetisch ist er im Sinne des eben Gesagten darin, dass er die einzelnen Gegenstände, die entsprechende Funktionen erfüllen, nicht für austauschbar hält. Formgebungen von Designgegenständen sind mit Blick auf die Funktionen, die diese Gegenstände erfüllen, nicht zu ignorieren: Wer sie so behandelt, verlässt die Ebene des Designs und damit die Ebene *konstitutiv verkörperter Funktionen*.

Ästhetisches Funktionieren und Gebrauch

Ein ästhetischer Funktionalismus ist aber natürlich weiterhin ein Funktionalismus. Gegenüber der in der Geschichte des Funktionalismus dominanten explanatorischen Orientierung an der belebten Natur kann man Funktionen auch mit Zwecken paraphrasieren:[113] Die Funktion eines Designgegenstandes ist das, wozu er gut ist. Solche Zwecke hängen in komplexer Weise mit vielfältigen anderen Zwecken zusammen. Sie hängen im Bereich des Designs aber weder derart mit anderen Zwecken zusammen, wie das Herz in seiner Funktion hinsichtlich des Organismus bestimmt ist, in dem es sich befindet. Ebensowenig hängen sie derart mit anderen Zwecken zusammen, dass sie in einem evolutionsgeschichtlichen Sinne aufeinander folgen, wie es die ätiologische Theorie von Parsons und Carlson behauptet. Mereologisch ließen sich zwar Äquivalenzen zu der Diskussion um die Funktion des Herzens etwa auch bei bestimmten Gegenständen des Industriedesigns finden. Diese sind aber weder natürlich entstanden, noch ist der Gegenstand, von dem sie ein Teil sind und mit Blick auf den sie eine bestimmte Funktion erfüllen, selbst ein funktionaler Gegenstand in einem biologischen Sinne. Der komplexe Zusammenhang praktischer Zwecke lässt sich

113 Vgl. in diesem Sinne auch Dorschel, *Gestaltung*, v. a. §18.

demgegenüber noch einmal unter Rückgriff auf Martin Heideggers Zeuganalyse genauer erläutern. Wie schon zitiert, schreibt Heidegger: »Ein Zeug ›ist‹ strenggenommen nie. Zum Sein von Zeug gehört je immer ein Zeugganzes, darin es dieses Zeug sein kann, das es ist. [...] Zeug ist seiner Zeughaftigkeit entsprechend immer aus der Zugehörigkeit zu anderem Zeug: Schreibzeug, Feder, Tinte, Papier, Unterlage, Tisch, Lampe, Möbel, Fenster, Türen, Zimmer.«[114] Er formuliert hier den Gedanken, dass das jeweilige Zeug nur das ist, was es ist, aufgrund seiner vielfältigen praktischen Relationen zu anderem Zeug. Jedes Zeug ist zu etwas gut – aber das ist es immer schon vor dem Hintergrund anderer Zeuge, die zu etwas anderem gut sind. Das Verhältnis dieser Zeuge zueinander ist nicht atomistisch zu erläutern: Man kann nicht einzelne Zeuge in ihren Zwecken isoliert erläutern, sondern muss sie aus einer Ganzheit heraus erläutern, die sich in und durch ihr Zusammentreten aufspannt, ohne auf die empirische Gesamtheit der Zeuge reduzierbar zu sein. Entsprechend zeigen sich Designgegenstände als solche, die jeweils bestimmten Zwecken dienen, und diese Zwecke wiederum derart, dass sie auf eine Gesamtheit von Zwecken bezogen sind. Fallen bestimmte Gegenstände aus dieser Gesamtheit heraus oder werden sie durch andere Gegenstände ersetzt, so ändert sich im Sinne dieses holistischen Gedankens auch der Sinn anderer Gegenstände. Entsprechende Zwecke sind hier immer praktische Zwecke: Zeug ist nur dort eigentlich Zeug, wo wir praktisch mit ihm umgehen. Designtheoretisch gewendet, kann man sagen, dass Designgegenstände Zwecke in einer Praxis erfüllen und diese Praxis im Lichte der vielfältigen relationalen Zwecke holistisch konstituiert ist. Wenn es richtig ist, dass Designgegenstände Funktionen niemals »nackt« erfüllen, sondern Funktionen in jeweils spezifischer Weise formen, bzw. dass Designgegenstände immer irreduzibel geformte Funktionen sind, so muss man hinsichtlich des Verhältnisses von Designgegenstand und Praxis Folgendes festhalten: Designgegenstand und Praxis sind nicht allein derart interdependent, dass solche Gegenstände auf eine Praxis bezogen sind. *Vielmehr sind sie derart interdependent, dass sich Gebrauch und Gegenstand wechselseitig bestimmen.* Die Praxis bestimmt den Designgegenstand ebenso wie der Designgegenstand der Praxis allererst eine spezifische Kontur

114 Heidegger, *Sein und Zeit*, S. 68.

verleiht. Das Sitzen ist eine Praxis des Umgangs mit bestimmten Arten von Möbeln, die es schon vor dem neuen Designerstuhl gab. Aber dieser bestimmt neu und weiter, was Sitzen hier überhaupt heißt. Schließlich macht es einen Unterschied, ob ich auf einem klapprigen Sperrmüllstuhl sitze, auf einem Stuhl von Le Corbusier oder auf einem Stuhl von Frank Gehry. Selbst wenn ich nicht kontemplativ für solche Unterschiede aufmerksam bin, so kann ich gar nicht anders, als durch den Gebrauch entsprechender Möbelstücke zugleich mehr und weiteres auszudrücken, als dass ich sie nur zum Sitzen gebrauche. Nicht zuletzt sitze ich wohl auch verschieden auf ihnen. Noch mein Habitus des Sitzens ist von entsprechenden Unterschieden bestimmt.

Interne und externe Funktionen

Zu sagen, dass ein Stuhl dazu da ist, auf ihm zu sitzen, muss natürlich selbst genauer erläutert werden. Die Redeweise, dass Designgegenstände bestimmte Funktionen erfüllen, darf nicht so verstanden werden, dass sie diese Funktion in jedem Moment erfüllen müssen. Stühle als Designgegenstände sind auch dann zum Sitzen da, wenn gerade niemand auf ihnen sitzt. Sie sinken nicht zu bloßen Gegenständen ohne Funktionen herab, wenn sie gerade nicht gebraucht werden – sie werden nicht auf einmal wertvolle Ready-mades. Und wenn ich einen Stuhl dazu gebrauche, auf ihm Wäsche aufzuhängen, oder dazu gebrauche, einen Einbrecher bewusstlos zu schlagen, so wird der Stuhl als Stuhl dadurch nicht auf einmal ein Wäscheständer oder eine Waffe. Ich gebrauche in diesem Fall vielmehr einen Stuhl als Wäscheständer bzw. als Waffe. Dass man auf ihnen sitzen kann, ist etwas, was Stühle üblicherweise zu den Gegenständen macht, die sie sind. Man muss mit Blick auf Funktionen von Gegenständen zwischen solchen Funktionen unterscheiden, die konstitutiv sind für entsprechende Gegenstände, und solchen Funktionen, die sie auch noch zusätzlich erfüllen. Man muss kurz gesagt zwischen *internen* und *externen* Funktionen unterscheiden.[115]

115 Vgl. dazu ausführlicher auch Feige, *Kunst als Selbstverständigung*, Kapitel 2. Rafael De Clercq hat einen vergleichbaren Unterschied im Blick, wenn er zwischen primären und sekundären Funktionen unterscheidet. Vgl. Rafael De Clercq, »The Aesthetic Peculiarity of Multifunctional Artefacts«, in: *British*

Interne Funktionen eines Gegenstandes sind solche Funktionen, die ihn zu dem Gegenstand machen, der er ist. Externe Funktionen sind hingegen solche, zu denen der Gegenstand auch noch gebraucht werden kann. Im Geiste der schon aufgeführten Beispiele: Wenn ich einen Stuhl als Leiter benutze, um ein Buch aus einem Bücherregal herunterzuholen, so wird er dadurch nicht zur Leiter; er bleibt ein Stuhl, den ich zweckentfremdet benutze. Wie allerdings ein Stuhl von mehreren Metern Größe wohl kaum zum Sitzen geeignet ist – es könnte sich dabei um eine begeh- und bekletterbare Stuhl-Skulptur im öffentlichen Raum handeln –, so kann man auch nicht jeden Stuhl als Leiter benutzen. Interne wie externe Funktionen von Gegenständen hängen von ihren Eigenschaften ab; man kann trivialerweise nicht alles zu allem gebrauchen. Wenn ich einen Einbrecher mit einem Stuhl bewusstlos schlage, dann muss der Stuhl – genauso wie der Einbrecher – bestimmte Eigenschaften haben, damit das passieren konnte. Aber noch einmal: Ein Stuhl ist dennoch nicht eine besondere Art von Waffe und darüber hinaus noch dazu da, auf ihm zu sitzen. Neben der Unterscheidung zwischen internen und externen Funktionen muss man hinsichtlich der externen Funktionen noch eine weitere Differenzierung vornehmen: Externe Funktionen können vom jeweiligen Gegenstand *abhängig* sein oder vom jeweiligen Gegenstand *unabhängig* sein. Wenn ich zum Beispiel ein bestimmtes Möbelstück primär deshalb in meiner Wohnung habe oder ein bestimmtes Kleidungsstück primär deshalb trage, um mit ihnen meinen Reichtum auszudrücken, kann ich wohl keine Ikea-Möbel in meine Wohnung stellen und Bekleidung vom Discounter tragen. Um meinen Reichtum auszudrücken, müssen entsprechende Möbelstücke und Kleidungsstücke Eigenschaften aufweisen, die das ermöglichen. Bei der Funktion, Reichtum auszudrücken, handelt es sich in den meisten Fällen um eine externe Funktion von Kleidungsstücken. Aber es handelt sich, anders als in dem Fall, in dem ich einen Einbrecher mit einem Stuhl bewusstlos schlage, um eine externe Funktion, die dennoch in bestimmter Weise *abhängig* ist von dem Gegenstand. Der Gegenstand ist nicht vollkommen

Journal of Aesthetics 45 (2005), S. 412-425. Eine entsprechende Unterscheidung hat auch Ruth Millikan plausiblerweise für evolutionäre Funktionen in einem biologischen Sinne behauptet. Vgl. Ruth Millikan, »In Defense of Proper Functions«, in: *Philosophy of Science* 56 (1989), S. 288-302.

austauschbar. Mehr besagt Abhängigkeit hier nicht: In bestimmter Weise sind solche Gegenstände mit Blick auf die externen Funktionen, die sie erfüllen, nicht gänzlich austauschbar. Extern sind aber auch solche Funktionen, weil man, um die entsprechenden Gegenstände als die, die sie sind, zu verstehen, nicht auf diese Funktionen verweisen muss. Das Beispiel mit dem Möbel- und dem Kleidungsstück zeigt zugleich an, dass ich Gegenstände in einem bestimmten Moment oder einer bestimmten Zeitspanne nicht notwendigerweise immer nur aus einem einzigen Grund im Sinne des Zwecks, den dieser Gegenstand in meiner Praxis dann erfüllt, gebrauchen kann. Man kann deshalb von einem »Plurifunktionalismus« zumindest hinsichtlich des Gebrauchs dieser Gegenstände sprechen.[116] Mit der Unterscheidung zwischen internen und externen Funktionen verpflichtet man sich also nicht auf die These, dass Gegenstände immer nur eine Funktion zur selben Zeit erfüllen würden. Lese ich ein Buch, um mich zu bilden und um mich zu vergnügen, so mache ich nicht erst das eine und dann das andere; beides erfüllt das Lesen des Buchs zugleich.

Diese Überlegungen zur Ästhetik argumentieren dafür, dass Designgegenstände, anders als Kunstwerke, keinen Bruch mit unserer alltäglichen Praxis darstellen. Anders als Kunstwerke, sind sie nicht eigensinnige Gegenstände, deren Zweck darin besteht, dass sich die Subjekte in ihrem Lichte in ihren wesentlichen Orientierungen selbst thematisieren. Mag die Ausbildung von Designern bzw. Designerinnen an Kunsthochschulen auch oft ununterscheidbar sein von der Ausbildung von Künstlern, so erfüllt das Entwerfen und Gestalten von Designgegenständen doch eine andere Funktion als das Erschaffen von Kunstwerken: Es erfüllt die Funktion, praktische Funktionen zu erfüllen, wohingegen das Erschaffen von Kunstwerken die Funktion erfüllt, eigensinnige Formgebungen hervorzubringen. Diese Überlegungen zur Ästhetik des Designs bestreiten nicht, dass sich manifeste ästhetische Eigenschaften von Designgegenständen gewinnbringend analysieren lassen – etwa ihr Aussehen, ihre taktile Dimension, ihr Sound usf.[117] Sie bestreiten

116 Roman Jakobson, *Poetik. Ausgewählte Aufsätze 1921-1971*, Frankfurt/M.: Suhrkamp 1979, S. 8.

117 Auch nicht-manifeste Eigenschaften ließen sich hier in den Blick nehmen. So ist etwa das Urteil, dass etwas mit etwas anderem zusammenpasst, mit Blick auf Designgegenstände oft kein Urteil, das sich auf manifeste Eigenschaften

allerdings durchaus, dass das die Ebene ist, auf der eine Ästhetik des Designs ansetzen muss. Die grundsätzliche ästhetische Ebene des Designs besteht in der irreduziblen Geformtheit der Funktionen von Designgegenständen.

Die Form von Designgegenständen ist, anders als Sullivan behauptet, kein passives Antworten auf funktionale Anforderungen der entsprechenden Gegenstände. Das heißt zugleich, dass auch die Herstellung von Designgegenständen nicht mechanisch aus funktionalen Anforderungen abgeleitet werden kann. Es bedarf also Überlegungen zu der Frage, wie das Handeln von Designer*innen zu beschreiben ist. Das ist das Thema des folgenden fünften Kapitels.

solcher Gegenstände bezieht. Es handelt sich hier vielmehr um eine gleichermaßen funktionale wie ästhetische Beschreibung. Vgl. dazu auch Parsons/Carlson, *Functional Beauty* und Stephen Davies, »Aesthetic Judgements, Artworks and Functional Beauty«, in: *The Philosophical Quarterly* 56 (2006), S. 224-241.

Kapitel 5
Handlungstheorie des Designs

Design wurde im Durchgang durch die ersten vier Kapitel als praktisch-ästhetische Form der Welterschließung bestimmt. Praktisch ist Design darin, dass es anders als die Kunst unserem alltäglichen Umgang mit der Welt Kontur gibt. Damit verleiht es letztlich unserer Welt als einer menschlichen Welt selbst Kontur. Ästhetisch ist es darin, dass die Funktionen, die Designgegenstände erfüllen, irreduzibel an Formgebungen gebunden sind. Anders als Kunstwerke, sind Designgegenstände damit nicht notwendigerweise und sogar überhaupt nicht vornehmlich etwas, dem wir in unserer Praxis kontemplativ gegenübertreten: Eine Ästhetik des Designs ist immer auch eine Ästhetik des Funktionierens und Gebrauchens. Aus der These, dass ein ästhetischer Gebrauch von Designgegenständen eben nicht notwendigerweise oder vornehmlich kontemplativ ist, folgt aber noch nichts hinsichtlich der Frage, wie Designgegenstände in die Welt kommen. Bislang war die Redeweise von Prozessen der Formgebung tendenziell noch eine Leerstelle. Natürlich sind Produktion und Gebrauch nicht so zu erläutern, dass Produzieren nicht immer schon in der einen oder anderen Weise auf Gebrauchen bezogen wäre. Das Gebrauchen von Designgegenständen ist üblicherweise ein Gebrauchen von etwas, das zum Gebrauch bestimmt ist. Aber wie hinsichtlich aller ästhetischer Artefakte muss der Sinn der Produktion nicht unbedingt derselbe wie derjenige der Rezeption bzw. des Gebrauchs sein. Mehr noch: er kann es sogar niemals sein. Was Nutzer*innen tun, ist wohl nur in ganz seltenen und exotischen Kontexten mit dem vergleichbar, was Designer*innen in der Produktion des zu gebrauchenden Gegenstandes tun. Wie aber ist der Prozess des Entwerfens und Gestaltens von Designgegenständen aus handlungstheoretischer Perspektive zu erläutern? Wenn die Überlegungen des letzten Kapitels richtig waren, so handelt es sich bei einem solchen Handeln immer auch um ein ästhetisches Handeln. Ein solches Handeln ist niemals eines, das sich anhand routinierter, quasi-mechanischer Abläufe beschreiben ließe. Die Gestaltung von Designgegenständen muss vielmehr als eine je singulär geleistete Neuaushandlung auch der

Zwecke, wozu diese Gegenstände da sind, erläutert werden. Das Entwerfen und Gestalten von Designgegenständen darf also nicht so erläutert werden, dass man vorher im Sinne der Anwendung einer gegenstandsunabhängigen Regel schon das Ergebnis des Prozesses des Entwerfens und Gestaltens kennen könnte. Anders gesagt: Der Prozess des Entwerfens und Gestaltens lässt sich nicht abkürzen, lässt sich nicht im Sinne einer abstrakten Metaregel in seiner Eigenlogik neutralisieren. Das Gestalten und Entwerfen von Designgegenständen ist vielmehr der Name einer Praxis, im Rahmen deren sich in und durch den Prozess die entsprechende Idee der Gestaltung allererst klärt.

Man könnte daraus den Schluss ziehen, dass das Handeln von Designern und Designerinnen einer internen Logik folgt, die restlos entkoppelt ist von der Logik alltäglichen Handelns. Der zentrale Gedanke dieses fünften Kapitels lautet allerdings genau umgekehrt. Gestalten und Entwerfen sind Formen des Handelns, in denen Momente dessen, was es *überhaupt* heißt, zu handeln, explizit werden.[1] Im Lichte der ästhetischen Praxis des Entwerfens und Gestaltens von Designgegenständen gewinnen wir somit einen neuen Blick auf unser Handeln insgesamt. Dieser Gedanke soll in zwei Teilen entwickelt werden. Der erste Teil des Kapitels skizziert einige Grundlagen jüngerer Debatten der philosophischen Handlungstheorie. Der zweite Teil stellt daraufhin Überlegungen zu einer Handlungstheorie des Designs vor. Ausgehend von diesem zweiten Teil, sollen zugleich die im ersten Teil entwickelten philosophischen Grundlagen erneut befragt werden. Damit ist das vorliegende Kapitel auch ein Beitrag zu den Diskussionen der Designforschung, die sich mit der besonderen Form des Wissens beschäftigen, das – so die Auskunft – in Designpraktiken verkörpert sei.[2] Anders als der Mainstream der Designforschung behauptet, argumentiert das vorliegende Kapitel gleichwohl für die bereits genannte These, dass in der Praxis des Gestaltens und Entwerfens

1 Ich habe eine Vorstufe der folgenden Überlegungen entwickelt mit Daniel M. Feige, »Die Form künstlerischen Handelns. Eine Analyse aus dem Geiste ästhetischen Gelingens«, in: Daniel M. Feige, Judith Siegmund (Hg.), *Kunst und Handlung. Ästhetische und handlungstheoretische Perspektiven*, Bielefeld: Transcript 2015, S. 173-191.

2 Vgl. als einschlägige Darstellung Claudia Mareis, *Design als Wissenskultur. Interferenzen zwischen Design- und Wissensdiskursen seit 1960*, Bielefeld: Transcript 2009.

von Designgegenständen ein Aspekt dessen explizit wird, was Handeln überhaupt ist.

5.1 Das Innere ist das Äußere

Ein scheinbar unschuldiger Anfang in der Handlungstheorie besteht darin, Handlungen von bloßen Körperbewegungen zu unterscheiden. Bloße Körperbewegungen selbst können wiederum hinsichtlich der Frage unterschieden werden, ob ihre Ursache eine innere oder äußere Ursache ist. Aber sowohl in dem Fall, in dem ich von einem Gegenstand, der mich mit Wucht trifft, umgestoßen werde, als auch in dem Fall, in dem ich aufgrund eines nervösen Ticks oder einer Nervenschädigung ununterbrochen mit den Augenlidern zucke, würden wir nicht von Handlungen sprechen.[3] Denn Handlungen sind Ausdruck unseres Willens und damit unserer Vernunft, wohingegen die genannten Arten von Körperbewegungen Ausdruck nicht willentlicher Prozesse sind. Diese Unterscheidung zwischen Handlungserklärungen einerseits und Kausalerklärungen andererseits hat gleichwohl die lange Zeit als Standardtheorie geltende Handlungstheorie von Donald Davidson fragwürdig werden lassen. Davidson schreibt gleich zu Beginn seines epochemachenden Aufsatzes von 1963: »In diesem Artikel möchte ich die antike – dem Common sense verpflichtete – Position verteidigen, dass die Rationalisierung eine Spielart der kausalen Erklärung ist.«[4] Aus den unendlich vielen möglichen Gründen, die eine Handlung verständlich machen könnten, rekurriert eine Handlungserklärung auf den Grund, der tatsächlich zum Eintreten der Handlung geführt hat. Handlungserklärungen rationalisieren damit Ereignisse derart, dass sie sie, ausgehend von den Überzeugungen und Wünschen einer Person, verständlich machen. Natürlich stellen ganz verschiedene Handlungsbeschreibungen eine Rationalisierung dar: Ich habe Sport getrieben, weil es mich

3 Schon diesen basalen Unterschied verschleift Bruno Latour in seiner problematischen Reformulierung unserer handlungstheoretischen Intuitionen. Vgl. Bruno Latour, *Eine neue Soziologie für eine neue Gesellschaft*, Frankfurt/M.: Suhrkamp 2007, S. 76-108.

4 Donald Davidson, »Handlungen, Gründe und Ursachen«, in: ders., *Handlung und Ereignis*, Frankfurt/M.: Suhrkamp 1985, S. 19-42, hier: S. 19.

munter macht; ich habe Sport getrieben, weil es meiner Gesundheit zuträglich ist; ich habe Sport getrieben, weil meine Frau mich dazu ermutigt hat usf. Der entscheidende Punkt von Davidson lautet, dass es einen primären Grund gibt, der eine Handlung erklärt – und dass dieser Grund zugleich die Ursache der Handlung ist. Auf diese Weise wird es möglich, Handlungserklärungen als Sonderfall der Kausalerklärung zu behandeln: Das »weil« in dem Satz, »die Billardkugel bewegt sich, weil eine andere Billardkugel sie angestoßen hat«, ist in seiner explanatorischen Rolle identisch mit dem »weil« in dem Satz, »ich habe etwas gegessen, weil ich hungrig war«.

Versteht Davidson Handlungserklärungen als Sonderfall von Kausalerklärungen, so begreift er sie dennoch nicht in der Weise als Sonderfall, dass sich Handlungserklärungen auf Kausalerklärungen explanatorisch reduzieren lassen würden.[5] Er versteht Handlungserklärungen vielmehr so, dass sie ein Moment dessen erklären, was unsere praktische Rationalität ausmacht. Handlungen sind Ausdruck unserer Vernunft, im Handeln ist unsere Vernunft praktisch. Ein Verweis etwa auf Prozesse, die sich während einer Handlung in unserem Gehirn abspielen, kann nicht allein deshalb keine Erklärung unserer Handlung sein, weil wir offensichtlich in dieser Erklärung schon den Begriff der Handlung und die Einheit einer Handlung voraussetzen müssen, um zu ihr eine neurophysiologische Beschreibung zu finden. Vielmehr kann eine neurophysiologische Beschreibung deshalb keine Handlungserklärung sein, weil sie Handlungen nicht länger als Ausdruck unserer Vernunft begreift, sondern sie als Ereignisse wie beliebige nicht-geistige Ereignisse in der Welt kausal erklärt.

Wilfrid Sellars hat festgehalten, dass einen Zustand oder eine Episode als epistemisch zu begreifen heißt, sie im Rahmen einer anderen explanatorischen Ordnung zu situieren als einer, die auf Naturgesetze Bezug nimmt: »Der springende Punkt liegt darin, daß wir keine empirische Beschreibung dieser Episode oder dieses Zustandes liefern, wenn wir eine Episode oder einen Zustand als ein Wissen bezeichnen. Wir stellen sie vielmehr in den logischen Raum der Gründe, der Rechtfertigung und der Fähigkeit zur

5 Vgl. vor allem Donald Davidson, »Geistige Ereignisse«, in: ders., *Handlung und Ereignis*, Frankfurt/M.: Suhrkamp 1985, S. 291-317.

Rechtfertigung des Gesagten.«[6] Dieser Satz steht im Kontext von Sellars' berühmter Abrechnung mit dem sogenannten Mythos des Gegebenen,[7] der besagt, dass es ein nicht-epistemisches Fundament unseres Wissens gibt, das eine rechtfertigende Rolle für dieses Wissen spielen kann, ohne selbst in der Ordnung der Rechtfertigung zu stehen. Der Kandidat zu Sellars' Zeiten für ein solches Fundament sind Sinnesdaten.[8] Sellars destruiert diesen Mythos überzeugend durch den Hinweis darauf, dass ein solches Wissen selbst wiederum in logischen Relationen im Sinne inferentieller Beziehungen zu weiterem Wissen stehen muss, um überhaupt etwas mit Wissen zu tun haben zu können. Entsprechend kann ein solches Wissen nicht länger ein Fundament sein, auf dem alles andere Wissen aufruhen würde. Oder aber es wäre, wenn es tatsächlich außerhalb entsprechender inferentieller Relationen stünde, schlichtweg gar nicht länger Wissen. Noch die Wahrnehmung von etwas als etwas ist somit im logischen Raum der Gründe situiert. Wenn Sellars sagt, dass wir hier etwas in einen entsprechenden »Raum« »stellen«, so ist diese Redeweise nicht derart zu verstehen, dass wir ein gegebenes Ereignis haben, das wir dann noch so oder so beschreiben können. Sein Gedanke lautet vielmehr, wenn man ihn handlungstheoretisch reformuliert: Etwas ist nur insofern eine Handlung, als es in Reichweite einer *normativen* Thematisierung derart steht, dass wir nach den *Gründen*, aus denen es eingetreten ist, fragen können. Und nach Gründen zu fragen heißt immer schon, nach etwas zu fragen, das in Reichweite einer kritischen Thematisierung ist. Können wir

6 Wilfrid Sellars, *Der Empirismus und die Philosophie des Geistes*, Paderborn: Mentis 1999, S. 66. Im Original lautet die Passage wie folgt: »The essential point is that in characterizing an episode or a state of that of knowing, we are not giving an empirical description of that episode or state; we are placing it in the logical space of reason, of justifying and being able to justify what one says.« Wilfrid Sellars, *Empiricism and the Philosophy of Mind*, Cambridge/Mass., London: Harvard University Press 1997, S. 76.

7 Sellars hat sein eigenes Projekt so verstanden, dass es sich auf Hegels *Phänomenologie des Geistes* berufen kann; vgl. ebd., S. 45. Hegels Analyse der sinnlichen Gewissheit, auf die sich Sellars hier implizit bezieht, kann aber nicht als Kronzeuge seiner Argumentation dienen, da für Hegel bekanntermaßen ein angemessener Begriff begrifflicher Praxis erst am Ende der *Phänomenologie des Geistes* erreicht ist – und letztlich erst mit der *Wissenschaft der Logik* entwickelt wird.

8 Einschlägig ist hier vor allem Rudolf Carnap, *Der logische Aufbau der Welt*, Hamburg: Meiner 1961.

einem Stein, der uns auf den Kopf fällt, nichts vorwerfen, so können wir demjenigen, der ihn auf uns geworfen hat, diese Handlung natürlich vorwerfen. Gründe sind anders als Ursachen kritisierbar. Entsprechend müssen wir nach Sellars einen solchen Raum der Gründe von einem Reich der Gesetze unterscheiden; beide meinen unterschiedliche Arten und Weisen, was es heißt, dass uns etwas verständlich wird.

Ausgehend von dieser Unterscheidung, ist aber letztlich der scheinbar harmlose Ausgangspunkt, mit dem ich begonnen habe, zu problematisieren.[9] Problematisch an der Frage, was bloße Körperbewegungen von Handlungen unterscheidet, ist, dass sie suggeriert, man hätte ein empirisches Ereignis vor sich, das dann in einem zweiten Schritt noch als Ausdruck unserer Vernunft erläutert würde oder eben nicht. Anders gesagt: Problematisch ist, dass Handlungen hier – und sei es explanatorisch – als *additives* Modell vorgestellt werden: Körperbewegung plus X.[10] Denn damit etwas eine Handlung ist, kommt nicht zu einer bloßen Körperbewegung noch ein weiteres Element dazu. Kandidaten wie Wünschen und Wollen sind keine zusätzlichen Elemente, die zu einer bloßen Körperbewegung noch von außen hinzutreten würden. Die Situation ist verzeichnet, würden wir das Verstehen von Handlungen so beschreiben, dass wir zunächst vor uns eine bloße Körperbewegung haben, die wir dann entweder noch als Ausdruck von etwas Weiterem, nämlich eines Wollens, deuten oder eben nicht. Auch wenn Handlungen in bestimmtem Sinne nichts anderes sind als Körperbewegungen, so sind es derart vernünftige Körperbewegungen, dass sie eine andere *Form* aufweisen als bloß natürliche

9 Die meisten jüngeren Beiträge zur Handlungstheorie haben sich von dem in diesem Ausgangspunkt vorausgesetzten nicht-disjunktiven Verständnis von Handlungen verabschiedet. Vgl. dazu auch die Beiträge in Jens Kertscher, Jan Müller (Hg.), *Lebensform und Praxisform*, Münster: Mentis 2015 sowie eine Reihe der Beiträge in Christoph Horn, Guido Löhrer (Hg.), *Gründe und Zwecke. Texte zur aktuellen Handlungstheorie*, Berlin: Suhrkamp 2010. Fabian Börchers hat, ausgehend von entsprechenden Debatten, einen Vorschlag gemacht, wie in diesem Setting die Einheit theoretischer und praktischer Vernunft gedacht werden kann: Fabian Börchers, *Handeln. Zum Formunterschied von theoretischer und praktischer Vernunftausübung*, Münster: Mentis 2013.

10 Danto irrt, wenn er meint, eine solche additive Auffassung von Handlungen Wittgenstein zuschreiben zu können. Vgl. Danto, *Die Verklärung des Gewöhnlichen*, Kapitel 1.

Vorkommnisse in einem erstnatürlichen Sinne.[11] Die Frage, was eine bloße Körperbewegung von einer solchen unterscheidet, die identisch mit einer Handlung ist, verpflichtet sich auf die eine oder andere Weise auf das, was John McDowell die *Highest-Common-Factor*-Theorie genannt und zu Recht kritisiert hat:[12] Dass es etwas gibt, was sich – ganz wie im Fall der veridischen Wahrnehmung im Kontrast zur Täuschung –[13] als gemeinsame Basis dessen, was Handlungen sind und was bloße Körperbewegungen sind, durchhält und zu dem dann im Fall der Handlung noch ein zusätzliches Element hinzukommt. Eine solche Auffassung ist problematisch. Handlungen unterscheiden sich nämlich kategorial von Körperbewegungen, die eine Erklärung nur unter Rückgriff auf die Begriffe des Reichs der Gesetze haben: Die *Form* von Körperbewegungen ist eine ganz andere, je nachdem ob sie Ausdruck unserer Vernunft sind oder ob es sich um unwillkürliche Körperbewegungen handelt. Es handelt sich hier um ganz verschiedene Dinge, die letztlich nichts Relevantes teilen. Oder noch einmal im Sinne von McDowells disjunktivistischer Agenda: Das, was sie teilen, stellt keine gemeinsame *Basis* für beide dar. Es ist vielmehr selbst vor dem Hintergrund ihrer jeweiligen Unterschiedenheit – Körperbewegung oder Handlung – zu deuten.

Handlungen sind als Ausdruck unserer Vernunft immer auch Ausdruck der Intentionen der Handelnden. Das Verhältnis von Intentionen zu Handlungen – wenn es sich hier denn überhaupt um ein Verhältnis handelt – ist allerdings nicht einfach zu bestimmen. Man könnte der Auffassung sein, dass solche Intentionen etwas sind, was gewissermaßen schon fertig vor dem Handeln als Plan in unserem Kopf existiert und dann im Handeln bloß noch ausgeführt wird. Ein solches Bild widerspricht weder dem Gedanken, dass die Welt uns Widerstand gegen eine solche Ausführung entgegenbringen kann – wenn etwa ein Ereignis dafür sorgt, dass ich von der Umsetzung meiner Intention absehe. Ebenso wenig widerspricht

11 Vgl. dazu das Kapitel zur Anthropologie in diesem Buch.

12 Vgl. dazu John McDowell, »Criteria, Defeasibility, and Knowledge«, in: ders., *Meaning, Knowledge, and Reality*, Cambridge/Mass., London: Harvard University Press 1998, S. 369-394.

13 Eine entsprechende Überlegung, gegen die sich McDowells Disjunktivismus wendet, hat Alfred J. Ayer entwickelt. Vgl. Alfred J. Ayer, *The Foundations of Empirical Knowledge*, London: MacMillan 1955, Kapitel 1.

dieses Bild dem Gedanken, dass es verschiedene Intentionen geben kann, die sich in die Quere kommen können. Das – um es so zu nennen – »Blueprint«-Modell des Verhältnisses von Intentionen zu Handlungen lässt Raum für Willensschwäche. Eine solch dualistische wie instrumentalistische Auffassung des Verhältnisses von Intention und Handlung ist aber von analogen Einwänden betroffen, wie es die im ersten Kapitel diskutierte Auffassung war, dass Sprache ein Medium für das Ausdrücken von sprachunabhängigen Gedanken sei. Das dualistische wie instrumentalistische Verständnis des Verhältnisses von Handlung und Intention gilt es erstens hinsichtlich des vorausgesetzten Subjektivismus bezüglich der Intentionen, zweitens hinsichtlich der behaupteten temporalen Vorgängigkeit der Intention vor der Handlung und drittens schließlich hinsichtlich der investierten These, dass der Sinn einer Handlung mit ihrem Abschluss ebenfalls abgeschlossen ist, zu kritisieren.[14]

Hinsichtlich des ersten Kritikpunkts, dem vorausgesetzten Subjektivismus, hat Ludwig Wittgenstein in den *Philosophischen Untersuchungen* mit Blick auf die Frage, was es heißt, etwas absichtlich zu tun, Folgendes festgehalten: »Die Absicht ist eingebettet in der Situation, den menschlichen Gepflogenheiten und Institutionen. Gäbe es nicht die Technik des Schachspiels, so könnte ich nicht beabsichtigen, eine Schachpartie zu spielen.«[15] Was Wittgenstein hier geltend macht, ist eine Zurückweisung eines mentalistischen, subjektivistischen Bildes dessen, was Intentionen sind. Intentionen sind nicht im Kopf und damit etwas Subjektives und letztlich immer Unzugängliches, sondern sie sind vielmehr etwas prinzipiell Öffentliches. Natürlich gibt es den Fall, dass mich jemand bewusst über seine Intentionen täuscht. Aber dieser Fall bestätigt nur, dass Intentionen prinzipiell etwas Öffentliches und Geteiltes sind. Und natürlich gibt es auch den Fall, dass man keine Ahnung hat, warum jemand das tut, was er tut. Es wäre aber falsch, anzunehmen,

14 Zu den derzeit vieldiskutiertesten Positionen, um entsprechende Probleme zu vermeiden, gehört Anscombes klassische Arbeit *Absicht*. Vgl. G. E. M. Anscombe, *Absicht*, Berlin: Suhrkamp 2010. In bestimmten Hinsichten sind die folgenden und letztlich an Hegel orientierten Überlegungen kompatibel mit Anscombes Position – allerdings nicht in der Hinsicht, dass sie wie ihre Nachfolger der Auffassung ist, dass man die Form des Handelns gänzlich ohne Rückgriff auf Inhalte des Handelns erläutern könnte.

15 Wittgenstein, *Philosophische Untersuchungen*, § 337.

dass wir es in letzterem Fall noch mit einer handelnden Person zu tun hätten, wenn aus dem, was die Person hier tut, unter keiner Beschreibung Sinn zu machen ist. Eine Handlung, die unter keiner Beschreibung verständlich gemacht werden kann, *ist* keine Handlung. Der Gedanke von Intentionen, die nur dem Handelnden selbst verständlich sind, zersetzt die Begriffe Intention und Handlung: Er wäre jemand, den wir nicht länger als Handelnden verstehen könnten.

Auch hinsichtlich des zweiten Kritikpunkts, dass die skizzierte Auffassung von einer temporalen Vorgängigkeit der Intention vor der Handlung ausgeht, lässt sich ein Fingerzeig von Wittgenstein entnehmen. Er schreibt: »Was geschieht, wenn wir uns bemühen – etwa beim Schreiben eines Briefes – den richtigen Ausdruck für unsere Gedanken zu finden? – Diese Redeweise vergleicht den Vorgang dem einer Übersetzung, oder Beschreibung: Die Gedanken sind da (etwa schon vorher) und wir suchen nur noch nach ihrem Ausdruck. […] Wenn man nun fragte ›hast du den Gedanken, ehe du den Ausdruck hattest?‹ – was müßte man da antworten?«[16] Die Antwort auf diese Frage muss natürlich lauten, dass man darauf gar nichts antworten kann, weil die Frage insgesamt sinnlos ist: Sie fragt nach etwas, was es in dieser Form nicht gibt. Genauso ist die Rolle von Intentionen im Handeln zu beschreiben. Es ist nicht so, dass die Intention schon vor der Handlung fertig bestimmt wäre. Zwar sind Handlungen Ausdruck von Intentionen. Aber diese liegen nicht hinter oder jenseits der Handlung; die Handlung ist nicht medial zu verstehen mit Blick auf die Intention, die sie ausdrückt, sondern vielmehr transparent. Handlungen sind keine Ausführung fertig gegebener Intentionen, sondern sind vielmehr dahingehend direkter Ausdruck von Intentionen, dass sie nichts anderes sind als das, was in der Handlung vollzogen wird. Vor der Handlung sind sie noch nicht fertig bestimmt; eine impotente Intention ist keine Intention. Das, was die Intention ist, zeigt sich erst in und durch die Handlung; das Innere ist hier immer das Äußere.[17] Natürlich kann im Handeln sehr vieles auf ganz unterschiedliche Weise schiefgehen. Aber das hat eben nichts damit zu

16 Ebd., § 335.

17 Vgl. zu einer Diskussion dieser Frage neben den handlungstheoretischen Arbeiten John McDowells und Anscombes auch David H. Finkelstein, *Expression and the Inner*, Cambridge/Mass., London: Harvard University Press 2008.

tun, dass in solchen Handlungen, in denen etwas schiefgeht, eine Intention aufgrund des Widerstands der Welt sich nicht vollkommen in ihr hat realisieren können. Was in Handlungen schiefgeht, sind nicht allein und überhaupt nicht vornehmlich Aspekte, die auf externe Faktoren zurückzuführen sind. Denn erst in und durch das Handeln wird meine Intention herausgearbeitet und zugleich bestimmt. Es gibt hier nicht zwei Dinge, sondern vielmehr nur eines; es liegt hier nicht etwas hinter oder vor etwas anderem, sondern etwas drückt etwas direkt aus und indem es dieses ausdrückt, zeigt sich erst sein Sinn.

Aber der Sinn einer Handlung – und damit komme ich zum dritten Kritikpunkt – ist nicht in dem Moment abgeschlossen, in dem die Handlung abgeschlossen ist. Wie ist diese These zu verstehen, wenn es so ist, dass Intentionen sich in Handlungen sozusagen erschöpfen? Widerspricht sie nicht dem vorher Gesagten? Das ist dann nicht der Fall, wenn man die beiden eben diskutierten Punkte zusammenbringt. Zwar ist die Handlung hinsichtlich ihrer intentionalen Seite mit dem Abschluss der Handlung zugleich abschließend bestimmt, aber das heißt nicht, dass der *Sinn* der Handlung selbst auch schon abschließend bestimmt wäre. Der Sinn einer Handlung ergibt sich eben nicht allein aus dem, was der Handelnde intendierte. Vielmehr kann sich im Lichte späteren Wissens und neuer Kontexte zeigen, dass der Handelnde etwas anderes getan hat, als er intendierte. Hegel hat hierzu wichtige Überlegungen angestellt. In Paragraph 118 seiner *Rechtsphilosophie* hält er hinsichtlich des Kontrasts unserer modernen Lebensform zur Lebensform der griechischen Antike fest, dass »[d]as heroische Selbstbewußtsein (wie in den Tragödien der Alten, Ödipus usf.) [...] aus seiner Gediegenheit noch nicht zur Reflexion des Unterschieds von Tat und Handlung, der äußerlichen Begebenheit und dem Vorsatze und Wissen der Umstände, sowie zur Zersplitterung der Folgen fortgegangen [ist; vielmehr] übernimmt [es] die Schuld im ganzen Umfange der Tat«.[18] Im Ödipus-Mythos erschlägt Ödipus bekanntermaßen seinen Vater und heiratet seine Mutter. Er hat das zwar getan, aber er wusste nicht, dass derjenige, den er er-

18 Georg W. F. Hegel, *Grundlinien der Philosophie des Rechts oder Naturrecht und Staatswissenschaft im Grundrisse*, Frankfurt/M.: Suhrkamp 1986, S. 219. Vgl. zu Hegels Handlungstheorie auch die klassische Studie von Michael Quante: *Hegels Begriff der Handlung*, Stuttgart-Bad Canstatt: Frommann-Holzboog 1993.

schlug, sein Vater war und diejenige, die er heiratete, seine Mutter. Hegel artikuliert in dem zitierten Satz den Gedanken, dass in der Antike die Handlung, verstanden als Verkörperung von Intentionen, und die Tat, verstanden als Gesamtheit der Konsequenzen, die sich aus einer Handlung ergeben, noch nicht geschieden sind. In den homerischen Epen werden den Handelnden zugleich alle Konsequenzen ihrer Handlungen zugerechnet. Ödipus ist für etwas verantwortlich, für das er im Sinne dessen, wie wir uns heute als Handelnde verstehen, gar nicht verantwortlich gemacht werden kann. Wie Hegel festhält: »Ich bin aber nur, was in Beziehung auf meine Freiheit ist, und die Tat ist nur Schuld meines Willens, insofern ich darum weiß. Ödipus, der seinen Vater erschlagen, ohne es zu wissen, ist nicht als Vatermörder anzuklagen.«[19] Gleichwohl ist es für Hegel ein verkürztes Verständnis der modernen Lebensform, wenn man meinen würde, dem Handelnden sei nur das zuzurechnen, was er intendiert hat. Wie nicht zuletzt die Praxis der Rechtsprechung zeigt, können in unterschiedlicher Weise auch die Folgen einer Handlung dem Handelnden angelastet werden: »Der Grundsatz: bei den Handlungen die Konsequenzen verachten, und der andere: die Handlungen aus den Folgen beurteilen und sie zum Maßstabe dessen, was recht und gut sei, zu machen – ist beides gleich abstrakter Verstand. Die Folgen, als die eigene immanente Gestaltung der Handlung, manifestieren nur deren Natur und sind nichts anderes als sie selbst; die Handlung kann sie daher nicht verleugnen und verachten. Aber umgekehrt ist unter ihnen ebenso das äußerlich Eingreifende und zufällig Hinzukommende begriffen, was die Natur der Handlung selbst nichts angeht.«[20] Was wir in der modernen Lebensform gleichwohl im Kontrast zur Lebensform der griechischen Antike immer in Rechnung stellen müssen, ist eine entsprechende *Unterscheidung* von Handlung und Tat. Kurz gesagt: Der Sinn einer Handlung geht über das hinaus, was der Handelnde intendiert hat. Das gilt auch dann, wenn wir ihm nicht alle Konsequenzen, die sich aus seiner Handlung ergeben, anlasten dürfen. Retroaktiv im Sinne des Setzens der eigenen Voraussetzungen zeigt sich der Sinn von Handlungen als das, was jemand getan hat. Es zeigt sich so der Sinn von Handlungen – aber nicht die Intention

19 Hegel, *Grundlinien der Philosophie des Rechts oder Naturrecht und Staatswissenschaft im Grundrisse*, S. 217.

20 Ebd., S. 218.

der Handelnden. Zwar wird sie, indem sie in der und durch die Handlung ausgedrückt wird, während des Prozesses des Handelns durchaus auch retroaktiv bestimmt. Aber nach dem Abschluss der Handlung hat sie sich erschöpft. Dass jemand lernen kann, was er, ausgehend von dem, wie sich die Dinge entwickelt haben, getan hat, ist nicht dasselbe wie zu sagen, dass jemand gelernt hat, was seine Intention in Wahrheit war. Die erste Redeweise ist verständlich, die zweite ist es eher nicht.[21]

Ich möchte diese Überlegungen im Folgenden nun für die Frage des Entwurfs und der Gestaltung von Designgegenständen fruchtbar machen. Die Quintessenz dieser Überlegungen lautet: Designgegenstände sind Ausdruck der Intention ihrer Produzenten. Solche Intentionen werden aber erstens erst in und durch den Prozess des Entwerfens und Gestaltens herausgearbeitet. Zweitens ist der Sinn der Produkte mit dem Abschluss des Prozesses der Produktion nicht selbst schon gleichermaßen produziert. Eine entsprechende Auffassung der *Offenheit* des Sinns von Handlungen, die gemäß der hier vorgestellten Überlegungen für Handlungen als Handlungen konstitutiv ist, kommt im ästhetischen Handeln und damit auch im Entwerfen und Gestalten von Designgegenständen meines Erachtens explizit zum Vorschein.

5.2 Zur Logik des Entwerfens und Gestaltens

Wie ist das Entwerfen und Gestalten als Form des Handelns zu beschreiben?[22] Gibt es etwas, was die verschiedenen Handlungen und Teile von Handlungen hier begrifflich zusammenhält? Of-

21 Vgl. in diesem Sinne John McDowells berechtigte Kritik an Robert Pippins Lesart: John McDowell, »Hegels Handlungsbegriff im ›Vernunft‹-Kapitel der Phänomenologie – eine Lesart«, in: ders., *Die Welt im Blick. Aufsätze zu Kant, Hegel und Sellars*, Berlin: Suhrkamp 2015, S. 234-260. Robert Pippin, *Hegels Practical Philosophy. Rational Agency as Ethical Life*, Cambridge: Cambridge University Press 2008, Kapitel 6.

22 Ich benutze hier beide Begriffe immer in der Weise zusammen, dass Gestalten den wesentlich verkörperten Zug des Entwerfens von Designgegenständen im Sinne des Gebrauchs bestimmter Medien und Techniken hervorhebt. Entwerfen hingegen akzentuiert die Dimension, dass das Ergebnis des Handelns im Design üblicherweise nicht konkrete Einzelgegenstände sind, sondern eher ein Blueprint zur Erstellung solcher Gegenstände.

fensichtlich machen Designer*innen recht verschiedene Dinge, je nachdem, in welchem Feld und an welchen Gegenständen sie arbeiten. So kennen sich Graphikdesigner*innen mit Druckverfahren wie dem Siebdruck und dem Offsetdruck aus, während die meisten Industriedesigner*innen heute mit dem 3D-Drucker arbeiten und mit den Techniken des Rapid Prototyping vertraut sind. Entsprechende Techniken sind keine bloßen Hilfsmittel der Praxis von Designern und Designerinnen. Vielmehr erhält diese Praxis einen je anderen Sinn, je nachdem, auf welche Techniken oder Medien sie bezogen ist. Techniken und Medien sind genauso integrale Bestandteile wie Farbe und Pinsel in herkömmlicher Malerei und Musikinstrumente und Partituren in der Kunstmusik. Aber so wie Pinsel und Farbe nicht länger den Begriff der Malerei definieren und Musikinstrumente und Partituren nicht länger den der Musik, definieren heute nicht länger nur Druckverfahren das Graphikdesign, sondern vielfältige Medien und Techniken. Dabei kann natürlich der Gebrauch bestimmter Techniken und Medien oder auch besonderer Verfahren zur Handschrift bestimmter Designer*innen gehören. So zeichnen sich die Arbeiten des Schweizer Graphikdesigners Dafi Kühne etwa dadurch aus, dass sie vermeintlich anachronistische Drucktechniken benutzen. Die Arbeiten gewinnen dadurch einen ästhetisch distinkten Charakter, so dass sie in einem Kontext, in dem entsprechende Drucktechniken eigentlich nur noch historisch relevant sind, durchaus frisch und anders wirken. Aber auch dann, wenn die Entwürfe von Designern und Designerinnen in ihrer finalen Fassung zumeist schon auf bestimmte Techniken und Medien bezogen sind,[23] ist es der Prozess des Entwerfens selbst nicht notwendigerweise. Mehr noch: Medien und Techniken zeigen sich im Prozess des Entwerfens als dynamisch und je nach Gebrauch wandlungsfähig. Das Signum des Entwerfens und Gestaltens besteht in einer entsprechenden Prozessualität. Zudem ist nicht allein das Entwerfen solcher Designgegenstände prozessual, die am Ende selbst in irgendeiner Weise prozessuale Gegenstände sind – etwa Gegenstände des interaction design. Vielmehr ist auch ein solches Entwerfen prozessual, das nachher Gegenstände hervorbringt, die nicht prozessual sind. Selbst der Gebrauch von

23 Das gilt natürlich nicht so sehr für Designklassen an Kunsthochschulen, die vorwiegend den Charakter von Übungen und Einübungen in die Praxis des Gestaltens und Entwerfens haben.

Computeralgorithmen und der Gebrauch mechanischer Verfahren sind auf der Ebene des Entwerfens und des Gebrauchens prozessual zu erläutern. Denn dass solche Techniken und Verfahren gebraucht werden, ist ja selbst nicht wiederum das Produkt eines Mechanismus oder eines Algorithmus![24] Im Anschluss an die handlungstheoretischen Überlegungen aus dem ersten Teil des Kapitels kann man mit Blick auf die prozessuale Logik des Gestaltens und Entwerfens sagen: Das Innere ist auch hier das Äußere, da sich erst in und durch den Vollzug klärt, was der Sinn der Gestaltens und des Entwerfens gewesen sein wird. Das ist nicht so gemeint, dass die faktische Produktion eines Entwurfs des Industriedesigns in einer Fabrik an dem Gegenstand selbst notwendig noch etwas aufklärt. Zumeist handelt es sich hier um technische und mechanische Fragen und nicht um etwas, was dem Sinn des Entwurfs noch etwas hinzufügen würde. Es ist vielmehr so gemeint, dass die Fertigstellung des Entwurfs selber prozessual ist; dass das, was nachher als Ergebnis der Praxis des Entwerfens und Gestaltens tatsächlich in die Produktion von Gegenständen mündet, auf prozessualem Wege zustande gekommen ist. Das heißt, dass es auf einem Wege zustande gekommen ist, der offen und dynamisch, aber zugleich nicht beliebig ist. Dass Designgegenstände derart in die Welt kommen, ist eine wesentliche Dimension ihrer ästhetischen Seinsweise unter Gesichtspunkten nicht der Funktion oder des Gebrauchs, sondern der Produktion.

Ich möchte vorschlagen, den prozessualen Charakter des Entwerfens und Gestaltens als eine Form des Handelns, deren Ergebnis erst in und durch den Vollzug bestimmt wird, anhand des Paradigmas der Improvisation zu verstehen. *Entwerfen und Gestalten können nach dem Vorbild einer improvisatorischen Logik begriffen werden.* Damit behaupte ich nicht, dass Gestalten und Entwerfen als solche eine Unterklasse der Improvisation wären – auch wenn es natürlich explizite improvisatorische Verfahren im Bereich des

24 Ich schließe damit keineswegs aus, dass es auch Computeralgorithmen gibt, die selbst nicht mehr in dieser Weise algorithmisch sind, dass jedem Input ein bestimmter Output zugeordnet ist – man denke etwa an lernfähige Programme, bei denen durch Feedbackschleifen Informationen in das Programm selbst eingehen und es entsprechend modifizieren. Entsprechende Verfahren werden im Kontext der sogenannten neuronalen Netze erprobt.

Designs gibt, wie etwa in den Arbeiten Annika Fryes.[25] Vor allem behaupte ich damit nicht, dass technische und mediale Aspekte keine Rolle spielen würden. Aber wer das behauptete, würde sich auch auf ein karikaturhaftes Verständnis von Improvisation festlegen – ein Verständnis, dass sich in pejorativen Verwendungsweisen des Wortes ausdrückt, wie derjenigen, dass man sagt, etwas sei »bloß« improvisiert. Demgegenüber verstehe ich unter Improvisation als ästhetischer Praxis eine positive Fähigkeit, im Rahmen deren in und durch den Vollzug sinnvolle Artikulationen zustande kommen, deren Konturen wie deren Sinn nicht schon vor dem Vollzug feststanden. Kurz gesagt: Auch die Improvisation gewinnt ihre Spezifik nicht zuletzt durch die Medien und Materialien und die Traditionen, mit denen und vor deren Hintergrund sie eine Improvisation ist.[26] Improvisation verstehe ich damit in folgendem Sinne als Paradigma des Entwerfens und Gestaltens: Entwerfen und Gestalten weisen auch dann, wenn wir sie nicht im engeren Sinne und nicht durchweg improvisatorische Prozesse nennen würden, zentrale Eigenarten von Improvisationen auf.

Mindestens drei dieser Eigenarten sind in interdependenter Weise für Improvisationen charakteristisch. Sie können meines Erachtens unumwunden für ein Verständnis des Entwerfens und Gestaltens fruchtbar gemacht werden. Ersten kennt die Improvisation kein Skript; sie ist nicht die Ausführung einer vorgängig gegebenen Blaupause.[27] Vielmehr entwickelt sie, wenn sie gelingt, in und durch den Vollzug selbst sinnvolle ästhetische Formen. Improvisationen sind, kurz gesagt, *prozessual.* Zweitens ist die Improvisation von einer retroaktiven Zeitlichkeit bestimmt. Wie im Kapitel zur Geschichtlichkeit herausgearbeitet, heißt das: Jede meiner späteren Handlungen bestimmt neu und weiter, was der Sinn meiner vorangehenden Handlungen war. Erst am Ende einer Improvisation kann man sagen, ob sie sinnvoll gewesen ist, weil mit jedem wei-

25 Vgl. zur Rolle manifester Improvisationen im Design auch ihre theoretische Arbeit: Annika Frye, *Design und Improvisation. Produkte, Prozesse und Methoden*, Bielefeld: Transcript 2017.

26 Vgl. dazu ausführlich im Folgenden auch Daniel M. Feige, *Philosophie des Jazz*, Berlin: Suhrkamp 2014, Kapitel 3 und Kapitel 4.

27 Vgl. auch Lee B. Brown, »Feeling my Way. Jazz Improvisation and its Vicissitudes – A Plea for Imperfection«, in: *The Journal of Aesthetics and Art Criticism* 2 (2000), S. 113-123, hier: Teil II.

teren Zug der Improvisation diese als Ganze zur Disposition steht. Im Lichte späterer Improvisationen wird dabei natürlich auch der Sinn vorangehender Improvisationen neuverhandelt. Letztlich bleibt immer offen, wie es um den Sinn einer Improvisation steht bzw. ihr Sinn steht niemals abschließend fest. Improvisationen sind kurz gesagt *dynamisch*. Wenn Improvisationen kein Skript kennen und ihre Zeitlichkeit retroaktiv bestimmt ist, so folgt daraus drittens, dass sie zugleich die Kriterien ihres Gelingens in und durch den Vollzug mitaushandeln. Man kann eine Improvisation nur an dem messen, was sie tatsächlich tut. Improvisationen sind kurz gesagt *autopoetisch* darin,[28] dass sie nicht allein ihre Elemente hervorbringen, sondern zugleich auch die Kriterien, anhand deren diese hervorgebrachten Elemente im Lichte ihrer relationalen Konstitution zu beurteilen sind.[29]

Diese Eigenarten charakterisieren auch den Prozess des Entwerfens und Gestaltens. Entwerfen und Gestalten als Neu- und Weiterbestimmung der Funktion im Medium von Formgebungen weisen einen entsprechenden prozessualen, dynamischen und autopoetischen Charakter auf. Prozessual ist Entwerfen und Gestalten deshalb, weil es keine vorgängig gegebenen Regeln abspult, sondern sich auch dann, wenn es Regeln integriert, entsprechende Regeln selbst gibt. Dynamisch ist Entwerfen und Gestalten deshalb, weil erst im und durch den Prozess selbst, und das heißt immer auch in der und durch die Arbeit mit bestimmten Medien und Materialien, die Designidee geklärt und dabei zugleich bestimmt wird. Autopoetisch schließlich ist Entwerfen und Gestalten dahingehend, dass es sich nicht einfach gegenüber früherem Entwerfen und Gestalten imitierend verhalten kann. Ein Designerstuhl, der letztlich kaum von früheren Designerstühlen unterscheidbar ist, ist sicherlich kein ästhetisch relevanter Designerstuhl und damit zugleich ein funktional weniger überzeugender Gegenstand, wenn im Design Funktionalität immer auch ästhetisch ist. Letztere These ist zumindest dann überzeugend, wenn man dem im letzten Kapitel entwickelten Gedanken zustimmt, dass Designgegenstände insge-

28 Vgl. dazu auch Alessandro Bertinetto, »Reflexive Prozesse bei der Jazzimprovisation«, in: Georg W. Bertram u. a. (Hg.), *Die Sinnlichkeit der Künste. Beiträge zur ästhetischen Reflexivität*, Zürich, Berlin: Diaphanes 2017, S. 115-130.

29 Man könnte mit Kant auch sagen: Improvisatorische Praktiken sind solche, die sich selbst ihre Regeln geben. Vgl. Kant, *Kritik der Urteilskraft*, S. 241 ff.

samt eine ästhetische Form der Welterschließung sind, die durch die Erarbeitungen von Funktionen im Medium der Form zustande kommt. Der Prozess des Entwerfens und Gestaltens ist somit falsch beschrieben, wenn man ihn als Ausfaltung von etwas begreift, was vor dem Handeln im Geiste des Designers oder der Designerin schon fertig bestimmt gewesen wäre. Erst im und durch den Prozess des Handelns selbst *klärt* sich die Designidee und erhält ihren spezifischen Sinn wie zugleich ihre spezifische Verkörperung, die entsprechend dem Gehalt der Idee nicht äußerlich ist. Der Prozess des Entwerfens und Gestaltens ist kein unkörperlicher Prozess in einem Reich reiner geistiger Ideen. Ästhetisch ist Design nicht zuletzt darin, dass die Erarbeitung der Funktion durch Formgebungsprozesse in der Erarbeitung bestimmter Medien, Materialien und Techniken zustande kommt.[30] Design ist in seiner Handlungslogik grundsätzlich improvisatorisch bestimmt, da sich eben die Designidee erst im und durch den Prozess des Handelns klärt bzw. letztlich identisch mit diesem ist. Unter mereologischer Perspektive sind die einzelnen Teile einer solchen Handlung grundsätzlich retroaktiv bestimmt. Eine solche Logik gilt für das Entwerfen und Gestalten funktionaler Gegenstände genauso, wie gerade auch für die im Designstudium unglaublich wichtigen Formen freien Gestaltens, in denen und durch die Designer*innen sich ästhetische wie problemlösende Fähigkeiten im Sinne eines praktischen Wissens aneignen. Wie schon festgehalten: Ein entsprechendes praktisches Wissen spielt in der *technischen* Herstellung in einer Fabrik, in der aus Entwürfen massenhaft Gegenstände produziert werden, selbst keine Rolle mehr. Deshalb handelt es sich bei der technischen Herstellung auch nicht um eine eigenständige ästhetische Leistung. Wenn etwas in der Fabrik schiefläuft, so kritisieren wir es – ganz analog zu dem Fall, in dem die Filmrolle bei einer Filmvorführung reißt – nicht unter ästhetischen, sondern unter mechanischen und technischen Gesichtspunkten.[31] Der Prozess des Entwerfens und Gestaltens bringt entsprechend Formen ästhetischen Gelingens in

30 Vgl. dazu ausführlicher auch die Beiträge in Thomas H. Schmitz u.a. (Hg.), *Manifestationen im Entwurf. Design – Architektur – Ingenieurwesen*, Bielefeld: Transcript 2016.

31 Vgl. in diesem Sinne auch Noël Carroll, »Auf dem Weg zu einer Ontologie des bewegten Bildes«, in: Dimitri Liebsch (Hg.), *Philosophie des Films: Grundlagentexte*, Paderborn: Mentis 2005, S. 155-176.

die Welt, die nicht ableitbar sind aus schon bestehenden Formen. Anders als in der Kunst handelt es sich hier aber um Formen, die zugleich Erarbeitungen von Funktionen sind.

Es ist durchaus verständlich, zu sagen, dass Design im Wesentlichen in so etwas wie dem Entwickeln neuer Ideen besteht. Aber dieses Entwickeln ist nicht nach dem Vorbild eines auswendigen wie algorithmischen Problemlösens zu verstehen. Noch einmal: Die Idee muss als etwas verstanden werden, was nur *im und durch* den Prozess zu haben ist. Die Disanalogie zur Improvisation in den Künsten liegt hier natürlich auf der Hand: Stellen improvisierte Künste den Prozess selbst als Produkt aus, so ist das im Design nur in besonderen Fällen so – wenn etwa ein Graphikdesigner bzw. eine Graphikdesignerin alle Vorstufen eines Plakats selbst mereologisch als Elemente des finalen Plakats behandelt, so dass das Plakat nicht bloß ein Plakat ist, sondern ein Plakat, das über sein eigenes Werden ist. Der fertige Entwurf steht anders als in solchen eher exotischen Beispielen am Ende zumeist für sich. Aus ihm lässt sich üblicherweise keine Auskunft über die Sackgassen von Vorstufen und über den dialektischen Weg, den dieser Entwurf genommen hat, entnehmen. Aber auch wenn der Prozess im Design im Regelfall nicht Teil des Produkts ist: Der Prozess selbst kann durchaus nach dem Vorbild der Improvisation verstanden werden.

Sind die hier vorgestellten Überlegungen überzeugend, so sind Entwerfen und Gestalten nicht etwa besondere und dabei exotische Formen des Handelns. Denn sie so zu sehen wäre nur dann angemessen, wenn die Regeln sonstigen Handelns nach dem Vorbild von Regeln verstanden würden, die schon vor der Handlung den Sinn derselben determinierten. Dann wären Entwerfen und Gestalten zugleich Handlungen, wie sie – gemessen an dem, was sonstige Handlungen wären – zugleich keine Handlungen mehr wären. Ich möchte demgegenüber vorschlagen, zu sagen, dass ästhetisches Handeln eines ist, *dass der Form nach Aspekte dessen, was Handeln überhaupt kennzeichnet, explizit macht.*[32] Im Entwerfen und Gestalten von Designgegenständen wie in anderer Weise auch im Erschaffen von Kunstwerken gerät Handeln weder an seine Grenze, noch liegen hier exotische Formen des Handelns vor. Vielmehr ist im Entwerfen und Gestalten wie im Erschaffen von Kunstwerken

32 Diese These habe ich insgesamt mit Feige, *Philosophie des Jazz*, genauer entwickelt.

das Handeln als Handeln ganz bei sich. Wenn ich sage, dass ästhetisches Handeln in Design und Kunst Handeln als solches der Form nach explizit macht, so ist diese These natürlich nicht derart zu verstehen, dass ein solches Handeln oder dessen Produkte immer und notwendigerweise *über* unser Handeln wären. Das wäre eine wenig einleuchtende These: Designer*innen und Künstler*innen denken zwar viel im Prozess des Hervorbringens von Designgegenständen bzw. Kunstwerken nach, aber ihr besonderes Handeln ist nicht immer oder zumeist eine Reflexion des Handelns schlechthin. Die These, dass im Gestalten und Entwerfen der Form nach explizit wird, was Handeln überhaupt ist, ist vielmehr wie folgt zu verstehen: In diesem Handeln tritt die im ersten Teil dieses Kapitels herausgearbeitete Offenheit und Dynamik menschlichen Handelns selbst ins Offene. Menschliches Handeln ist immer ein solches, bei dem der Sinn unserer Handlungen niemals abschließend bestimmt ist. Und im ästhetischen Handeln liegt eine Praxis des Handelns vor, in der diese Offenheit des Sinns explizit wird. Auch wenn im Entwerfen und Gestalten, anders als in der Improvisation, der Prozess selbst im Regelfall nicht Teil des Produkts wird, ist die Praxis des Entwerfens und Gestaltens dennoch eine Praxis, die von einer improvisatorischen Logik bestimmt ist.

Zu den Funktionen, die in Prozessen der Formgebung gestaltet werden, gehören, zumindest dann wenn man nicht ausschließlich auf interne Funktionen von Designgegenständen schaut, symbolische Funktionen verschiedenster Art. Um eine systematische Rekonstruktion derselben wird es im folgenden sechsten Kapitel gehen.

Kapitel 6
Symboltheorie des Designs

In ihrer Publikation *Aesthetics of Design* schreibt Jane Forsey an prominenter Stelle Folgendes: »Die Aktivität hinter einem Werk des Designs mag kreativ und spontan sein, sie ist auf jeden Fall präzise, rational und häufig kollaborativ, aber sie kommuniziert grundsätzlich nichts.«[1] Weiter hält sie fest: »Designer sind nicht in gehaltvollen, emotional kommunikativen Praktiken engagiert.«[2] Diese Auskunft ist einigermaßen überraschend. Zwar ist es so, dass wir im Gebrauch von Designgegenständen, anders als in der Erfahrung von Kunstwerken, nichts über uns erfahren bzw. die Pointe von Designgegenständen nicht ist, dass wir etwas über uns erfahren. Aber das schließt natürlich nicht aus, dass Designgegenstände auch derart kommunikative Funktionen als interne oder externe Funktionen aufweisen können, dass sie uns etwas mitteilen oder wir schon dadurch etwas über uns mitteilen, dass wir diese und nicht jene Designgegenstände benutzen. Plakate sind üblicherweise dazu da, um Informationen im öffentlichen Raum zu verbreiten.[3] Damit weisen sie kommunikative Funktionen als konstitutive Funktionen auf. Und auch alltägliche Gegenstände des Industriedesigns wie Möbel haben eine kommunikative Seite. Nicht allein drücken sie selbst immer auch Verschiedenes aus. Vielmehr drücken diejenigen, die sie benutzen, schon dadurch etwas aus, dass sie eben diese Möbel benutzen. Es gibt hier keinen unschuldigen Gebrauch. Noch diejenigen, die sich mit minderwertigen Möbeln umgeben und denen jedes Möbelstück gleich gut ist, drücken dadurch etwas aus: dass es ihnen egal ist, womit sie sich umgeben – und viel-

1 Forsey, *Aesthetics of Design*, S. 68. Übersetzung D. M. F.

2 Ebd., S. 69. Übersetzung D. M. F.

3 Lyotard hält mit ebenso entschiedener wie überzeugender Schärfe fest, dass eine solche Kommunikation gerade nicht als monoton und vom jeweiligen graphischen Gegenstand, wenn er gelingt, unabhängig verstanden werden darf. Vgl. Jean-François Lyotard, »Das Paradox des Grafikers«, in: ders., *Postmoderne Moralitäten*, Wien: Passagen 1998, S. 37-48, hier: S. 41. Und Roland Barthes hat in ebenso prägnanter Weise die Codes und Botschaften analysiert, die die Alltagsgegenstände, mit denen wir umgeben sind, immer schon kommunizieren. Vgl. Roland Barthes, *Mythen des Alltags*, Berlin: Suhrkamp 2015.

leicht auch entgegen ihrem Willen: dass sie keinen Geschmack haben oder zumindest keine Sensibilität für solche Gegenstände mitbringen. Darüber hinaus können Designgegenstände der Vergangenheit offensichtlich für uns kommunikative Aspekte haben: Sie können für uns mnemotechnische Funktionen derart erfüllen, dass sie uns an unsere Vergangenheit erinnern.[4] Kaufen wir nur noch Gegenstände des ökologischen Designs, so kommunizieren wir damit zugleich unser ökologisches Bewusstsein. Und wenn wir unsere Wohnung nur noch mit Designgegenständen, deren hervorstechendstes Merkmal ihr Preis ist, vollstellen, so kommunizieren wir durch sie vornehmlich unseren Reichtum – und vielleicht auch, dass wir protzig sind, wenn das ausschließliche Kriterium der Preis wäre. Frei nach Paul Watzlawick kann man sagen: »Man kann nicht nicht kommunizieren.«[5] Jane Forsey übergeht mit ihrer These nicht allein dominante Bereiche des Designs wie das Kommunikationsdesign. Vielmehr ist ihre These schon hinsichtlich der Arten von Designgegenständen problematisch, die im Hintergrund ihrer Analyse stehen, nämlich Gegenstände des Industriedesigns.

Das vorliegende Kapitel gilt dabei einer besonderen Art kommunikativer Funktionen von Designgegenständen: Symbolfunktionen von Designgegenständen. Zwar drückt mein Besitz minderwertiger Designgegenstände meinen schlechten Geschmack oder meine fehlende Sensibilität aus – oder je nach Deutung auch meine Autonomie gegenüber der spätkapitalistischen Gesellschaft. Aber von den Designgegenständen selbst würden wir das wahrscheinlich nur unter besonderen Umständen sagen. Designgegenstände können Ausdruck eines schlechten Geschmacks sein, aber sie drücken schlechten Geschmack nicht deshalb auch selbst aus. Die Frage, was Designgegenstände als solche ausdrücken, ist die Frage, die im Rahmen dieses Kapitels diskutiert werden wird. Und sie als Gegenstände des Sinns derart zu behandeln, dass sie eben nicht allein funktionieren, sondern immer auch Verschiedenes ausdrücken,

4 Reinold Schmücker hat eine instruktive Typologie von Funktionen von Kunstwerken vorgeschlagen, die sich in Teilen auch für Designgegenstände fruchtbar machen ließe. Vgl. Reinold Schmücker, »Funktionen der Kunst«, in: Bernd Kleimann, Reinold Schmücker (Hg.), *Wozu Kunst? Die Frage nach ihrer Funktion*, Darmstadt: Wissenschaftliche Buchgesellschaft 2001, S. 13-33.

5 Paul Watzlawick u. a., *Menschliche Kommunikation. Formen, Störungen, Paradoxien*, Bern: Huber 2011, S. 60.

heißt gerade, sie als symbolische Gegenstände zu behandeln. Selbst Buchcover, auf denen Schrift gesetzt ist, drücken immer noch mehr aus als das, was auf ihnen zu lesen ist. Ein Buchcover wirklich zu »lesen« heißt, Entscheidungen der Formgebung zu entziffern und nicht bloß den Sinn der Worte zu verstehen, die darauf zu sehen sind. Auch wenn es Design *als* Design nur für sprachfähige Wesen gibt, so ist das Material des Designs selbst im Fall von Buchcovern nicht ausschließlich oder auch nur vornehmlich sprachlicher Natur. Typographie meint die Form der materialen Verkörperung von Buchstaben als eines Mediums sprachlichen Sinns und nicht diesen selbst.[6] Entsprechende symbolische Dimensionen von Designgegenständen erörtert das vorliegende Kapitel in zwei Schritten. Im ersten Teil wird unter Rückgriff vor allem auf Überlegungen Nelson Goodmans eine Reihe von Unterscheidungen entwickelt, die als analytische Kategorien zur Beschreibung symbolischer Dimensionen von Designgegenständen meines Erachtens fruchtbar sind. Aus dieser Analyse wird folgen, dass wider Erwarten Buchcover, Webseiten und Plakate klangliche Eigenschaften ausdrücken können, während mit Jingles und Acoustic Branding auch bildliche Eigenschaften ausgedrückt werden können. Der darauf folgenden Entgrenzung verschiedener Arten des Designs wird im zweiten Teil des Kapitels genauer nachgegangen. Der Grundgedanke lautet wie folgt: Hinsichtlich dessen, was sie auszudrücken in der Lage sind, sind Formen des Designs wie Industriedesign, Graphikdesign, Textildesign und Sounddesign immer schon gegeneinander geöffnet: Stühle können klangliche Eigenschaften ausdrücken, Plakate räumliche Eigenschaften. Allerdings folgt daraus gerade *nicht*, dass sie hinsichtlich dessen, wozu sie *da* sind, gegeneinander entgrenzt sind: Stühle sind zum Sitzen da, Plakate dazu da, um in öffentlichen Räumen den Blick der Passanten auf sich zu ziehen.

6 Vgl. jedoch Sybille Krämers Überlegungen zur irreduziblen Verkörperung des Erkenntnisgeschehens auch in den Wissenschaften: Sybille Krämer, *Figuration, Anschauung, Erkenntnis. Grundlinien einer Diagrammatologie*, Berlin: Suhrkamp 2016.

6.1 Denotation und Exemplifikation

In Auseinandersetzung mit dem klassischen Funktionalismus hat bereits der Offenbacher Ansatz zur Produktsprache nach Jochen Gros in den 1980er Jahren versucht, Symbolfunktionen von Designgegenständen angemessen zu berücksichtigen.[7] Designgegenstände haben nicht allein – so der Grundgedanke – praktische Funktionen im Sinne der Zwecke, zu denen sie da sind. Sie haben vielmehr auch produktsprachliche Funktionen. Die Theorie der Produktsprache unterteilt produktsprachliche Funktionen dabei in formalästhetische Funktionen einerseits und in Zeichenfunktionen andererseits. Sie knüpft damit insgesamt an die semiotische und symbolphilosophische Tradition an und versteht, anders als der klassische Funktionalismus, Designgegenstände immer auch als symbolische Gegenstände. Dass ich meine folgenden Überlegungen nicht auf dieser Grundlage aufbauen werde, ist einem schlichten Umstand geschuldet: Der Leitgedanke eines ästhetischen Funktionalismus, den dieses Buch insgesamt entwickelt, ist in entscheidenden Hinsichten *inkompatibel* mit dem Gedanken einer sauberen analytischen Trennung produktsprachlicher Funktionen. Wenn die bislang entwickelten Überlegungen überzeugend waren, können wir praktische Funktionen von ästhetischen Funktionen nicht trennen. Denn die praktischen Funktionen sind selbst ästhetisch darin, dass sie von einzelnen Designgegenständen in unvertretbarer Weise verkörpert werden. Anders gesagt: Der Offenbacher Ansatz zur Produktsprache ist einem problematischen Verständnis dessen verpflichtet, was er ästhetische Funktionen nennt. Er versteht ästhetische Funktionen dezidiert als *formal*ästhetische Funktionen. In diesem Geiste formuliert er einen Analysekatalog, der letztlich eine externe und monotone Klassifikation von Designgegenständen darstellt. Sind die bislang entwickelten Überlegungen überzeugend gewesen, so ist die Redeweise von formal*ästhetischen* Funktionen hier irreführend, weil die betreffenden Kategorien mit Ästhetik im hier entwickelten und verteidigten Sinne gar nichts zu tun haben.

Dessen ungeachtet, artikuliert der Offenbacher Ansatz zur Produktsprache die wichtige Einsicht, dass Designgegenstände immer auch symbolische Dimensionen aufweisen. Ich möchte diese The-

7 Vgl. dazu v. a. Bürdek, *Design*, S. 273 ff. Steffen, *Design als Produktsprache*.

se über Gegenstände des Industriedesigns hinaus auf *alle* Arten von Designgegenständen erweitern. Symbolische Dimensionen von Gegenständen werden in der philosophischen Symboltheorie diskutiert. Diese lässt sich als Korrektiv gegenüber Analysen im Gefolge des *linguistic turn* verstehen,[8] die unseren Weltbezug vornehmlich oder ausschließlich anhand sprachlicher Artikulationen verstanden haben: Der Grundgedanke der philosophischen Symboltheorie von Charles S. Peirce über Ernst Cassirer bis hin zu Susanne Langer und Nelson Goodman lautet erstens, dass im Lichte der Dominanz der Sprache anderen symbolischen Medien wie Bild und Musik lange Zeit zu wenig Aufmerksamkeit geschenkt worden ist. Zweitens lautet er, dass durch die Fokussierung auf die Sprache und damit auf Fragen einer Bedeutungstheorie der Blick auf das Funktionieren nicht-sprachlicher symbolischer Medien wie Bilder und Musik eher verstellt worden ist. Dabei sollte man diese Thesen nicht so verstehen, dass sie in Abrede stellen, dass Sprache eine kategorial andere Art der Welterschließung meint als Musik und Bild: Dass wir über Begriffe verfügen, ist *transzendental* dafür, überhaupt symbolische Medien zu unterscheiden und ihre Artikulationen zu erfahren. Ohne einen *Begriff* der Musik – sowie viele weitere Begriffe, die mit Musik verbunden sind – kann ich nicht Musik *als* Musik hören. Sprache ist nicht ein Medium unter anderen. Mehr noch: Sprache ist überhaupt kein Medium. Vielmehr ist sie ein wesentlicher Aspekt der *Form* der menschlichen Welterschließung. Deshalb ist sie auch etwas anderes als ein System aus Zeichen. Denn auch diese Redeweise rückt sie in eine zu große Distanz zu uns.[9] Sprache ist *transparent* mit Blick auf die Welt derart, dass sie die Art und Weise meint, wie Welt sich uns im Handeln und Denken zeigt: Als etwas in Formen begrifflicher Artikulation Erschlossenes und Erschließbares.[10] Diese Auszeichnungen der Sprache konterkarieren aber gar nicht die symbolphilosophische Einsicht, dass eine Analyse unseres Weltbezugs einseitig bleibt, die primär oder ausschließlich über sprachliche Artikulationen nach-

8 Als Plädoyer in diesem Sinne jüngst auch Christian Krüger, *Medien der Bedeutung. Wie die Welt einen Unterschied macht*, Ms. (Dissertation Freie Universität Berlin).

9 Vgl. in diesem Sinne auch Jasper Liptow, »Zur Rolle der Sprache in *Sein und Zeit*«, in: Barbara Merker (Hg.), *Verstehen nach Heidegger und Brandom*, Hamburg: Meiner 2008, S. 27-46.

10 Vgl. dazu noch einmal McDowell, *Mind and World*.

denkt. Schließlich sind Designgegenstände – selbst Buchcover, Plakate und Webseiten – nicht primär oder ausschließlich sprachliche Gegenstände. Über Designgegenstände hinsichtlich ihrer symbolischen Dimensionen nachzudenken heißt also, über Gegenstände nachzudenken, die auch dann nicht sprachliche Gegenstände sind, wenn Denken wesentlich etwas mit Sprache zu tun hat.

Hinsichtlich der Analyse symbolischer Eigenarten von Designgegenständen lässt sich ein Vokabular eines Philosophen fruchtbar machen, der meines Wissens in der Designtheorie bislang überhaupt nicht diskutiert worden ist:[11] das Vokabular, das Nelson Goodman in *Sprachen der Kunst* entwickelt hat.[12] Obzwar das Buch im Titel von Kunst handelt, lassen sich seine symbolphilosophischen Kategorien umstandslos auf Design übertragen, da es ihm in dem Buch um eine allgemeine Symboltheorie geht. Vor dem Hintergrund dieser allgemeinen symboltheoretischen Überlegungen, die vom Anspruch her durchaus in der Tradition von Cassirers Bestimmung des Menschen als eines »animal symbolicum« stehen,[13] schlägt er dann eine Klärung des Spezifischen der Kunst vor. Er definiert sie nicht in herkömmlicher Weise, sondern vielmehr im Rahmen einer Reihe disjunktiv notwendiger und konjunktiv hinreichender Symptome des Ästhetischen.[14] Für die Frage nach symbolischen Eigenarten

11 Im Offenbacher Ansatz zur Produktsprache wird Goodman noch nicht einmal erwähnt.

12 Vgl. Goodman, *Sprachen der Kunst*. Vgl. weitergehend zu Goodmans Symboltheorie auch den ersten Teil von Daniel M. Feige, »Bezugnahmen von Kunstwerken untereinander. Eine Antwort im Geiste Nelson Goodmans und Arthur C. Dantos«, in: Frédéric Döhl, Renate Wöhrer (Hg.), *Zitieren, Appropriieren, Sampeln. Referenzielle Verfahren in den Gegenwartskünsten*, Bielefeld: Transcript 2014, S. 23-41. Zudem Jakob Steinbrenner, *Kognitivismus in der Ästhetik*, Würzburg: Königshausen & Neumann 1996, Teil II. Jakob Steinbrenner hat außerdem einige Motive von Goodmans Philosophie für eine Explikation des Begriffs des Designs fruchtbar gemacht. Vgl. Jakob Steinbrenner, »Wann ist Design? Design zwischen Funktion und Kunst«, in: Julia-Constance Dissel (Hg.), *Design & Philosophie. Schnittstellen und Wahlverwandtschaften*, Bielefeld: Transcript 2016, S. 89-105.

13 Ernst Cassirer, *Versuch über den Menschen. Einführung in eine Philosophie der Kultur*, Hamburg: Meiner 2010, S. 51.

14 Vgl. Goodman, *Sprachen der Kunst*, S. 232 ff. In seinem späteren Text »Wann ist Kunst?« fügt Goodman noch ein fünftes Symptom hinzu: Die multiple und komplexe Bezugnahme. Vgl. Nelson Goodman, »Wann ist Kunst?«, in: ders., *Weisen der Welterzeugung*, Frankfurt/M.: Suhrkamp 2001, S. 76-91.

des Designs ist allerdings weniger seine Analyse von Symptomen des Ästhetischen von Relevanz, die im Kontext seiner allgemeinen Theorie der Notation steht. Vielmehr erweisen sich die von ihm in den ersten zwei Kapiteln vorgestellten Symbolfunktionen meines Erachtens als produktive Analysekategorien für Designgegenstände. Ich möchte sie in gebotener Kürze vorstellen und daraufhin ihre Tauglichkeit für eine Beschreibung symbolischer Dimensionen von Designgegenständen an einigen paradigmatischen Gegenständen erproben.

Goodman unterscheidet grundsätzlich zwischen zwei verschiedenen Arten von Symbolfunktionen: Repräsentation und Ausdruck. Ich beginne mit einigen Erläuterungen zur ersten Kategorie. Den Kern der überkommenen Kategorie der Repräsentation erläutert Goodman zunächst anhand des Begriffs der Denotation, um jeden Rekurs auf Ähnlichkeit aus der Definition herauszuhalten. Die Elimination der Ähnlichkeit begründet er wie folgt: »Tatsache ist, daß ein Bild, um einen Gegenstand repräsentieren zu können, ein Symbol für ihn sein, für ihn stehen, auf ihn Bezug nehmen muß; und kein Grad von Ähnlichkeit hinreicht, um die erforderliche Beziehung der Bezugnahme herzustellen. Ähnlichkeit ist für Bezugnahme auch nicht notwendig; fast alles kann für fast alles andere stehen. Ein Bild, das einen Gegenstand repräsentiert – ebenso wie eine Passage, die ihn beschreibt –, nimmt auf ihn Bezug und, genauer noch: denotiert ihn. Denotation ist der Kern der Repräsentation und unabhängig von Ähnlichkeit.«[15] Das hat zur Konsequenz, dass je nach Kontext alles für alles stehen kann; die Welt selbst stellt gewissermaßen keine Hindernisse in den Weg, irgendetwas als bezogen auf irgendetwas anderes zu behandeln. Was allerdings gilt für den Fall, dass sich ein Symbol auf etwas bezieht, was gar nicht existiert? Schließlich gibt es Unmengen von Darstellungen, die fiktive Menschen und Szenerien zeigen. Die Kunst ist bevölkert von fiktionalen Charakteren und Situationen, die auf nichts außerhalb des Bildrahmens Bezug nehmen. Die Konsequenz darf nicht lauten, dass damit allen Bildern, die sich auf nichts beziehen, derselbe Gehalt zugeschrieben würde – nämlich nichts. Sie darf deshalb nicht so lauten, da dann Einhorn-Bilder und Sherlock-Holmes-Bilder letztlich nicht länger sinnvoll auseinandergehalten

15 Goodman, *Sprachen der Kunst*, S. 17.

werden könnten. Goodman schlägt deshalb angesichts von Fällen der Null-Denotation Folgendes vor: »Ebenso wie die meisten Möbelstücke sich mühelos als Pulte, Stühle, Tische usw. sortieren lassen, so lassen sich auch die meisten Bilder als Bilder von X, von Y, von Z usw. sortieren, ohne dass auf etwas Repräsentiertes Bezug genommen wird.«[16] Goodmans Vorschlag lautet entsprechend, dass die Redeweise, man habe es mit einem Bild von einem Einhorn zu tun, irreführend ist: Wir haben es nicht mit einem Bild zu tun, das wie ein zweistelliges Prädikat in dem Sinne funktioniert, dass es ein X ist, das ein Y darstellt. Bei der Redeweise, es handele sich hier um ein Bild von einem Einhorn, führt uns die Sprache in die Irre. Denn Bilder mit Null-Denotation sind nicht nach dem Vorbild zweistelliger Prädikate zu denken. Vielmehr sind sie nach dem Vorbild einstelliger Prädikate zu erläutern: Es handelt sich um ein X-Bild im Sinne einer bestimmten Art von Bild. Goodman hält entsprechend fest: »Ein Bild muss einen Mann denotieren, um ihn repräsentieren zu können, aber es kann eine Mann-Repräsentation sein, ohne dass es etwas zu denotieren braucht.«[17] Bilder mit Null-Denotation sind also eine Frage der *Klassifikation* und nicht eine Frage der Denotation. Anhand ersterer und nicht anhand letzterer können wir sie unterscheiden. Von der Denotation und der Klassifikation muss schließlich als dritter Modus der Repräsentation die Repräsentation-als unterschieden werden. Ein Bild kann etwas als etwas in einem harmlosen Sinne repräsentieren: Einen Kaiser als Kind, indem es einfach ein Bild ist, das ein Kind zeigt, welches der Kaiser ist. Das wäre aber nicht ein Fall von Repräsentation-als, wie Goodman ihn bestimmt, sondern einfach ein Fall von Denotation. Unter Repräsentation-als versteht Goodman demgegenüber den Fall, dass ein X ein Y als ein Z derart zeigt, dass es sich nicht allein um Denotation, sondern auch um Klassifikation handelt. Ein paradigmatisches Beispiel Goodmans ist ein Bild, das Winston Churchill als Kind zeigt – aber nicht ein Bild von ihm als Kind, sondern ein Bild, das den Erwachsenen Churchill *als* Kind zeigt. Ein solches Bild könnte etwa eine Karikatur sein oder aber ein Kunstwerk, das sich mit der Infantilität der Macht beschäftigt. Um Denotation handelt es sich deshalb, weil ein solches Bild sich offensichtlich auf etwas bezieht. Um Klassifikation handelt es sich

16 Ebd., S. 31.
17 Ebd., S. 35.

hingegen deshalb, weil es nicht einfach ein Bild ist, dass sich auf etwas bezieht, sondern zugleich eine bestimmte Art von Bild ist: Es ist ein Bild von Churchill, das zugleich ein Kind-Bild ist. Natürlich wäre das auch der Fall, in dem Churchill als Kind im bloß denotativen Sinne gezeigt wird. Zu sagen, dass es sich hier um ein Kind-Bild handelt, wäre aber weniger aufschlussreich als in dem Fall, in dem es sich um eine entsprechende Karikatur oder ein entsprechendes Kunstwerk handelt. Jedenfalls muss man den Fall der Denotation vom Fall der Klassifikation unterscheiden und diese wiederum von dem Fall, in dem beides zugleich vorliegt. Goodman resümiert die gerade von mir vorgestellten Unterscheidungen wie folgt: »Ein Bild, das einen Mann repräsentiert, denotiert ihn; ein Bild, das einen fiktionalen Mann repräsentiert, ist ein Mann-Bild; und ein Bild, das einen Mann als Mann repräsentiert, ist ein Mann-Bild, das ihn denotiert. Während es also im ersten Fall nur darum geht, was das Bild denotiert, und im zweiten nur darum, welche Art von Bild es ist, geht es im dritten sowohl um Denotation als auch um Klassifikation.«[18]

Es sollte offenkundig sein, dass die entwickelte Kategorie der Darstellung einerseits erhellend für die Beschreibung bestimmter Arten von Designgegenständen ist. So gibt es Unmengen von Plakaten, die etwas denotieren, die in bestimmter Weise zu klassifizieren sind oder beides zusammen im Sinne der Repräsentation-als. Das gilt vor allem für den Bereich der Werbung: Wenn man sich etwa beliebige Plakate von Coca-Cola anschaut, so sind es häufig Plakate, die die auf ihnen abgebildeten Personen denotieren. Zur Weihnachtszeit sind das häufig auch Plakate, die als Weihnachtsmann-Bilder klassifiziert werden müssen. Und natürlich lassen sich auch einige Gegenstände des Textildesigns hinsichtlich ihrer Darstellungen analysieren; man denke etwa an bedruckte Bekleidung, die Konterfeie berühmter Persönlichkeiten zeigen. Ebenso offenkundig sollte aber auch sein, dass die entwickelte Kategorie der Repräsentation mit Blick auf die symbolischen Dimensionen von Designgegenständen sehr schnell an ihre Grenzen stößt. Was Gegenstände des Textildesigns sind, kann man sich wohl kaum unter Rekurs auf Pullover mit Che Guevara in Form eines Drucks des ikonischen Bildes von Alberto Korda verständlich machen. Die

18 Ebd., S. 37.

meisten Stoffe haben überhaupt keine darstellerischen Qualitäten. Dasselbe gilt für Plakate: Selbst darstellende Plakate sind als Gegenstände des Graphikdesigns keineswegs primär auf der Ebene ihres Darstellens verständlich zu machen. Und was sollte ein Esstisch von Bulthaup oder eine Lampe von Wilhelm Wagenfeld darstellen? Die Kategorie der Repräsentation stößt mit Blick auf die Analyse symbolischer Dimensionen von Designgegenständen – und nicht nur von Designgegenständen – schnell an ihre Grenzen. Goodman stellt ihr deshalb die selbst wiederum vertraute Kategorie des Ausdrucks gegenüber. Und auch ihr gibt er, wie schon mit Blick auf die Kategorie der Repräsentation, eine neue und ungewöhnliche Deutung: Er erläutert sie in Begriffen der Exemplifikation und der metaphorischen Exemplifikation.

Meint der Begriff der Repräsentation, dass etwas sich auf etwas bezieht bzw. dass etwas klassifiziert wird, so meint Exemplifikation, dass etwas eine Eigenschaft besitzt und als Symbol zugleich auf diese Eigenschaft Bezug nimmt. Besitz selbst ist offensichtlich noch keine symbolische Relation. Etwas besitzt halt die Eigenschaften, die es besitzt, und damit hat es sich. Eine symbolische Relation wird Besitz dann, wenn Eigenschaften des Gegenstandes sozusagen in den symbolischen Verkehr geraten: Wenn es nicht länger um bloßen Besitz geht, sondern vielmehr zugleich auch um eine Bezugnahme auf diesen Besitz im Sinne einer Symbolisation. Ein Gegenstand der als Symbol auf eine oder einige Eigenschaften Bezug nimmt ist dabei gewissermaßen eine »Probe« dieser Eigenschaft bzw. Eigenschaften. Goodman hat Exemplifikation deshalb auch wiederholt anhand des Beispiels des Stoffmusters im Musterbuch eines Schneiders veranschaulicht:[19] Hat ein Stück Stoff auch unendlich viele Eigenschaften – Größe, Gewicht, relationale Eigenschaften wie die Geschichte seiner Herstellung, aber auch seine Position im Raum –, so nimmt es als Symbol dennoch nur auf einige dieser Eigenschaften Bezug. Die Größe ist hinsichtlich seiner Verwendung als Stoffmuster nicht relevant, wohl aber die Textur, die Farbe und das Muster. Was mit einer Bestimmung der Exemplifikation als Modus des Symbolisierens für eine Analyse der symbolischen Dimensionen von Designgegenständen gewonnen ist, liegt auf der Hand: Eine Küche von Bulthaup ist nicht derart ein Symbol, dass

19 Vgl. Ebd., S. 59 f. Zudem Goodman, »Wann ist Kunst?«, S. 83 ff.

sie sich auf etwas beziehen würde – etwa das Material, aus der sie hergestellt worden ist. Sie ist vielmehr ein Symbol dahingehend, *dass sie ihre eigenen Eigenschaften vorzeigt*. Dass eine solche Küche zeigt, aus welchen Materialien sie hergestellt ist, und dabei zugleich auf bestimmte Qualitäten dieser Materialien verweist, lässt sich als eine symbolische Dimension derselben bestimmen. Der Stoff, mit dem der Stuhl *Patch* von Jacco Bregonje bezogen ist, hat nicht allein ein je unterschiedliches Muster, sondern zeigt sich selbst just in dieser Weise. Die Schrift auf dem Filmplakat vom jüngsten Teil der *Mad-Max*-Reihe (USA 2015, R.: George Miller) ist nicht allein gelb, sondern zeigt sich selbst als gelbe Schrift. Gleichwohl würde man das Gelb, in dem sie ist, verkürzt verstehen, wenn man nur sagen würde, sie zeigt, dass sie gelb ist. Denn die besondere Textur der Farbe drängt sich hier in den Vordergrund gegenüber der Tatsache, dass die Type eine neutrale Groteske ist: Ihre Textur erinnert an Explosionen genauso wie an Wüste, an Hitze genauso wie an Rost; nicht zuletzt hat sie eine gewisse Aggressivität dadurch, dass Gelb unter anderem das Attribut giftig zugeschrieben wird. Und die Küche von Bulthaup zeigt eben nicht nur ihre Materialien her, sondern in ihnen und durch sie symbolisiert sie auch Wertigkeit und Eleganz, wie der Stuhl von Bregonje Dynamik und Bewegung exemplifiziert. Letztgenannte Eigenschaften besitzen die entsprechenden Plakate, Stoffe und Typographien nicht im buchstäblichen Sinne. Und doch kommen wir nicht ohne Bezugnahmen auf sie aus, wenn wir angemessen über symbolische Dimensionen von Designgegenständen nachdenken wollen. Gerade um diese nicht länger buchstäblichen Eigenschaften symboltheoretisch einholen zu können, hat Goodman die Kategorie der *metaphorischen* Exemplifikation eingeführt, die er letztlich als Reformulierung der Kategorie des Ausdrucks vorschlägt.

Goodmans Theorie der Metapher ist dabei zwei grundsätzlichen Einsichten verpflichtet. Erstens steht sie in einer Tradition des Nachdenkens über Metaphern, die diese nicht als bedeutungsloses Spiel oder bloßes Ornament versteht,[20] sondern die Metaphern einen positiven kognitiven Wert zuspricht.[21] Dieser wird von Good-

20 Einschlägig für die Gegenseite ist Donald Davidson, »Was Metaphern bedeuten«, in: Anselm Haverkamp (Hg.), *Die paradoxe Metapher*, Frankfurt/M.: Suhrkamp 1998, S. 49-75.

21 Neben Goodman sind hier vor allem die Arbeiten von Max Black und die Ar-

man zweitens so erläutert, dass er in einer neuen Anwendung eines Prädikats mit einer Geschichte auf einen Gegenstandsbereich besteht, der zunächst einmal nicht zu passen scheint: »[E]ine Metapher ist eine Affäre zwischen einem Prädikate mit Vergangenheit und einem Gegenstand, der sich unter Protest hingibt.«[22] Kriterial für die Gelungenheit einer solchen Übertragung ist dabei, ob sie die zwei vormals getrennten Sphären, die sie jetzt verbindet, jeweils in einem neuen und aufschlussreichen Licht sehen lässt. Entsprechend können auch Metaphern wahr oder falsch sein, aber in anderer Weise, als das buchstäbliche Äußerungen sein können: »Zu sagen, dass [ein graues Bild] gelb ist, ist nicht metaphorisch, sondern einfach buchstäblich falsch. Zu sagen, dass es heiter ist, ist sowohl buchstäblich als auch metaphorisch falsch. Aber zu sagen, dass es traurig ist, ist metaphorisch wahr, auch wenn es buchstäblich falsch ist. [...] Während Falschheit auf der Fehlzuweisung eines Etiketts beruht, beruht metaphorische Wahrheit auf einer Neuzuweisung.«[23] Das Beispiel von einem traurigen Bild in grauen Farbtönen ist ein naheliegender Fall: Gemälde können, da sie keine empfindenden Lebewesen sind, offensichtlich nicht in einem buchstäblichen Sinne traurig oder fröhlich sein. Dennoch kommen wir in den meisten Fällen nicht darum herum, so über ästhetische Gegenstände zu sprechen. Wer entsprechende Redeweisen revisionistisch aus einem puristischen Verständnis sprachlicher Praktiken verbieten würde, würde einen Großteil der »Währung der Kunstwelt« ausmerzen.[24] Welche Konsequenzen die mit Goodmans Konzept der metaphorischen Exemplifikation einhergehende Ausweitung der Ausdrucksmöglichkeiten für eine Beschreibung symbolischer Aspekte des Designs haben, möchte ich im zweiten Teil dieses Kapitels genauer zeigen.

beiten von Hans Blumenberg zu nennen. Vgl. Max Black, »Die Metapher«, in: Anselm Haverkamp (Hg.), *Theorie der Metapher*, Darmstadt: Wissenschaftliche Buchgesellschaft 1996, S. 55-79. Hans Blumenberg, *Paradigmen zu einer Metaphorologie*, Frankfurt/M.: Suhrkamp 1997.

22 Goodman, *Sprachen der Kunst*, S. 74.

23 Ebd., S. 74f.

24 Danto, *Die Verklärung des Gewöhnlichen*, S. 237.

6.2 Die Entgrenzung expressiver Qualitäten von Designgegenständen

Im Berliner Bröhan-Museum war vom 6.1.2016 bis zum 28.8.2016 eine Ausstellung zu Arbeiten Niklaus Troxlers mit dem Titel »All that Jazz – Plakatkunst von Niklaus Troxler« zu sehen. Niklaus Troxler ist nicht allein als Graphikdesigner international bekannt, sondern zugleich als Begründer des Willisau Jazzfestivals ein prägender Wegbegleiter der Jazzszene seit Mitte der 1970er Jahre. In seiner Doppelgestalt als Leiter des Festivals wie als Graphiker hat er dem Jazz selbst ein bestimmtes graphisches Gesicht gegeben. Die visuelle Geschichte des Jazz lässt sich auch anhand seiner Plakate studieren bzw. ist von diesen mitgeprägt worden. Bei den in der Ausstellung gezeigten Plakaten handelte es sich ausschließlich um Plakate, die auf das Festival oder auf einzelne Konzerte hinwiesen. An ihnen lässt sich in besonders hervorstechender Weise deshalb Goodmans Kategorie der metaphorischen Exemplifikation erproben, weil es sich hier um graphische Arbeiten handelt, die sich explizit zu Ereignissen der Musik verhalten. Das ist nicht so zu verstehen, dass ich Goodmans Überlegungen an einem graphischen Gegenstand illustrieren möchte. Es ist vielmehr so zu verstehen, dass ich darauf hinweisen möchte, was man mit Goodman an entsprechenden Arbeiten sichtbar machen kann.

Zu den markantesten Arbeiten Niklaus Troxlers gehört das Plakat zum Konzert des McCoy Tyner Sextets 1980. Auf dem Plakat ist der Text »McCoy Tyner Sextet Willisau 3. April 20 Uhr Mohren« zu lesen. Die Buchstaben füllen das Plakat ganz aus und sind abwechselnd in den Farben Gelb und Blau gestaltet. Sie füllen das Plakat aber derart aus, dass es vielfältige Übergänge und Durchlässe für jeweils andere Buchstaben gibt. Sie sind gewissermaßen, obzwar sie klare Kontur als Buchstaben behalten, gegeneinander entgrenzt. Das wird so bewerkstelligt, das einerseits Blau bzw. Gelb als Hintergrund für einen Buchstaben in der jeweils anderen Farbe fungiert, andererseits mitunter aber auch der Hintergrund selbst in derselben Farbe gestaltet ist. In bestimmter Weise könnte man davon sprechen, dass das Plakat ein Spiel mit den gestaltpsychologisch beschreibbaren Kategorien des Vordergrunds und Hintergrunds inszeniert. So lässt es einerseits ein abstraktes Spiel aus Farben und Formen entstehen, das aber andererseits in diesem und durch dieses Spiel einen entsprechenden Text lesbar macht. Symbolisch ist es nicht allein derart, dass es eben ihre Farben und Formen exemplifiziert: Das Plakat zeigt sich in seiner auffälligen graphischen Gestalt selbst. Auch wenn die auf ihm lesbaren Buchstaben denotieren, so denotiert seine graphische Gestalt selbst nicht. Symbolisch ist es aber auch und vor allem deshalb, weil es im Medium zweidimensionaler Graphik Prinzipien des Jazz im Allgemeinen und zugleich der Spielweise McCoy Tyners im Besonderen metaphorisch exemplifiziert: Wie in den Jazzimprovisationen des McCoy Tyner Sextets der späten 1970er Jahre immer wieder einzelne Solisten in den Vordergrund treten und dann ihre Stimme zugunsten der Artikuliertheit der Stimme anderer Solisten zurückstellen, so tritt gewissermaßen die Farbigkeit der Buchstaben in ihrer Konstitution als Hintergrund bzw. Vordergrund in ein entsprechendes Spiel. Entgrenzt sind die Buchstaben auf der Ebene ihrer reinen Farbgebung so, wie die Jazzmusiker in kollektiven Improvisationen gegeneinander entgrenzt sind: Sie sind Teil eines gemeinsam hergestellten Flusses sinnvoller musikalischer Artikulationen. Das Plakat entwickelt durch seine Choreographie den Eindruck von Bewegung und Dynamik in der Weise, in der auch McCoy Tyners Spiel für seine stark energetische Dimension bekannt ist.

In anderer Weise exemplifiziert Troxlers Plakat zum 2003 stattgefundenen Konzert von Simon Nabatov Aspekte des Jazz und von Nabatovs Spielweise. Auf dem Plakat ist zu lesen: »Jazz in Willisau Freitag 28. März 03 20.30 Foroom Simon Nabatov Piano Solo«. Anders als im Fall des Plakats zu McCoy Tyner verschmelzen die Buchstaben hier nicht mit dem Hintergrund. Sie werden aber stellenweise überlagert von schwarzen und weißen senkrechten Farbflächen, die vor dem pinken Hintergrund Kontur gewinnen und offensichtlich repräsentational auf Klaviertasten verweisen. Es handelt sich hier aber um Klaviertasten, die sich nicht in Anordnung auf einem wirklichen Klavier wiederfinden. Mehr noch: Zwar sind zumeist die schwarzen senkrechten Flächen über den entsprechenden weißen zu finden, aber sie sind nach oben und unten, nach vorne und nach hinten verschoben. So wie die freie und eigenlogische Spielweise Simon Nabatovs nicht länger in herkömmliche stabile Kategorien des Jazz einzuordnen ist, so drückt sie sich auf dem Plakat in Form einer Auflösung und zugleich dennoch weiterhin bestehenden Lesbarkeit des Klaviers als Instrument aus. Wie ich festgehalten habe, bilden die Farbflächen dabei nicht allein den Untergrund der Schrift, sondern geraten ihr an verschiedenen Stellen in die Quere. Sie selbst muten wie eine andere Art von Schrift an, die nicht länger für uns lesbar ist; als eine Gegen-Schrift zum Sinn der uns vertrauten Buchstaben. Wenn diese Bemerkungen zutreffend sind, so würde das Plakat zu Simon Nabatovs Konzert, anders als dasjenige zum Konzert des McCoy Tyner Sextets, weniger den kollektiven wie interaktiven Charakter des Jazz betonen, als vielmehr den gegenwendigen Sinn ausdrücken, den Jazzimprovisationen in ihrer immanenten Stimmigkeit gegenüber dem aufweisen, was wir üblicherweise Sinn nennen. Troxlers Plakate sind bestimmt von ästhetischen Prinzipien, die auch für den Jazz gelten. Sie exemplifizieren metaphorisch eine markante rhythmische Organisation, einen je spezifischen »Sound«, einen spezifisch interaktiven Charakter mit Blick auf die gestalteten »Elemente«. Kurz gesagt und etwas überspitzt formuliert: Niklaus Troxlers Plakate sind Jazz fürs Auge. Seine Plakate gestalten in spezifischer Weise zugleich Aspekte dieser Musik. Ich sage damit nicht, dass sich alle Elemente, die die just vorgestellten kursorischen Deutungen der beiden Arbeiten Troxlers benennen, im Vokabular Goodmans in den Griff bekommen lassen. Goodmans Vokabular erlaubt aber, etwas ernst zu nehmen, was zunächst einmal widersinnig klingen mag: Dass auch Graphiken einen bestimmten Sound haben können und der Sound musikalischer Spielweisen selbst wiederum bestimmte graphische Dimensionen artikulieren kann. Außerdem und vor allem erlaubt Goodmans Symboltheorie, diese These jenseits der abstrakt-allgemeinen und deshalb letztlich falschen These zu erläutern, dass ästhetische Gegenstände irgendwie synästhetische Gegenstände wären.[25]

Goodmans Überlegungen lassen sich so verstehen, dass sie geltend machen, dass man bei keinem ästhetischen Medium strenge Grenzen darüber aufstellen kann, was es auszudrücken in der Lage ist. Zwar gibt es verschiedene ästhetische Medien. Aber in ihnen ist nicht in einem begrifflichen Sinne schon angelegt, was sie auszudrücken in der Lage sind. Möglichkeitsräume des Ausdrückens definieren nicht das, was sie jeweils sind. Obzwar sie

25 Vor allem Wassily Kandinsky hat in seinen theoretischen Überlegungen für ein synästhetisches Verständnis der Kunst argumentiert. Vgl. Wassily Kandinsky, *Über das Geistige in der Kunst. Insbesondere in der Malerei*, Bern: Benteli 2004.

kategorial unterschieden sind,[26] sind ästhetische Medien in ihren Ausdrucksmöglichkeiten grundsätzlich gegeneinander entgrenzt.[27] Im Sinne der Lektionen der Kapitel zur Geschichtlichkeit und zur Handlungstheorie ist diese These so zu verstehen: Was ästhetische Medien auszudrücken in der Lage sind, zeigt sich erst *in den und durch* die konkreten Gegenstände, die in ihnen produziert werden bzw. genauer: die solche Medien in jeweils spezifischer Weise erarbeitet haben. Ex negativo kann man diese These verteidigen, indem man die vielleicht einflussreichste Position argumentativ zurückweist, die in der Geschichte der Ästhetik eine kategoriale Trennung der Ausdrucksmöglichkeiten verschiedener ästhetischer Medien behauptet hat. Dabei handelt es sich um die Position, die Lessing in seinem *Laokoon* formuliert hat. Bis heute prägt sie unser Nachdenken über ästhetische Medien und die Künste.[28] Im *Laokoon* unterscheidet Lessing bekanntermaßen zwischen Raumkünsten und Zeitkünsten. Malerei wird von ihm dabei als paradigmatischer Fall für erstere, Literatur ein paradigmatischer Fall für letztere behandelt. Der leitende Gedanke lautet dabei, dass Malerei aufgrund ihrer »Zeichen oder der Mittel« nur Räumliches darstellen kann,[29] wie Literatur aufgrund der ihren nur Zeitliches darstellen kann. Die Redeweise von Zeichen oder Mitteln kann man wie folgt erläutern: Aufgrund ihrer Materialien, nämlich Farbe, Fläche und Leinwand, ist die Malerei als Malerei nicht in der Lage, zeitliche

26 Damit behaupte ich wohlgemerkt nicht, dass sie sich inhaltlich positiv definieren lassen. Was Musik ist, ist nichts anderes als die Geschichte der bisherigen Musik und die Offenheit des Sinns dieses Begriffs im Lichte dessen, was zukünftig als Musik produziert worden sein wird. Nicht ausgeschlossen ist sogar, dass sich einzelne Künste oder ästhetische Medien im Rückblick als Sonderfall anderer Künste oder ästhetischer Medien erwiesen haben können. Vgl. dazu auch Daniel M. Feige, »Zwischen den Künsten. Entgrenzung und Rekonstitution in der Neuen Musik«, in: *Musik & Ästhetik* 84 (2017), S. 14-29.

27 Vgl. dazu insgesamt mit Blick auf die Künste Juliane Rebentisch, *Ästhetik der Installation*, Frankfurt/M.: Suhrkamp 2003 sowie dies., *Theorien der Gegenwartskunst zur Einführung*. Zudem meinen Versuch mit Feige, *Computerspiele*, Kapitel 3.

28 Vgl. v. a. Peter Kivy, *Philosophies of Arts. An Essay in Differences*, Cambridge: Cambridge University Press 1997 und Dominic McIver Lopes, *A Philosophy of Computer Art*, New York, London: Routledge 2010, S. 121 ff.

29 Gotthold E. Lessing, *Laokoon. Oder: Über die Grenzen der Malerei und Poesie. Mit beiläufigen Erläuterungen verschiedener Punkte der alten Kunstgeschichte*, Stuttgart: Reclam 1987, S. 113.

Entwicklungen zu zeigen. Sie kann nur räumliche Verhältnisse vor Augen führen und damit auch handelnde Menschen nur hinsichtlich ihrer körperlichen wie räumlichen Seite zeigen. Allein durch Andeutung im Medium des Räumlichen kann sich Zeitliches zeigen. Die Materialien der Literatur sind für Lessing hingegen artikulierte »Töne in der Zeit«,[30] so dass sie nur Zeitliches darstellen kann und Räumliches nur durch Zeitliches andeuten kann. Was die eine Kunst kann, kann die andere nicht und vice versa.[31] Künste sind für Lessing also dadurch unterschieden, dass sie komplementäre und jeweils exklusive Ausdrucksmöglichkeiten haben.

Dass diese zunächst einmal plausibel anmutende Einteilung nicht zu halten ist und damit auch der Gedanke, dass es inhaltlich schon vor den Werken sozusagen transzendental feststehende Möglichkeiten des Ausdrucks gibt, lässt sich allerdings argumentativ leicht zeigen. Erstens führt Lessings explizit als erschöpfend verstandene Einteilung der Künste dazu, dass viele Künste schief beschrieben werden. Einerseits deshalb, weil Künste wie die Musik oder das Theater zu bloßen Mischformen erklärt werden müssten. Andererseits deshalb, weil Musik als Zeitkunst überraschenderweise wie die Literatur eine Kunst wäre, die vornehmlich Handlun-

30 Ebd., S. 114.

31 Was es gleichwohl heißt, dass ein Gemälde oder ein literarisches Werk gelingt, wird von Lessing durchaus identisch beschrieben: »Die Malerei kann in ihren koexistierenden Kompositionen nur einen einzigen Augenblick der Handlung nutzen, und muß daher den prägnantesten wählen, aus welchem das Vorhergehende und Folgende am begreiflichsten wird. Ebenso kann auch die Poesie in ihren fortschreitenden Nachahmungen nur eine einzige Eigenschaft der Körper nutzen, und muß daher diejenige wählen, welche das sinnlichste Bild des Körpers von der Seite erwecket, von welcher sie ihn braucht.« Ebd., S. 115. In beiden geht es gemäß der in ihnen jeweils angelegten Möglichkeiten wie Beschränkungen darum, den *fruchtbaren Augenblick* zu zeigen bzw. zu schildern. In einem Moment bzw. in einem Prozess soll etwas Paradigmatisches an den entsprechenden räumlichen Situationen und zeitlichen Verläufen herausgearbeitet werden. Letztlich scheint er den fruchtbaren Augenblick aber so zu verstehen, dass er in einem Moment die gesamte Entwicklung verdeutlicht. In dem Moment, den die *Laokoon-Gruppe* zeigt, wird das ganze Geschehen verdichtet zum Ausdruck gebracht. Es ist allerdings gar nicht klar, was daran spezifisch ästhetisch sein sollte. Dann wäre eine Fotografie schon ästhetisch, wenn sie in überzeugender Weise ein Dokument eines bestimmten Zeitgeschehens wäre. Diese Frage bleibt auch angesichts von Lambert Wiesings jüngster affirmativer Bezugnahme auf Lessings Begriff des fruchtbaren Augenblicks unklar; vgl. Wiesing, *Luxus*, S. 41 ff.

gen darstellen würde. Dieser Gedanke ist angesichts des immer wieder hervorgehobenen nichtgegenständlichen Charakters der Musik schwer nachvollziehbar.[32] Und dass Literatur aus Tönen in der Zeit besteht, scheint ebenfalls eine überraschende und deshalb problematische Beschreibung zumindest eines Großteils der Texte der Prosa zu sein. Zweitens sind Werke der Malerei und Literatur auch schon vor den manifesten Entgrenzungsbewegungen der jüngeren Geschichte keineswegs in expressiver Hinsicht so sauber aufzuteilen, wie Lessing es gerne hätte. Bilder als ästhetische Gegenstände zu behandeln, heißt fast immer auch, sie hinsichtlich der Zeitlichkeit ihrer Wahrnehmung ernst zu nehmen. Viele Bilder leiten auch temporal unsere Wahrnehmung direkt an, indem sie uns etwa auffordern, bei bestimmten ihrer Partien länger als bei anderen zu verweilen. Auf der anderen Seite geht das Lesen vieler Arten von Literatur nicht allein mit dem imaginativen Erkunden fiktionaler Räume einher, sondern wir kommen nicht darum herum, selbst auf Romane in ihrer ästhetischen Beurteilung häufig räumliche Prädikate anzuwenden. Kurz gesagt: Es spricht vieles dafür, dass sich die Unterscheidung zwischen Raumkunst und Zeitkunst wohl bei keiner Kunst halten lässt.[33] Drittens schließlich ist Lessings Unterscheidung, anders als es zunächst aussehen mag, gar keine Bestimmung dessen, was die einzelnen Künste in der Lage sind auszudrücken. Vielmehr handelt es sich bei ihr um eine *Regelpoetik* und damit um eine *präskriptive* Theorie. Lessings Theorie empfiehlt schlichtweg, Werke nach den von ihm angegebenen Prinzipien zu konstruieren, und warnt davor, sie anders zu konstruieren. Er denkt die Künste nicht von ihren eigensinnigen Gegenständen her, sondern mutet ihnen ein externes begriffliches Raster zu. Wenn diese Kritik zutreffend ist, so sollten wir die Künste in ihren expressiven Möglichkeiten, anders als Lessing behauptet, eher als entgrenzt denken und nicht als in klare vorgängig gegebene Rahmen eingehegt. Erst in jedem und durch jedes Werk wird herausgearbeitet, was die jeweilige Kunst kann. Das Werk bespielt keine vorgängig gegebenen Möglichkeitsräume, sondern muss als

32 Vgl. programmatisch zu dieser Frage auch die Beiträge in Alexander Becker, Matthias Vogel (Hg.), *Musikalischer Sinn. Beiträge zu einer Philosophie der Musik*, Frankfurt/M.: Suhrkamp 2007.

33 Vgl. auch Martin Seel, »Form als eine Organisation der Zeit«, in: ders., *Die Macht des Erscheinens. Texte zur Ästhetik*, Frankfurt/M.: Suhrkamp 2007, S. 39-55.

»Singularität«,[34] als je besondere Neuaushandlung des Allgemeinen der Kunst bzw. der Künste, verstanden werden, an dem es mitarbeitet.[35]

Diese Diagnose lässt sich freilich von der Kunst nicht auf das Design übertragen. Die Redeweise, dass Stühle mit Blick auf Buchcover »entgrenzt« sind, ist auch dann unsinnig, wenn die Möglichkeit, dass man auf Stühle Buchcover oder gar Romantexte druckt, unsere Vorstellungskraft nicht sonderlich herausfordert. Noch in dem Fall eines ganz offenen Entwerfens und Gestaltens in den Klassen an Kunsthochschulen, das zunächst keinen Zweck außerhalb seiner selbst hat, sollten wir nicht davon sprechen, dass hier verschiedene Arten des Designs gegeneinander »entgrenzt« sind. Denn es handelt sich hier um Einübungen in die Praxis des Gestaltens und Entwerfens, die ihre faktische Betätigung später in durchaus funktionalen Gegenständen findet. Kurz gesagt: Während es plausibel ist, zu sagen, dass im Lichte der Werke Schönbergs zugleich auch andere Künste als die Musik neuverhandelt werden, ist es nicht in gleicher Weise plausibel, zu behaupten, dass ein neues Interface oder Buchcover per se auch verändert, was Textildesign heißt.

Das heißt gleichwohl nicht, dass es nicht vielfältige Interferenzen zwischen verschiedenen Bereichen und Gegenständen des Designs gibt. Diesen Gedanken sollte man nicht so verstehen, dass verschiedene Designgegenstände alle nach einem einheitlichen Prinzip entworfen werden, wie etwa Peter Behrens ein Haus in der Künstlerkolonie Mathildenhöhe hinsichtlich jedes Details der Architektur und der Innenarchitektur selbst entworfen hat. Vielmehr können solche Interferenzen einerseits so zustande kommen, dass schlichtweg neue gesamtgesellschaftliche Herausforderungen bestehen, auf die sich mehr oder minder in allen Bereichen des Designs Antworten finden. Man denke etwa an die Debatten um die Digitalisierung, um Nachhaltigkeit oder die sich angesichts des Klimawandels stellende Herausforderung nach ökologisch verantwortlich hergestellten Produkten. Denn ebenso wie die Fahrpläne öffentlicher Verkehrsmittel so gestaltet sein können, dass sie die Umweltverschmutzung dadurch minimieren, dass sie für Autofahrer eine attraktive Alternative darstellen, so kann der hohe Verbrauch

34 Rebentisch, *Gegenwartskunst zur Einführung*, S. 106.

35 Vgl. dazu auch Feige, »Zwischen den Künsten«.

von Wasser und Energie bei der Herstellung von Blue Jeans sowie die Verwendung schädlicher Substanzen beim Bleichen zugunsten umweltverträglicherer Verfahren zurückgenommen werden. Andererseits können Interferenzen zwischen verschiedenen Bereichen und Gegenständen des Designs dadurch zustande kommen, dass konkrete Verfahrensweisen – Prinzipien der Organisation von Elementen etwa – aus einem Bereich des Designs in andere Bereiche des Designs übertragen werden.[36] Die Bildaufteilung eines Plakats kann als formales Prinzip auch der Aufteilung von Farben bei textilen Materialien Verwendung finden, wie kontingente Oberflächenstrukturen von Materialien der Gegenstände des Industriedesigns als Anleitung für die Gestaltung von Covern im Bereich des Designs von Büchern umgedeutet werden können. Zweifellos gibt es hier auch vielfältige Interferenzen zwischen Kunst und Design – auf der Ebene der Verfahrensweisen besteht durchaus ein munterer Austausch zwischen diesen kategorial getrennten Arten von Gegenständen. In all diesen Fällen werden aber die entsprechenden Designgegenstände weiterhin durch ihre funktionalen Rollen und deren Erarbeitung im Sinne von Prozessen der Formgebung individuiert. Küchen können allerdings wie Magazine und textile Oberflächen Wertigkeit und Eleganz ausdrücken, ebenso wie sie metaphorisch bestimmte Soundqualitäten exemplifizieren können. Wahrhaft entgrenzt sind im Design, anders als der Kunst, damit nur die expressiven Qualitäten von Designgegenständen.

Magazine existieren dabei in anderer Weise als Küchen und die Gegenstände des Sounddesigns wiederum in anderer Weise als Stoffe. Der Frage nach der Seinsweise von Designgegenständen und damit der Ontologie des Designs widmet sich das folgende siebte Kapitel.

36 Vgl. als Versuch, solche Dynamiken mit Blick auf die Künste zu denken, auch die Beiträge in Kirsten Maar u. a. (Hg.), *Generische Formen. Dynamische Konstellationen zwischen den Künsten*, Paderborn: Fink 2017.

Kapitel 7
Ontologie des Designs

Angesichts solch verschiedener Arten von Gegenständen wie Magazinen, intelligenter Kleidung, Plakaten, Haute Couture, Interfaces, mobilen Garküchen, mit dem Internet verbundenen Fernsehern, Logos, IT-Infrastrukturen, Fahrrädern und Sound Jingles stellt sich neben der bereits diskutierten Frage, ob sich Design definieren lässt, zugleich eine weitere Frage: Auf welche Weise *existiert* Design? Genauer: Gibt es eine Weise, auf die Designgegenstände *als* Designgegenstände existieren? Diese Frage ist umso drängender, als ein Exemplar eines industriell hergestellten Produktes natürlich nicht mit dem identisch ist, was Designer*innen selbst hergestellt haben: einen Entwurf bzw. eine Gestaltung. Habe ich meine Mokka von Albertini zerstört, so ist damit offensichtlich noch nicht der Entwurf bzw. die Gestaltung selbst zerstört. Selbst in dem Fall, dass ich alle Mokkas von Albertini zerstören sollte, habe ich damit nicht das zerstört, was Designer*innen geschaffen haben. Und wenn sich Designer*innen für limitierte Auflagen von Magazinen oder Plakaten entscheiden, so verändert diese Entscheidung zwar durchaus den Sinn der produzierten Gegenstände, gehorcht aber nicht länger einer überkommenen Logik des Unikats. Kurz gesagt: Designgegenstände scheinen prinzipiell anders zu existieren als konkrete raumzeitliche Einzeldinge.

Die ontologischen Debatten im Feld der Ästhetik sind vor allem von zwei Unterscheidungen bestimmt, die der Verschiedenheit der Künste und ihrer Werke Rechnung tragen sollen: einerseits von dem Unterschied zwischen konkreten und abstrakten Werken, andererseits von dem Unterschied zwischen performativen und nichtperformativen Künsten. Im ersten Teil werde ich beide Unterscheidungen mit einem Schwerpunkt auf der ersten Unterscheidung vorstellen und sie zugleich einer kritischen Revision unterziehen. Im zweiten Teil werde ich sie auf die Problematik einer Ontologie des Designs derart beziehen, dass ich fragen werde, wie sich Design im Rahmen dieser Unterscheidungen verorten lässt. Die Antwort wird sein, dass Designgegenstände auf eine andere Weise existieren als Kunstwerke. Dennoch ist es hilfreich, ihre Art der Existenz ausgehend von und zugleich im Kontrast zu den genannten etablierten Unterscheidungen verständlich zu machen.

7.1 Unreine Verkörperungen

Ontologie hat nicht bei allen Ästhetikern einen guten Ruf. Zu sehr klingt das Wort für manche danach, dass man sich hier in theoretische Gefilde begibt, die mit der Art und Weise, wie uns ästhetische Phänomene angehen, nicht länger etwas zu tun haben. Aber so muss man Ontologie nicht verstehen. Sie kann auch so verstanden werden, dass sich ihre Vorschläge prinzipiell anhand dessen ausweisen lassen, wie uns diese Phänomene angehen. Ontologische Unterschiede zeigen sich in der Art und Weise, wie entsprechende Phänomene für uns in jeweils unterschiedlicher Weise verständlich sind. Wenn das stimmt, dann können uns auch ontologische Überlegungen helfen, Aspekte unserer Praxis im Umgang mit ästhetischen Gegenständen verständlich zu machen. In der Kunsttheorie vor allem angloamerikanischer Provenienz sind zwei Unterscheidungen einschlägig, im Rahmen deren versucht wird, die ontologischen Unterschiede der Werke verschiedener Künste theoretisch zu erfassen. Dabei handelt es sich erstens um die Unterscheidung von Kunstwerken in abstrakte oder konkrete Gegenstände und zweitens um die Unterscheidung von Künsten in performative und nicht-performative Künste.[1]

Zunächst zur ersten Unterscheidung, der ich umfangreichere Überlegungen widmen muss als der zweiten Unterscheidung. Sie lässt sich grundsätzlich folgendermaßen rechtfertigen: Es gibt Arten von Kunstwerken, für die gilt, dass das Kunstwerk mit einem einzelnen raumzeitlichen Gegenstand identisch ist. Wenn ich diesen Gegenstand zerstöre, habe ich das Werk selbst zerstört. Das ist bei den meisten herkömmlichen Gemälden und Skulpturen der Fall. Demgegenüber gibt es Arten von Kunstwerken, für die gilt,

1 Vgl. als Vorarbeit zu den hier vorgestellten Überlegungen auch Feige, *Kunst als Selbstverständigung*, Kapitel 3.1. Sowie die Darstellung in Parsons, *The Philosophy of Design*, Kapitel 1.2. Einschlägige Beiträge aus dem Kontext angloamerikanisch geprägter Debatten zur Ontologie der Künste finden sich in Reinold Schmücker (Hg.), *Identität und Existenz. Studien zur Ontologie der Kunst*, Paderborn: Mentis 2009.

dass das Kunstwerk nicht mit einem raumzeitlichen Gegenstand identisch ist. Das gilt etwa für die meisten Romane oder musikalischen Werke. Verbrenne ich mein Exemplar eines Romans oder verliere ich meinen Druck der Partitur eines musikalischen Werks,[2] so habe ich nicht das Werk selbst verbrannt bzw. verloren. Bei Romanen und musikalischen Werken unterscheiden wir anders als im Fall der Gemälde und Skulpturen zwischen dem Werk und seinen Verkörperungen: Ein herkömmlicher Roman kann in beliebig vielen raumzeitlichen Einzelgegenständen verkörpert sein, wohingegen ein Gemälde mit einem raumzeitlichen Gegenstand identisch ist. Wenn ich hier von »herkömmlichen« Romanen, musikalischen Werken, Gemälden und Skulpturen spreche, so möchte ich bereits an dieser Stelle Protest gegenüber dem verbreiteten Gedanken anmelden, dass das, was wir einer Kunstform zuordnen, eine homogene ontologische Klasse bilden würde.[3] Denn musikalische Werke oder Romane, bei denen die Notenschrift bzw. der Text per Hand gestaltet ist, überfordern ebenso wenig unsere Vorstellungskraft wie Romane oder Partituren musikalischer Werke, die durch unsaubere Kopierverfahren schlecht lesbar werden und bei denen diese Spuren auf der Partitur bzw. dem Manuskript selbst Teil des Werks werden. Und digitale Gemälde, von denen es nicht länger ein Original gibt, sind heute auch nicht länger Science-Fiction. Derartige Gegenstände fallen offensichtlich nicht länger in dieselbe ontologische Kategorie wie Kopien eines musikalischen oder literarischen Werks der Romantik oder Kopien eines Gemäldes aus dem Impressionismus. Bei entsprechenden avantgardistischen Werken handelt es sich keineswegs um Ausnahmen oder Grenzfälle. Diese Redeweise würde irrtümlicherweise nahelegen, dass es vorgängig gegebene Grenzen gibt, denen sich dann die einzelnen Werke fügen oder die sie überschreiten. Demgegenüber sind die genannten Fälle letztlich nicht weniger paradigmatisch für Werke einer Kunst als

2 Es muss freilich festgehalten werden, dass musikalische Werke nicht mit Partituren identisch sind. Dennoch unterhalten sie ein intimes Verhältnis zu diesen. Vgl. dazu Feige, *Philosophie des Jazz*, Kapitel 3.

3 Damit widerspreche ich dezidiert auch dem nochmals stärkeren und letztlich revisionistischen Gedanken Maria Reicher-Mareks, dass *alle* Kunstwerke einer einzigen ontologischen Klasse zugeschlagen werden können. Vgl. Maria E. Reicher, »Eine Typenontologie der Kunst«, in: Reinold Schmücker (Hg.), *Identität und Existenz. Studien zur Ontologie der Kunst*, Paderborn: Mentis 2009, S. 180-199.

»herkömmliche« Werke einer Kunst. Das Prädikat »herkömmlich« ist letztlich also zu problematisieren und zu verabschieden: Es setzt eine falsche Stabilisierung des Feldes der Ästhetik unter ontologischer Perspektive voraus.[4]

Die entsprechende Unterscheidung zwischen Werken, die mit einem raumzeitlichen Gegenstand identisch sind, und Werken, die in verschiedenen raumzeitlichen Gegenständen verkörpert werden können, wird im Mainstream der angloamerikanischen Debatten so erläutert, dass sie zwischen Werken als konkreten und abstrakten Entitäten unterscheidet. Die vielleicht einflussreichste Explikation dieser Unterscheidung findet sich mit der Rekonstruktion dieser Unterscheidung in Begriffen von Type und Token.[5] Man kann die-

4 Siehe dazu auch die Bemerkungen am Ende des letzten Kapitels.

5 Vgl. weitergehend zu dieser Unterscheidung, die auf Peirce zurückzuführen ist, auch Linda Wetzel, *Types & Tokens. On Abstract Objects*, Boston/Mass.: MIT Press 2009. In der analytischen Ästhetik ist dabei vor allem eine weitere Differenzierung von Belang: Die Unterscheidung zwischen Type und Megatype. Ursprünglich von Stevenson eingeführt – Charles L. Stevenson, »On ›What is a Poem?‹«, in: *The Philosophical Review* 66 (1957), S. 329-362 –, ist diese Unterscheidung vor allem von Joseph Margolis verteidigt worden. Vgl. Joseph Margolis, »Die Identität eines Kunstwerks«, in: Reinold Schmücker (Hg.), *Identität und Existenz. Studien zur Ontologie der Kunst*, Paderborn: Mentis 2009, S. 28-46. Der Begriff des Megatype ist dazu da, ontologisch mit Übersetzungen literarischer Texte, Abschriften, Aufnahmen, Rezitationen usf. zu Rande zu kommen. Werke sind ihm zufolge nicht mit einzelnen Typen identisch, sondern mit einer systematisch zusammenhängenden Ganzheit verschiedener Typen. In all den genannten Fällen würden wir nämlich nicht sagen, dass wir es mit verschiedenen Werken zu tun haben, sondern vielleicht eher, dass wir es mit verschiedenen Versionen eines Werks zu tun haben. Dabei gibt es in den meisten Fällen durchaus einen herausgehobenen Type. In diesem Sinne schreibt Margolis: »Normalerweise sind wir, wenn wir uns auf ein Gedicht beziehen wollen, bestrebt, uns auf den Text irgendeines maßgeblichen Manuskripts zu stützen; wenn wir dafür nach einem speziellen Begriff suchen, sollten wir ein solches Manuskript nicht nur einen Fall des Gedichts nennen, sondern dessen Erstfall [prime instance]. […] [A]ndere Drucke, auch solche von abweichenden Fassungen und von Übersetzungen, können dann weitere Fälle des Megatypes bilden.« Ebd., S. 32 f. In bestimmter Weise verschiebt die Theorie des Megatypes die Probleme allerdings bloß, die sich schon angesichts einer Typentheorie stellen. Man kann auch sagen: Die Unfähigkeit wie Notwendigkeit, in einer Typentheorie irgendwie auf materielle und historische Bedingungen Bezug zu nehmen, führt symptomatisch zu einer Verkomplizierung etwa durch eine Theorie des Megatype. Die Theorie des Megatype scheint mir weniger eine Lösung des Problems zu sein als vielmehr ein Symptom dafür, dass etwas grundsätzlich mit einer Typenontologie nicht stimmt.

se Unterscheidung gut anhand von Zahlen verdeutlichen: Schreibe ich dreimal die Zahl »1« auf eine Tafel, so haben wir es hier mit drei Token eines Type zu tun. Es ist nicht der Fall, dass ich drei verschiedene Zahlen geschrieben habe. Vielmehr habe ich dieselbe Zahl dreimal aufgeschrieben. Wichtig ist mit Blick auf Zahlen, dass die konkrete graphische Gestalt der einzelnen Markierungen letztlich nicht von Relevanz ist, wenn es um ihren ontologischen Status geht, dass sie ein Token eines bestimmten Type sind. Ob ich blaue Kreide oder grüne Kreide benutze; ob ich auf Paper handschriftlich schreibe oder auf dem Computer die Zahl »1« eintippe, macht hier keinen Unterschied. Wichtig ist allein, dass die Markierung als »1« lesbar bleibt. Das heißt zugleich auch, dass der Type selbst etwas ist, das gänzlich unabhängig von seinen Instantiierungen existiert.

Wenn man davon ausgeht, dass die Literatur eines der Paradigmata für eine Typenontologie der Kunst ist, so könnte sich die Frage stellen, ob diese nicht schon durch die Existenz bestimmter Arten von Romanen und vieler Gedichte diskreditiert wird. Bei Gedichten kann das Schriftbild mitunter ein Aspekt des Werks selbst sein; bei Romanen wie Mark Z. Danielewskis *House of Leaves* machen die Typographie und das Schriftbild eine zentrale Dimension desselben aus. Diese Tatsache diskreditiert allerdings die Typenontologie der Literatur noch nicht. Denn es ist ja für sie nur notwendig, dass die einzelnen Exemplare des Romans keine Unikate sind. Sie bestreitet nicht, dass Aspekte des Schriftbilds wie in der konkreten Poesie wesentlichen Dimensionen solcher Texte bzw. solcher Text-Bild-Hybride sein können. Keine der Kopien der Gedichte der konkreten Poesie und keines der Exemplare von Danielewskis *House of Leaves* ist näher dran am ursprünglichen Kunstwerk. Das Verhältnis ist nicht nach dem Vorbild eines technisch unzureichenden Kopierprozesses zu denken, bei dem die einzelnen Exemplare umso weiter vom Original entfernt sind, je später sie im Prozess des Kopierens erstellt worden sind. Denn auch ein ursprüngliches Manuskript ist natürlich nicht derart ein Original, wie es etwa bei vielen Gemälden der Fall ist: Man kann es nicht fälschen, dafür aber beliebig oft reproduzieren.[6]

Die Relevanz ontologischer Unterschiede, die etwa zwischen bestimmten Arten von Romanen und bestimmten Arten von Ge-

6 Vgl. im Sinne dieser Unterscheidung auch Goodman, *Sprachen der Kunst*, Kapitel 3.

mälden bestehen, möchte ich nicht bestreiten. Bestreiten möchte ich allerdings sehr wohl, dass die Typentheorie diese Unterschiede letztlich überzeugend verständlich machen kann. Die These von Kunstwerken als abstrakten Entitäten, wie sie im Rahmen der Type-Token-Theorie ausbuchstabiert wird, führt nämlich dazu, dass Kunstwerke nicht länger von Künstlern erschaffen werden können, sondern dass diese vielmehr von ihnen nur entdeckt werden.[7] Die Klangstruktur etwa, die eine Beethovensymphonie exemplifiziert, wäre somit etwas, was es als abstrakte Entität schon immer gegeben hätte. Beethoven wäre allein derjenige, der sie entdeckt hätte, indem er sie festgehalten hat. Man muss keineswegs bestreiten, dass ästhetisches Produzieren immer auch Momente von Passivität inkorporiert, um die These für problematisch, ja sogar für absurd zu halten, dass Künstler beim Schreiben eines Romans oder beim Komponieren eines musikalischen Werks abstrakte, ewige Typen entdecken. Dann wäre der Prozess des Schreibens und des Komponierens nur noch dahingehend geschichtlich, dass der Akt der Entdeckung mit dem Eigennamen eines Künstlers und weitergehend mit einem bestimmten Zeitpunkt oder Zeitraum verbunden wäre. Eine solche These ist nicht allein kontraintuitiv. Sie bevölkert die Welt vielmehr auch mit einer Vielzahl von Entitäten – genauer gesagt: sie bevölkert die Welt mit *unendlich* vielen solcher Entitäten –, die sich wie eine Karikatur von Platons Ideen gebärden. Der Einwand, dass im Rahmen der Type-Token-Unterscheidung Kunstwerke nicht länger geschaffen, sondern vielmehr entdeckt werden, spricht ebenso wie der Einwand, dass die Welt mit einer

7 Diese Konsequenz hat explizit mit Blick auf musikalische Werke schon früh Nicholas Wolterstorff gezogen: Nicholas Wolterstorff, »Auf dem Weg zu einer Ontologie der Kunstwerke«, in: Reinold Schmücker (Hg.), *Identität und Existenz. Studien zur Ontologie der Kunst*, Paderborn: Mentis 2009, S. 47-75. Versuche wie derjenige Jerrold Levinsons, das musikalische Werk als Komplex aus abstrakten und konkreten Dimensionen – etwa harmonische Struktur einerseits, Instrumentation und klangliche Eigenschaften andererseits – zu verstehen, ist zumindest der wichtigen Einsicht verpflichtet, dass die Typentheorie unzureichend explizieren kann, was ein musikalisches Werk ist. Vgl. Jerrold Levinson, »What a Musical Work is«, in: ders., *Music, Art, and Metaphysics*, Oxford: Oxford University Press 2011, S. 63-88. Lydia Goehr hat Recht, wenn sie mit Alan Tormey davon spricht, dass sich musikalische Werke im Lichte etablierter begrifflicher Unterscheidungen als »ontological mutants« gebärden. Lydia Goehr, *The Imaginary Museum of Musical Works. An Essay in the Philosophy of Music*, Oxford: Clarendon 1992, S. 2.

unendlichen Vielzahl abstrakter Gegenstände bevölkert wird, für folgenden Gedanken: Wir sollten den Versuch unternehmen, das Verhältnis dessen, was hier als abstrakt und was als konkret gedacht wird, anders und weniger kategorial getrennt zu bestimmen.

Unter Rückgriff auf Überlegungen Jacques Derridas möchte ich vorschlagen, solche Kunstwerke, die ontologisch nicht mit einem einzelnen Gegenstand oder einer endlichen Menge einzelner Gegenstände identisch sind, gemessen am Standard der Typentheorie als *unreine Verkörperungen* zu begreifen. Um diesen Gedanken verständlich zu machen, ist es notwendig, etwas weiter auszuholen. Derrida schließt in seinen zeichentheoretischen Überlegungen bekanntermaßen vor allem an das Erbe von Ferdinand de Saussure an, indem er die Struktur von Zeichen grundsätzlich differentiell und holistisch deutet. Anders aber als dieser erläutert er die Struktur des Zeichensystems nicht länger als abgeschlossen.[8] Vielmehr versteht er eine entsprechende Struktur so, dass sie kein Zentrum hat und eine Dynamik zeitigt, die nicht stillzustellen ist. Sein Gedanke ist, dass Saussure eine Stillstellung des Spiels der Zeichen um den Preis erkauft, dass er eine paradoxe Unterscheidung ins Spiel setzt, die seine Theorie zugleich möglich und unmöglich macht. Derrida arbeitet den Anspruch nach damit eine dem Text Saussures immanente Dekonstruktion heraus.[9] Saussure betrachtet die Schrift als etwas, das als abgeleitet von der Rede verstanden werden muss. Er ist aber in seiner Erläuterung der Rede selbst beständig auf den Rekurs auf die Schrift angewiesen. Das ist nur dann möglich, wenn Schrift und Rede wesentliche Eigenschaften teilen; es ist kurz gesagt nur dann möglich, wenn es gerade *nicht* der Fall ist, dass die Schrift sich parasitär der Rede gegenüber verhält. Diese logische Struktur, derzufolge etwas einerseits als unwesentliche Zutat behandelt wird, das andererseits aber gleichwohl konstitutiv für die Sache ist, zu der es eine unwesentliche Zutat sein soll, nennt Derrida die Logik des Supplements:[10] Ein vermeintlich unwesentliches, parasitäres oder auch gefährliches, weil auf Abwege führendes Moment erweist sich

8 Vgl. programmatisch Jacques Derrida, »Die Struktur, das Zeichen und das Spiel im Diskurs der Wissenschaften vom Menschen«, in: ders., *Die Schrift und die Differenz*, Frankfurt/M.: Suhrkamp 1976, S. 422-442.

9 Vgl. in diesem Sinne auch Georg W. Bertram, »Wem gilt die Kritik der Dekonstruktion?«, in: *Allgemeine Zeitschrift für Philosophie* 3 (1999), S. 221-241.

10 Vgl. Jacques Derrida, *Grammatologie*, Frankfurt/M.: Suhrkamp 1983, S. 244 ff.

als etwas, das in Wahrheit selbst wesentlich ist, insofern es allererst die eingesetzten Entscheidungen ermöglicht. Die Dekonstruktion Saussures besteht also darin, zu zeigen, dass eine entsprechende Herabsetzung kein Unfall ist, der die Theorie Saussures von außen heimgesucht hätte. Es ist vielmehr Bedingung der Möglichkeit von Saussures weitergehenden Unterscheidungen. Positionen, die eine solche Logik des Supplements exemplifizieren, verfolgen in Derridas Augen letztlich unbewusst oder bewusst die Agenda, die Struktur als Struktur zu reduzieren, »und zwar durch einen Gestus, der der Struktur ein Zentrum geben und sie auf einen Punkt der Präsenz, auf einen festen Ursprung beziehen wollte«.[11] Saussure dient die Herabsetzung der Schrift also dazu, dem Spiel der Zeichen als etwas, dessen Sinn nicht länger durch ein fundierendes Bewusstsein oder eine unmittelbare Präsenz verbürgt werden kann, durch eine Verankerung und Zentrierung einen Riegel vorzuschieben.[12] Die positive Einsicht der Zeichentheorie Derridas lautet entsprechend, dass das Spiel der Zeichen kein Zentrum, keine Verankerung hat; dass es, wie Derrida sagt, kein transzendentales Signifikat gibt und damit nichts,[13] das dem offenen und dynamischen Holismus der Zeichen eine hierarchische und fundierende Struktur geben würde. Weder fundiert die Rede den Sinn der Schrift, noch fundiert die Intention, die sich im Sprechen ausdrückt, den Sinn des Gesprochenen. Man sollte Derrida dabei offensichtlich nicht so verstehen, dass es Intentionen, Bewusstsein usf. nicht gibt. Wir sind nicht Bauchrednerpuppen des Drifts der Zeichen. Ebenso wenig sollte man Derrida so verstehen, dass er Unterscheidungen wie diejenige zwischen Schrift und Rede, zwischen Intentionalem und Mechanischem usf. abschaffen will.[14] Derrida geht es vielmehr darum, diese Unterscheidung in ihrer letztlich paradoxen Gestalt zu denken, so dass das, was sie ermöglicht, sie zugleich verunmöglicht. Man muss dabei noch nicht einmal Derridas These der Selbstdekonstruktion

11 Derrida, »Die Struktur, das Zeichen und das Spiel im Diskurs der Wissenschaften vom Menschen«, S. 422.

12 Vgl. v. a. Derrida, *Grammatologie*, S. 77 ff.

13 Vgl. Ebd., S. 35 ff.

14 Leider scheint selbst die bekannte kritische Rekonstruktion von Habermas weniger an Derridas Texten selbst geschult zu sein, als vielmehr an Rekonstruktionen aus der Forschungsliteratur. Vgl. Jürgen Habermas, *Der philosophische Diskurs der Moderne. Zwölf Vorlesungen*, Frankfurt/M.: Suhrkamp 1988, Kapitel VII.

eines jeden Zeichengeschehens zustimmen, um seinen Gedanken zu unterschreiben,[15] dass jedes Zeichengeschehen konstitutiv offen ist und der Sinn von Zeichen nicht durch ein fundierendes Zentrum sichergestellt werden kann.

Im Rahmen von Überlegungen, die Derrida in seinem Aufsatz »Signatur, Ereignis, Kontext« entwickelt hat,[16] lässt sich eine entsprechende Dekonstruktion auch für die Unterscheidung zwischen Type und Token fruchtbar machen. Der Text diskutiert die Frage, inwieweit dem Spiel der Zeichen insgesamt durch Rekurs auf einen Kontext Einhalt geboten werden kann. Spezifischer entwickelt der Aufsatz eine Dekonstruktion von John L. Austins Unterscheidung zwischen ernsthaften und unernsthaften Sprechakten.[17] Nach dem bisher Gesagten sollte nicht länger überraschen, in welcher Weise das geschieht: Gleich, ob es jemand beim Vollzug eines Sprechaktes ernst meint oder nicht; gleich, ob man Sprechakte auf der Bühne oder im alltäglichen Leben vollzieht – beide Sprechakte müssen derselben Logik gehorchen, um noch als die Sprechakte, die sie sind, identifizierbar zu sein. Eine Hochzeit auf der Bühne ist nicht parasitär mit Blick auf eine wirkliche Hochzeit, sondern sie muss in bestimmter Weise die Strukturen letzterer exemplifizieren, um als Hochzeit erkennbar zu sein. Was für die Hochzeit als Sprechakt gilt, gilt für alle Zeichen: Zeichen beinhalten strukturell die Möglichkeit, in einer Weise verwendet zu werden, die nicht intendiert worden ist; sie beinhalten, kurz gesagt, die Möglichkeit, zitiert zu werden. Zeichen auf beliebige neue Kontexte aufzupfropfen, die in ihnen nicht angelegt waren, ist deshalb eine ursprüngliche Möglichkeit dessen, was Zeichen überhaupt sind. Diese Möglichkeit, die man auch so beschreiben kann, dass man sagt, dass jedes Zeichen als Zeichen selbst schon zitatförmig ist, hat Derrida anhand des Begriffs der Iterabilität zu fassen versucht: »Meine ›schriftliche Kommunikation‹ muß, trotz des völligen Verschwindens eines je-

15 Vgl. dazu weitergehend auch die kritischen Bemerkungen in Daniel M. Feige, »L'avenir in Jazz – L'avenir des Jazz«, in: Arthur R. Boelderl, Monika Leisch-Kiesl (Hg.), *Die Zukunft gehört den Phantomen. Kunst und Politik (in) der Dekonstruktion*, Bielefeld: Transcript, im Erscheinen.

16 Vgl. Jacques Derrida, »Signatur, Ereignis, Kontext«, in: ders., *Randgänge der Philosophie*, Wien: Passagen 1988, S. 325-351, hier: S. 333.

17 Vgl. John L. Austin, *Zur Theorie der Sprechakte (How to do things with Words)*, Stuttgart: Reclam 1986.

den bestimmten Empfängers überhaupt, lesbar bleiben, damit sie als Schrift funktioniert, das heißt lesbar ist. Sie muß in völliger Abwesenheit des Empfängers oder der empirisch feststellbaren Gesamtheit von Empfängern wiederholbar – ›iterierbar‹ – sein. Diese Iterierbarkeit […] strukturiert das Zeichen der Schrift selbst, welcher Typ von Schrift es im übrigen auch immer sein mag […]. Eine Schrift, die nicht über den Tod des Empfängers hinaus […] strukturell lesbar – iterierbar – ist, wäre keine Schrift.«[18] Mit dem Begriff der Iterabilität ist der Begriff erreicht, von dem aus sich die Type-Token-Unterscheidung dekonstruieren lässt – und das heißt: der Punkt, von dem aus sie nicht verabschiedet wird, sondern vielmehr anders gedacht wird. Die Iterierbarkeit von Zeichen hat Derrida anhand der Unterschrift und ihrer letztlich paradoxen Struktur erläutert. Paradox ist sie, weil sie einerseits ein einmaliges Ereignis – in diesem Moment für dieses hier einzustehen – kennzeichnet und andererseits, um überhaupt eine solche Funktion erfüllen zu können, wiederholbar sein muss: »Eine schriftliche Unterzeichnung impliziert per definitionem die gegenwärtige oder empirische Nicht-Anwesenheit des Unterzeichners. […] Damit die Verbindung zur Quelle sich herstellt, muß die absolute Einmaligkeit eines Unterzeichnungsereignisses und reiner Unterschriftsform festgehalten werden: die reine Reproduzierbarkeit eines reinen Ereignisses. […] Um zu funktionieren, das heißt um lesbar zu sein, muss eine Unterzeichnung eine wiederholbare, iterierbare, nachahmbare Form haben; sie muss sich von der gegenwärtigen und einmaligen Intention ihrer Produktion lösen können. Ihre Gleichheit ist es, die, indem sie Identität und Einmaligkeit verfälscht, das Siegel spaltet.«[19] Dass eine Unterschrift als Zeichen wiederholbar ist und dadurch überhaupt nur als Unterschrift funktionieren kann und dass sie zugleich ein unwiederholbares Ereignis bezeichnen soll und auch dadurch überhaupt nur als Unterschrift funktionieren kann – genau diese Struktur der Möglichkeit wie Unmöglichkeit konstituiert sie als Unterschrift. Die Iterabilität als strukturelles Moment von Zeichen zu verstehen heißt dann nicht mehr, sie nach dem Vorbild der Type-Token-Unterscheidung zu verstehen; Zeichenvorkommnisse instantiieren keine abstrakten Typen. *Was es vielmehrt gibt, ist eine Kette oder eine Reihe von Tokens und damit die*

18 Derrida, »Signatur, Ereignis, Kontext«, S. 333.

19 Ebd., S. 349.

Möglichkeit der unendlichen Fortsetzung im Sinne des Aufpfropfens auf immer weitere Kontexte. Die Type-Token-Unterscheidung muss deshalb so reformuliert werden, dass es keine kategoriale Trennung von Types und Tokens gibt, sondern dass Types *Effekte* einer Reihe von Tokens sind. Das heißt aber auch, dass die in der Type-Token-Unterscheidung investierte kategoriale Trennung von Idealität und Materialität zurückgewiesen werden muss: Die Unterscheidung meint keine sauber getrennten Entitäten, sondern vielmehr sind Types wie Tokens ontologisch in einem Prozess der wechselseitigen Abhängigkeit beständig in Bewegung. *Iter*abilität geht mit *Alter*abilität zusammen: Mit jedem neuen Token ist auch der Type in Bewegung; keineswegs bleibt er von den Tokens unangetastet. Types sind damit als ideale Gegenstände immer schon unsaubere ideale Gegenstände, insofern sie die Grenze zur Materialität überschritten haben. Der Vorzug einer durch Derrida gelesenen Reformulierung der Type-Token-Unterscheidung liegt auf der Hand: Man kann an dem Unterschied, der zwischen der Seinsweise bestimmter Arten von Romanen auf der einen Seite und der Seinsweise bestimmter Arten von Gemälden auf der anderen Seite besteht, festhalten, ohne sich damit die Annahme eines Reichs idealer Gegenstände einzukaufen. Ausgehend von einem Reich reiner, idealer Bedeutungen gedacht, sind auch die vermeintlich abstrakten Gegenstände schon immer unreine, von der Materialität, Kontingenz und Geschichte befleckte Entitäten.

Jetzt noch einige Bemerkungen zur zweiten Unterscheidung, derjenigen zwischen performativen und nicht-performativen Künsten. Zwischen Romanen und musikalischen Werken besteht ein anderer Unterschied als der bislang behandelte. Musikalische Werke bedürfen der musikalischen Interpretation, während Romane bloß gelesen werden müssen. Dass dieser Unterschied unverzichtbar ist, lässt sich anhand folgender Überlegung zeigen: Eine musikalische Praxis, die in der Darbietung von Werken besteht, ist nicht allein durch die ästhetische Beurteilung der Werke selbst bestimmt, sondern auch durch die ästhetische Beurteilung der Darbietung, verstanden als eine musikalische Interpretation des musikalischen Werks. Von einer musikalischen Interpretation zu sprechen ist deshalb geboten, weil man natürlich auch Romane im Verstehen interpretiert – und auch eine Partitur in ihrer harmonischen, rhythmischen und melodischen Struktur interpretieren kann. Eine musikalische Interpretation ist hingegen eine ästhetische Auseinandersetzung mit dem Werk, die derart in ein ästhetisches Produkt mündet, dass sie selbst etwas ist, das ästhetisch beurteilt wird. Sie ist eine Darbietung des Werks und damit selbst ein ästhetischer Gegenstand. Dass wir den Unterschied zwischen Werk und Darbietung des Werks machen müssen und beides nicht aufeinander reduzieren können, lässt sich daraus ersehen, dass man das in Frage stehende Werk für ästhetisch gelungen halten kann, die entsprechende Darbietung aufgrund ästhetischer oder technischer Mängel aber für misslungen. Ebenso kann man manchmal ein Werk für eher uninteressant, die Darbietung aber derart für aufregend halten, dass sie Facetten aus dem Werk herausholt, von denen man vorher nicht dachte, dass sie dort zu finden seien. Zwar ist es so, dass das Verhältnis zwischen Werk und Darbietung dergestalt komplex ist, dass musikalische Werke immer in und durch Interpretationen zum Sprechen gebracht werden, so dass mit jeder gelungenen Interpretation zugleich auch der Sinn des Werks neubestimmt wird. In dieser Frage müssen wir, anders gesagt, ebenfalls mit Formen von Verunreinigungen rechnen, da nämlich musikalische Werke ontologisch nichts hinter oder neben musikalischen Darbietungen Liegendes sind, sondern in bestimmter Weise dialektisch von diesen her verstanden werden müssen.[20] Aber auch wenn dem so ist: Aufgrund des schwierigen Verhältnisses von Werk und Darbietung sollten wir nicht zu dem Schluss gelangen, dass der Unterschied zwischen beiden gar kein Unterschied ist.[21] Von der Darbietung von Werken muss offensichtlich noch die musikalische Improvisation unterschieden werden, die keine Darbietung eines musikalischen Werks ist. Das Werk selbst ist hier nur das, was man in dem und durch den Prozess der Improvisation zu hören bekommt. Von der Seinsweise der Musik in Form des musikalischen Werks, des musikalischen Ereignisses, das eine Darbietung eines solchen Werks ist, und eines musikalischen Ereignisses, das als Improvisation keine Interpretation eines Werks ist, muss als Viertes zudem noch die musikalische Aufnahme unterschieden werden: Ist sie gerade im Jazz und mit Blick auf Musik in der Tradition europäischer Kunstmusik häufig einer dokumentarischen Agenda

20 Vgl. Feige, *Philosophie des Jazz*, Kapitel 3.

21 Vgl. in diesem Sinne auch Richard Klein, *Musikphilosophie zur Einführung*, Hamburg: Junius 2014, Einleitung.

verpflichtet – was nicht heißt, dass eine Aufnahme jemals transparent sein könnte –, so sind Aufnahmen vor allem in der Popmusik ästhetische Gegenstände eigenen Rechts.[22] Entsprechend kann eine Aufnahme einfach eine Aufzeichnung eines musikalischen Ereignisses sein oder aber als Aufnahme ein ästhetischer Gegenstand eigenen Rechts.

Neben der Musik sind sicherlich der Tanz und die Performance als performative Künste zu begreifen. Vor allem aber ist das Theater als paradigmatische performative Kunstform behandelt worden. Anders als im Fall der Darbietung eines musikalischen Werks, muss beim Theater in den meisten Fällen zwischen drei Aspekten unterschieden werden, die ästhetisch beurteilt werden: Dem Werk, der Inszenierung und der Aufführung. Eine Inszenierung kann prinzipiell an verschiedenen Orten mit verschiedenen Schauspielern, auf jeden Fall aber zu verschiedenen Zeiten vorliegen. Man kann entsprechend ein Werk für gelungen und auch seine Inszenierung für ästhetisch bestechend halten, die Darbietung an diesem Abend mit diesem Ensemble allerdings für weniger überzeugend. Der Film ist hingegen keine performative Kunst. Anders als der Roman muss er allerdings vorgeführt werden. Damit ist aber nicht allein sein Unterschied zum Roman benannt, sondern auch sein Unterschied zu den performativen Künsten: Etwas vorzuführen ist etwas anderes, als etwas aufzuführen; Vorführungen sind anders als Aufführungen keine ästhetischen Interpretationen.[23] Vielmehr kann es allein zu technischen Fehlern der Vorführung kommen. Das geschieht etwa dann, wenn die Filmrolle reißt, der Projektor beschädigt ist, die Lichter im Kinosaal aufgrund eines Defekts nicht ausgehen usf. Es wäre Ausdruck eines grundsätzlichen Missverständnisses, würde man zu dem Filmvorführer gehen und ihm einen ästhetischen Fehler vorwerfen. Diese Bestimmung gilt natürlich nicht für den frühen Film, bei dem der Film von Hand gekurbelt und von Live-Musik begleitet wurde – er hat sich im Lichte der technologischen Veränderungen auch von einer zumindest mereologisch betrachtet teilweise performativen Kunst zu einer nicht länger performativen Kunst gewandelt. Die meisten Gemälde und Skulpturen müssen

22 Vgl. dazu ausführlicher Daniel M. Feige, »Zur Ontologie der Popmusik«, in: *Musik & Ästhetik* 81 (2017), S. 40-54.

23 Vgl. in diesem Sinne auch Carroll, »Auf dem Weg zu einer Ontologie des bewegten Bildes«.

anders, als Romane und Filme, hingegen weder interpretativ gelesen werden, noch bedürfen sie der Vorführung. Vielmehr bedürfen sie der Ausstellung. Auch dann, wenn man im Lichte jüngerer Diskussionen zur Rolle des Kurators der Auffassung sein sollte, dass der Kurator als eigenständiger ästhetischer Akteur zu würdigen ist,[24] ist die Situation zumeist anders als die Situation in den performativen Künsten. Gleichwohl ist das nicht immer so: Wenn man etwa an Ausstellungen denkt, die das Werk selbst sind, so gibt es hier durchaus eine Unterscheidung, die verwandt ist mit der Unterscheidung von Werk und Darbietung in der Musik: Die Ausstellung als Werk hat an verschiedenen Orten und zu verschiedenen Anlässen jeweils sehr verschiedene Kontur gewonnen.

Ich habe in den vorangehenden Analysen keineswegs den Versuch unternommen, Werke einer Kunst sauber in ontologische Kategorien einzuteilen. Zum einen, weil unterschiedliche Werke einer Kunst in durchaus verschiedener Weise existieren können, zum anderen, weil die entsprechenden Unterscheidungen nicht im Sinne sauberer kategorialer Grenzen zu ziehen sind. Wie ich mit der Dekonstruktion der Type-Token-Unterscheidung im Geiste Derridas gezeigt habe, ist vielmehr die eine Seite der Unterscheidung immer schon von der anderen affiziert. Jetzt möchte ich fragen, wie sich im Rahmen dieser Unterscheidungen das Design ausnimmt.

7.2 Design als ontologische Kategorie

Zu den Preisträgern des German Design Award 2017 gehört das von N+P Industrial Design gestaltete Mietradsystem für die Münchner Verkehrsgesellschaft. Gegenstand der Gestaltung waren neben den Fahrrädern auch die Stationen, an denen die Fahrräder abgeholt und wieder zurückgebracht werden können, sowie eine App. Auf

24 Vgl. dazu Fiona McGovern, *Die Kunst zu zeigen. Künstlerische Ausstellungsdisplays bei Joseph Beuys, Martin Kippenberger, Mike Kelley und Manfred Pernice*, Bielefeld: Transcript 2016. Zu dieser Frage auch Dorothea von Hantelmann, »The Rise of the Exhibition and the Exhibition as Art«, in: Armen Avanessian, Luke Skrebowski (Hg.), *Aesthetics and Contemporary Art*, Berlin: Sternberg Press 2011, S. 177-192. Sowie Beatrice von Bismarck, »Relations in Motion. The Curatorial Condition in Visual Art – and its Possibilities for the Neighbouring Disciplines«, in: *Frakcija* 55 (2010), S. 50-57.

welche Weise existiert das, was N+P Industrial Design hier gestaltet hat? Das Problem ist hier nicht, dass der Gegenstand selbst aus mehreren Teilgegenständen besteht. Schließlich besteht auch eine Küche von Poggenpohl und ein Stuhl wie Marcel Wanders' *Knotted Chair* aus mehreren Teilen. Die mereologische Dimension stellt uns angesichts von Mietradstationen, Designerküchen und Stühlen aus verschiedenen Materialien oder einem Material nicht unbedingt vor schwerwiegende ontologische Probleme. Ontologisch schwieriger ist hingegen die Frage, was N+P Industrial Design hier genau geschaffen hat. Das Produkt ihrer Arbeit ist offensichtlich weder mit einem einzigen aus mehreren Teilen zusammengesetzten Gegenstand identisch, noch ist es mit der Menge aller solcher Gegenstände identisch. Denn potentiell hätten auch beliebig viele weitere Exemplare des Mietradsystems produziert werden können. Selbst wenn das angesichts des von N+P Industrial Design entworfenen Mietradsystems sinnlos wäre, können Designgegenstände natürlich prinzipiell auch in limitierter Auflage hergestellt werden. Aber noch der Fall, dass ein Plakat in einer limitierten Auflage gedruckt wird, setzt immer schon voraus, dass es potentiell auch in einer höheren Auflage hätte gedruckt werden können. Von der bloßen Entscheidung, Designgegenstände in limitierter Auflage zu produzieren, muss offensichtlich der Fall unterschieden werden, in dem materielle Bedingungen derart in Designgegenstände eingehen, dass die Anzahl gerade nicht in kontingenter Weise limitiert bleibt. Man kann hier etwa an den Fall denken, dass Graphikdesigner bzw. Graphikdesignerinnen Plakate auf einer alten Druckmaschine herstellen, die nach wenigen gedruckten Exemplaren zu Bruch geht – und dass die Beschränktheit der Ressourcen zugleich derart produktiv gedeutet wird, dass zu den Merkmalen entsprechender Plakate gehört, dass sie eben dort gedruckt worden sind. Man kann auch an den Fall denken, in dem ein Graphikdesigner bzw. eine Graphikdesignerin seine bzw. ihre Plakate auf einer Druckmaschine erstellt, die so modifiziert worden ist, dass sie nach einer bestimmten Anzahl gedruckter Plakate nicht länger funktioniert. Von diesen Fällen müssen solche Fälle unterschieden werden, in denen den einzelnen Gegenständen dadurch der Charakter eines Unikats verliehen wird, dass sie teilweise durch händische Produktion zustande kommen. Hierbei denke ich nicht so sehr an die Arbeiten des Graphikdesigners Anthony Burrill, der seine Plakate jeweils mit einer Unterschrift versieht – was für sich schon eine Reihe komplexer ontologischer Fragen aufwirft; dadurch wird eine erst einmal angesichts solcher Gegenstände deplatziert wirkende Unterscheidung zwischen authentischen wie nicht-authentischen Exemplaren von Plakaten etabliert. Ich denke hier vielmehr vor allem an Gegenstände des Industriedesigns, in deren Herstellung Verfahrensweisen des Handwerks Einzug halten. Aber noch in all diesen Fällen – dass aus kontingenten oder konzeptuellen Gründen Gegenstände nur in einer bestimmten Anzahl produziert worden sind oder dass in der Produktion jedes Gegenstandes teilweise händisch-handwerkliche Verfahren angewandt werden – ist es nicht so, dass damit die potentiell massenhafte Produktion von Designgegenständen verabschiedet wird. Vielmehr sind diese Verfahren dialektisch vor dem Hintergrund der potentiell massenhaften Produktion zu verstehen. Sie loten jeweils in spezifischer Weise die Möglichkeiten und Grenzen von Design neu aus oder sind dem Selbstverständnis nach als Korrektiv zu etablierten Designpraktiken zu verstehen. Hinter die mit der industriellen Revolution eingeleitete Arbeitsteilung gehen sie aber nicht zu etwas Ursprünglicherem oder Vorgängigem zurück. Noch Design, das Verfahrensweisen des Handwerks aufgreift, ist nicht eine Rückkehr zum Handwerk. Denn der Sinn des Handwerks hat sich offensichtlich durch die Genese des Designs als eigenständiger Art von Gegenständen geändert.

In seinem Aufsatz »The Artworld« zitiert Arthur C. Danto Ch'ing Yuan als Versinnbildlichung seines Gedankens, dass ein monochromes schwarzes Gemälde nicht allein schwarz ist, sondern vielmehr seine schwarze Farbe *als* schwarze Farbe zeigt: »Bevor ich Zen dreißig Jahre studiert habe, sah ich Berge als Berge und Wasser als Wasser. Als ich ein genaueres Verständnis entwickelt hatte, kam ich an den Punkt, dass ich Berge nicht länger als Berge und Wasser nicht länger als Wasser sah. Jetzt aber, wo ich das Wesentliche verstanden habe, komme ich zur Ruhe. Denn es ist so, dass ich Berge wieder als Berge und Wasser wieder als Wasser sehe.«[25] Die Rückkehr des Handwerks im Design zeitigt just eine solche eigentümliche Dialektik, auf die Danto hier rekurriert: Die handwerkliche Dimension in entsprechenden Designgegenständen zu sehen setzt gerade die historischen Umbrüche, genauer die Ablö-

25 Danto, »The Artworld«, S. 579. Übersetzung D. M. F.

sung handwerklicher Produktion durch maschinelle Produktion voraus, die sie zugleich durchzustreichen scheint. Ich möchte mit dieser Bemerkung gar nicht bestreiten, dass es auch Bezugnahmen auf Designgegenstände gibt, die diese als unvertretbare Gegenstände behandeln. Aber selbst dann, wenn man die von Richard Sapper für Artemide entworfene Lampe *Tizio* aus dem Jahr 1972 besitzt, besitzt man weder ein Unikat, noch das ursprüngliche Design. Denn das, was Designer*innen produzieren, sind in den meisten Fällen keine einzelnen raumzeitlichen Gegenstände oder definiten Mengen solcher Gegenstände. Was sie vielmehr produzieren, sind zumeist *Entwürfe*, die in unterschiedlichen raumzeitlichen Gegenständen verkörpert werden können. Die Rückkehr des Handwerks im Design – sei es, dass diese tatsächlich stattfindet, sei es, dass sie ein bloß im Modus der Ankündigung verbleibendes Ereignis ist – bestätigt diesen Gedanken dialektisch dadurch, dass sie ihn zurückweist.

Mit Blick auf die im ersten Teil dieses Kapitels diskutierten Unterscheidungen ist das Produkt des Gestaltungsprozesses damit üblicherweise, anders als im Fall der meisten Gemälde und Skulpturen, kein einzelner raumzeitlicher Gegenstand, sondern vielmehr so etwas wie eine Blaupause für beliebig viele raumzeitliche Gegenstände. Gemäß der ersten Unterscheidung würde es sich bei dem Werk des Designers bzw. der Designerin um einen Type handeln, der in beliebig vielen Tokens verkörpert werden kann. Im Sinne der im ersten Teil des Kapitels entwickelten Überlegungen möchte ich diese These natürlich so verstanden wissen, dass ein solcher Type immer schon als verunreinigt durch seine Verkörperungen betrachtet und nicht von diesen kategorial getrennt verstanden werden muss. Dabei scheint das Produkt des Designers bzw. der Designerin einerseits eine Nähe zu den meisten Romanen und andererseits zu den meisten Filmen aufzuweisen. Eine Kopie eines Romans ist ein weiteres Exemplar dieses Romans, aber weder eine künstlerische Interpretation des Romans noch eine Fälschung. Ebenso ist die Kopie einer Filmrolle oder eine Kopie einer Filmdatei weder eine künstlerische Interpretation noch eine Fälschung. Roman und Film gehören in dieser Hinsicht auch dann in eine ontologische Kategorie, wenn sie sich in anderen Hinsichten gravierend unterscheiden. Der Film ist vom Roman dadurch unterschieden, dass dieser anders als Letzterer der Aufführung bedarf und dass die

Filmrolle und die Datei bestimmter technischer Hilfsmittel bedürfen, um als Film wahrgenommen werden zu können, nämlich Filmprojektoren und Computer. Zwar kann eine schlechte Kopie eines Romans diesen unlesbar machen. Aber nicht allein kann das zumindest auch bei einer Kopie der heute eher anachronistischen analogen Filmrolle als Trägerin des Films passieren. Vielmehr ist das Verhältnis von Roman zu materiellem Träger und das Verhältnis von Film zu materiellem Träger nicht identisch, da im Fall des Films eben ein weiteres Medium benötigt wird, um ihn als Film sichtbar zu machen, während im Fall des Romans das bloße Lesen genügt. Wie beim Film die Vorführung keine ästhetische Leistung ist, sondern vielmehr allein technisches Wissen erfordert, ist auch die Produktion von Designgegenständen aus einem Entwurf herkömmlicherweise keine ästhetische Leistung. Zwar kann es in einer Fabrik, in der Gegenstände des Industriedesigns maschinell hergestellt werden, zu vielfältigen Arten von Fehlfunktionen kommen: Die Gegenstände können durch technische Fehler dysfunktional werden oder aber funktional bleiben und dennoch in bestimmten Dimensionen nicht länger dem Entwurf entsprechen. Aber auch das sind keine ästhetischen Fehler, sondern technische Fehler oder Defekte. Aus einem Entwurf einen Gegenstand zu produzieren ist üblicherweise nicht nach dem Vorbild der musikalischen Interpretation eines musikalischen Werks zu deuten. Wenn wir an die textile Oberfläche des Stuhls *Patch* von Jacco Bregonje denken, so ist diese zwar bei jedem Exemplar des Stuhls leicht unterschiedlich. Diese Unterschiede kommen aber, anders als im Fall der musikalischen Interpretation eines musikalischen Werks, nicht dadurch zustande, dass die verschiedenen Exemplare des Entwurfs verschiedene Interpretationen desselben wären. Sie kommen vielmehr durch Unterschiede im verwendeten textilen Material zustande, auf das durchaus immer dieselbe Technik angewendet wird. Auch hier haben wir es nicht mit Unikaten zu tun, sondern verschiedenen Exemplaren ein und desselben Entwurfs – auch wenn dieser, anders als bei vielen anderen Produkten des Industriedesigns, jeweils individuelle Abweichungen kennt.

Zwischen Entwürfen im Design auf der einen Seite und Romanen und Filmen auf der anderen Seite gibt es aber einen Unterschied, der eine eindeutige Zuordnung des Designs auf Seiten von ästhetischen Gegenständen, die als Typen existieren, unplausibel macht: Anders als das Papier, auf dem das Manuskript eines Romans notiert oder ausgedruckt ist, und anders als bei einer Filmrolle oder einer Datei eines Films, werden im Entwurf zumeist auch manifeste Eigenschaften – die verwendeten Stoffe, die Farbigkeit, die Textur, das Material usf. – festgelegt. Höchstens Romane, für die die Farbe ihres Schriftbildes und die Typographie selbst konstitutiv sind, und Gedichte, zu deren zentralen Eigenschaften das Schriftbild gehört, sind in der Nähe der Seinsweise des Designs zu sehen. Im Fall der konkreten Poesie oder experimentell-typographischer Romane schmiegt sich die Literatur hier gewissermaßen an das an, was in anderer Weise auch im Graphikdesign geschieht. Ein Film, bei dem die Filmrolle selbst aus einem bestimmten Material sein muss oder der von einem bestimmten Speicherort auf dem Computer aus abgespielt werden muss, ist wohl nicht länger ein Film, sondern vielmehr ein mereologisches Element einer Installation oder einer Performance. Kurz gesagt: Entwürfe sind, bevor sie in die Produktion gehen, zumeist schon mit Blick auf bestimmte Materialien und Medien und auch solch scheinbar triviale Aspekte wie ganz schlichte Größenverhältnisse konzipiert. Auch wenn die meisten Romane und die meisten Filme wie die meisten Designgegenstände in verschiedenen raumzeitlichen Gegenständen instantiiert werden können, bewohnen Designgegenstände dennoch nicht ein- und dasselbe ontologische Reich wie Filme und Romane.

Im Spannungsfeld etablierter Unterscheidungen im Feld der Ontologie ästhetischer Gegenstände zeigen sich Designgegenstände als Gegenstände, die nicht im Rahmen gängiger Unterscheidungen trennscharf zu fassen sind. So wie sie konstitutiv in bestimmten Materialien und Medien verkörperte Ideen der Gestaltung sind und damit, gemessen an einem klassischen – und letztlich natürlich falschen – Begriff der Idee, selbst unreine, materialisierte Ideen sind, so lassen sie in bestimmter Weise etwas an der Unterscheidung zwischen Types und Tokens problematisch werden. Derrida habe ich im ersten Teil dieses Kapitels nicht allein deshalb referiert, weil die Unterscheidung zwischen Type und Token meines Erachtens erst im Rahmen der von ihm vorgeschlagenen Reformulierung verständlich wird. Vielmehr habe ich ihm auch deshalb relativ ausführlich das Wort gegeben, weil der Gedanke, dass Typen von ihren Verkörperungen derart affiziert sind, dass sie von ihnen zwar unterschieden, aber zugleich deren Effekte sind, die

Art und Weise bezeichnen könnte, auf die Designgegenstände existieren: Es handelt sich hier um Gegenstände, die zwar dahingehend abstrakte Gegenstände sind, dass sie in mehreren raumzeitlichen Gegenständen verkörpert werden können. Zugleich findet sich in ihnen bereits eine markantere Weise des Rekurses auf mediale und materiale Bedingungen, als das mit Blick auf die Seinsweise musikalischer Werke und Romane der Fall ist. Wie der Prozess des Gestaltens Aspekte dessen, was es überhaupt heißt zu handeln, explizit thematisch werden lässt, so lässt die Art und Weise, auf die Design existiert, explizit werden, dass auch vermeintlich abstrakte Gegenstände immer schon von dieser Welt sind: Sie sind auf ganz konkrete materiale und mediale Bedingungen bezogen und arbeiten sich an diesen ab.

Wenn es so ist, dass Designgegenstände, anders als Kunstwerke, in je eigener Weise bestimmten Zwecken dienen und die Formgebungen dieser Funktionen zugleich unsere Welt selbst formen, so sind sie, anders als Kunstwerke, potentiell der Ideologie verdächtig. Das ist deshalb so, weil Designgegenstände auf einen unthematischen Horizont praktischer Verständnisse bezogen sind und nicht wie Kunstwerke Unterbrechungen und Suspensionen solcher Verständnisse sind. Das heißt zugleich, dass Design in anderer Weise kritisierbar ist als die Kunst. Der Frage der Kritik des Designs wird sich das letzte Kapitel dieses Buchs zuwenden.

Kapitel 8
Kritik des Designs

In dem bereits im dritten Kapitel zitierten Aufsatz »Design ist unsichtbar« schlägt Lucius Burckhardt eine Blickumkehr auf Designgegenstände vor.[1] Ob Designer*innen wollen oder nicht: Auch dann, wenn sie ganz profane Alltagsgegenstände entwerfen, gestalten sie damit immer schon mehr und anderes als bloß diese Gegenstände. Sie arbeiten nämlich implizit auch an den kulturellen Praktiken mit, im Rahmen deren diese Gegenstände gebraucht werden. Gegenüber einem Verständnis von Design, das bei einer Analyse separater Gegenstände ansetzt, die freilich in funktionalen Zusammenhängen stehen, schlägt Burckhardt deshalb vor, auf den weitergehenden institutionellen Kontext solcher Gegenstände zu schauen. Denn Designer*innen, die blind bleiben für solche Kontexte, perpetuieren einfach deren grundlegende Strukturen. Und das ist in den meisten Fällen nicht wünschenswert: Solche institutionellen Kontexte sind nicht allein suboptimal unter funktionalistischen Gesichtspunkten, sondern für diejenigen, die sich in ihnen bewegen, auch entmündigend.[2] Worauf Burckhardt letztlich abzielt, ist die Frage der sozialen Dimension des Designs – auf Social Design avant la lettre:[3] Design soll gemeinschaftsbefördernd, ermächtigend und emanzipatorisch sein. Das Vorgehen, einfach weitere Alltagsgegenstände den bestehenden hinzuzufügen und sie – wie Burckhardt sagt – entweder hinsichtlich ihrer Form oder ihrer Funktion zu optimieren, bezeichnet er als kontraproduktiv: Designgegenstände können nämlich die Probleme, zu deren Lösung sie angetreten waren, verschleppen oder gar verschlimmern. Erst wer den weitergehenden institutionellen Kontext in Rechnung stellt, kann überhaupt eine richtige Beschreibung des Problems geben.

1 Vgl. Burckhardt, »Design ist unsichtbar«.

2 Das hat Burckhardt auch im Rahmen einer Analyse der Dialektik der Figur des »Planers« in Fragen der Stadtentwicklung zu zeigen versucht. Vgl. Lucius Burckhardt, »Wer plant die Planung?«, in: ders., *Wer plant die Planung? Architektur, Politik und Mensch*, Berlin: Schmitz 2004, S. 71-88.

3 Vgl. zum Social Design die Beiträge in Claudia Banz (Hg.), *Social Design. Gestalten für die Transformation der Gesellschaft*, Bielefeld: Transcript 2016.

In seiner Gegenüberstellung des herkömmlichen und des von ihm vorgeschlagenen alternativen Verständnisses von Design wirft Burckhardt dem herkömmlichen Verständnis vor, dass es sich selbst fälschlicherweise als neutral ausgibt: »Das Werkbuch-Jahrbuch von 1914 zeigt Kriegsschiffe als Gegenstände der Gestaltung, in gleicher Weise zeigte die Zeitschrift Werk im April 1976 die Kühltürme von Atomkraftwerken als eine reizvolle Aufgabe für Architekten.«[4] Man muss Burckhardts letztlich überspitzter These nicht zustimmen, dass alles Design am Ende des Tages das Gestalten sozialer Strukturen sein müsse. Man sollte ihm aber durchaus in dem Gedanken zustimmen, dass Design niemals *unschuldig* ist. Keine Designentscheidung antwortet neutral auf ein bloß gegebenes Problem. Vielmehr drückt sich in jeder Antwort zugleich ein bestimmtes Verständnis dieses Problems aus. In der und durch die Antwort in Form von Gegenständen wird das Problem zugleich bestimmt interpretiert. Wenn es richtig ist, dass Design eine ästhetisch-praktische Form der Welterschließung ist, so ist jede Antwort auf ein bestimmtes Problem in Form von Gegenstände zugleich eine Formung unserer Praxis: Je nachdem, welche Mittel wir zur Verfügung haben, können wir nicht allein andere Zwecke verfolgen, sondern der Sinn unserer Zwecke ändert sich ausgehend von den vorhandenen Mitteln. Es bedarf damit einer *Kritik des Designs*. Diese befragt Designentscheidungen hinsichtlich der Effekte, die sie mit Blick auf unsere Praxis vor dem Hintergrund normativer Gesichtspunkte der Beurteilung unserer Lebensführung haben. Anders nämlich als im Fall von Kunstwerken, die eben als Kunstwerke keinen praktischen Zwecken dienen, heißt einen Designgegenstand zu beurteilen, ihn immer auch im Lichte der Zwecke zu beurteilen, denen er dient und denen er einen jeweils spezifischen Sinn gibt. Im Geiste des Gedankens von Bruno Latour, dass eine Schusswaffe kein relativ auf die verfolgten Zwecke neutraler Gegenstand ist, da ein Mensch mit einer Waffe in der Hand ein Hybridwesen aus Mensch und Waffe wird,[5] muss man festhalten: Designgegenstände bedürfen einer anderen, praktischen Kritik und einer Kritik von Praktiken im Kontrast zur Kunstkritik. Dieses letzte Kapitel möchte

4 Vgl. Burckhardt, »Design ist unsichtbar«, S. 214.

5 Vgl. Bruno Latour, *Die Hoffnung der Pandora*, Frankfurt/M.: Suhrkamp 2000, S. 211 ff. Vgl. unter medientheoretischer Perspektive analog auch Marshall McLuhan, *Die magischen Kanäle*, Düsseldorf u. a.: Econ 1992, S. 21 f.

Grundzüge einer Kritik des Designs in zwei Schritten entwickeln. Im ersten Teil werde ich anhand von Kandidaten wie Schusswaffen und Werbung die Notwendigkeit einer kritischen Analyse von Designgegenständen ausweisen. Auch wenn Designgegenstände ihren Zwecken jeweils durch ihre Form einen spezifischen Sinn geben, heißt das nicht, dass man sie unabhängig von ihren Zwecken beurteilen könnte. Im zweiten Teil werde ich daraufhin im Rahmen der Interpretation einiger Designgegenstände Überlegungen zu der Frage anstellen, was es heißen könnte, dass Design Ausdruck einer kritischen Praxis ist. Anders als in der Kunst, die per se kritisch darin ist, dass sie Praxis und Funktionieren unterbricht, muss Design als kritische Praxis durchaus im Geiste von Lucius Burckhardts Überlegungen als ermächtigende Praxis für diejenigen verstanden werden, die mit entsprechenden Designgegenständen umgehen. In Form einer kurzen Coda werde ich abschließend auf die Frage eingehen, inwieweit eine solche ermächtigende Praxis mit dem erreicht ist, was heute anhand des Schlagworts des Social Designs diskutiert wird.

8.1 Waffen und Werbung

Beginnen wir mit einem Gedankenexperiment. Stellen wir uns vor, wir würden zufällig von einer Designagentur erfahren, die sich unter dem Namen Aletheia auf die industrielle Herstellung von Folterinstrumenten spezialisiert hat. Neben klassischen Gegenständen, für die es so etwas wie ein Pendant im Bereich des »Handwerks« gäbe wie etwa Daumenschrauben und Streckbänke, wäre die Firma besonders für ein Design berühmt: einen Waterboarding-Stuhl, der sich in Gefängnissen totalitärer und auch nicht so totalitärer Staaten einen festen Platz gesichert hätte. Es würde sich um einen ästhetisch ansprechenden Stuhl handeln, den man sich unter bloß kulinarischen Gesichtspunkten auch gut als Zimmerschmuck in die Wohnung stellen könnte. Der sanfte Blauton der Materialien, aus denen er gefertigt ist, würde nicht nur metaphorisch auf das Wasser verweisen, das in ihm Anwendung findet, sondern er wäre auch der Blauton, den Yves Klein verwendet hat. Zudem wäre er ökologisch auf Nachhaltigkeit dahingehend ausgerichtet, dass nicht allein die Materialien, aus denen er hergestellt ist, aus recycelbaren

Rohstoffen wären. Vielmehr würde auch das seiner Verwendung zugeführte Wasser in einem Auffangbecken landen und durch eine neuartige Pumptechnik mehrmals gebraucht werden können.

Vilém Flusser hat festgehalten: »Seit sich die Techniker bei den Nazis dafür entschuldigen mussten, dass ihre Gaskammern nicht gut genug waren, um die Kundschaft schnell zu töten, wissen wir wieder, was Teufel bedeutet. Wir wissen wieder, was hinter dem Begriff Gutes Design alles lauert.«[6] Flusser hätte dann Recht mit dieser polemischen Diagnose, wenn unter der Güte von Designgegenständen allein das möglichst reibungslose und effiziente Funktionieren von Designgegenständen verstanden wird. Designgegenstände so zu verstehen würde aber immer schon heißen, dass die Zwecke, zu denen sie da sind, ausgeblendet würden. Wir würden wahrscheinlich angesichts des imaginierten Waterboarding-Stuhls nicht zögern, ihn als Designgegenstand zu charakterisieren. Womit wir allerdings zögern würden und auf jeden Fall auch sollten, wäre, einen solchen Designgegenstand als einen gelungenen oder guten Designgegenstand zu bezeichnen. Und das selbst dann, wenn er die Funktion, zu der er gemacht ist, nicht nur einwandfrei erfüllt, sondern diese durch ihn auch in eigenständiger Weise neu erarbeitet worden ist. Uns bliebe die Redeweise im Halse stecken, dass es sich hier um einen ästhetisch gelungenen Gegenstand handeln würde. Das ist so, weil diese Redeweise dahingehend formalistisch wäre, dass die Beurteilung der Güte eben nur durch eine Beurteilung der Mittel, nicht aber der Zwecke zustande käme. Anders als in der Kunst, kommen wir nicht umhin, im Bereich des Designs auch die Legitimität der Zwecke selbst als Aspekt dessen zu behandeln, was wir hier beurteilen. Es kann keinen rein formalen Blick auf einen solchen Stuhl geben, ohne dass eine entscheidende Dimension von Design verpasst würde.

Arthur C. Danto hat zu einer Theorie der ästhetischen Einstellung, die letztlich behauptet, dass das Ästhetische auf eine bestimmte kognitive Distanz auf Seiten der Rezipienten und Rezipientinnen zurückzuführen sei, kritisch angemerkt: »Meine eigene Auffassung ist [...], daß es Fälle gibt, bei denen es falsch oder unmenschlich wäre, eine ästhetische Einstellung einzunehmen und bestimmte Realitäten in Distanz zu rücken – zum Beispiel eine De-

6 Vilém Flusser, *Vom Stand der Dinge. Eine kleine Philosophie des Design*, Göttingen: Steidl 1997, S. 39.

monstration, bei der Polizisten Demonstranten niederknüppeln, als eine Art Ballett zu sehen, oder explodierende Bomben vom Flugzeug aus, das sie abwirft, als geheimnisvolle Chrysanthemen. Vielmehr muß die Frage sich einstellen, was man tun soll.«[7] Seine Aussage sollte offensichtlich nicht so verstanden werden, dass Letzteres etwa für einen Hollywood-Kriegsfilm gilt und Ersteres für eine Performance, bei der eine solche Eskalation kalkuliert sein könnte – obwohl auch in diesen beiden Fällen der Begriff der psychischen Distanz unangemessen wäre. Seine Aussage ist vielmehr so zu verstehen, dass wir, wenn wir es mit bestimmten Phänomenen zu tun haben, einen Fehler machen würden, wenn wir sie nicht unter Gesichtspunkten ihrer ethischen Kritisierbarkeit betrachten würden. Anders als für Kunstwerke, hat dieser Punkt für Designgegenstände Gültigkeit: In der Beurteilung von Designgegenständen gehören auch die Zwecke und damit die ganze Praxis beurteilt, im Rahmen deren sie Kontur gewinnen. Für Kunstwerke hat er dagegen keine Geltung. Denn etwas hört dann auf, ein Kunstwerk zu sein, wenn es eine bloße Verlängerung praktischer Zwecke ist.[8] Ist der Kunstbegriff ein normativer Begriff, heißt ein Kunstwerk zu sein, gelungen zu sein, so sind entsprechende Fälle von vorneherein Schwundstufen der Kunst. Um nicht falsch verstanden zu werden: Natürlich ist das, was zur Kunst gehört, wesentlich umstritten, ebenso wie die Frage, ob ein Werk gelungen oder misslungen ist. Und natürlich sind misslungene Kunstwerke in bestimmter Weise immer noch Kunstwerke. Sie sind aber *Privationen* der Kunst und das heißt: Etwas, das seinem eigenen Begriff nicht vollständig gerecht wird. Michael Hanekes *Caché* ist nicht einfach eine Kritik an

7 Danto, *Die Verklärung des Gewöhnlichen*, S. 47.

8 Ich möchte festhalten, dass ich mich damit keineswegs auf die These verpflichte, dass jüngere Entwicklungen der Kunst wie die partizipative Kunst deshalb nicht länger Kunstpraktiken wären. Als Kunstpraktiken sind sie aber wiederum nicht bloße Illustrationen von Thesen oder Verlängerungen einer bruchlos übersetzbaren praktischen Agenda, sondern vielmehr Interventionen, die, gemessen an entsprechenden Zwecken, wesentlich unbestimmt sind. Anders gesagt: Partizipative Kunst ist nicht bloß soziale Intervention, sondern Reflexion auf das, was sie tut, und damit auf die zugrundeliegenden sozialen Strukturen. Noch angesichts von Christos *The Floating Piers* kann und muss man sich fragen, um was es sich hier eigentlich handelt; was das für eine Art von Eingriff in den öffentlichen gesellschaftlichen wie natürlichen Raum ist; was sich für diejenigen zeigt, die sie mit nackten Füßen betreten; was für eine Art von temporärer Gemeinschaft hier entsteht.

dem Pariser Massaker im Oktober 1961, wie Rémy Belvaux' *Mann beißt Hund* nicht einfach eine Kritik an der voyeuristischen Natur der Massenmedien ist. Noch die strengsten und konzentriertesten Kunstwerke stellen eher Fragen an ihre Rezipienten und Rezipientinnen, als Thesen und Antworten zu formulieren. Während ernsthaft zur Disposition steht, ob Leni Riefenstahls *Triumph des Willens* überhaupt etwas mit Kunst zu tun hat, handelt es sich zumindest bei den Kontroversen etwa um Thomas Bernhards *Holzfällen* tendenziell eher um Kategorienfehler als um Beiträge zu einem kunstkritischen Diskurs. Und dass Abramović' ihren wie unseren Körper attackierende Performances, Ulrich Seidels gerade durch ihre dokumentarische Rhetorik verstörende Filme oder auch Wes Cravens teils mit drastischen Gewaltdarstellungen operierende Horrorfilme Skandale auslösen können, spricht nicht gegen ihren Kunststatus. Mit Adorno muss man sagen, dass ein Kunstwerk zu sein, gemessen an dem, was außerästhetisch Rationalität heißt, immer schon ein Skandalon ist. Das gilt noch für die Symphonien Beethovens und die Gedichte Eichendorffs. Zugespitzt gesagt: Kunstwerke sind als je eigensinnige Reflexionsgeschehen per se niemals eine Verlängerung einer ethischen Erziehung oder einer politischen Agenda; wenn überhaupt sind sie als Kunstwerke eine Art von Gegen-Politik gegenüber dem Politischen. Das aber niemals derart, dass sie sich als politische Aussagen paraphrasieren lassen würden. Wäre das möglich, wären sie keine Kunstwerke, sondern ein ethisches oder politisches Aphrodisiakum.

Im Design ist das deshalb anders, weil Designgegenstände, anders als Kunstwerke, zu etwas da sind, bestimmten Zwecken dienen. Waffen sind dazu da, Menschen oder Tiere zu töten. Wer sie mit Blick auf ihre Gestaltung ästhetisierend anstarrt und sie allein mit Blick auf ihre gestalterische Effizienz beurteilt, zeigt sich als jemand, der restlos Opfer einer Perspektive geworden ist, die noch das Ästhetische allein vor dem Hintergrund der instrumentellen Vernunft zu denken vermag.[9] Anders gesagt: Er oder sie blendet bewusst oder aus Betriebsblindheit eine entscheidende Urteilsdimension auch dessen aus, was es heißt, einen solchen Gegenstand ästhetisch zu beurteilen. Angesichts etwa von Waffen kann der Designer bzw. die Designerin sich nicht neutral verhalten.

9 Ich beziehe mich hier auf Theodor W. Adorno, Max Horkheimer, *Dialektik der Aufklärung. Philosophische Fragmente*, Frankfurt/M.: Suhrkamp 1988.

Wir müssen dabei natürlich grundsätzlich unterscheiden zwischen Gegenständen, deren Zweck per se problematisch ist wie etwa bei dem imaginierten Stuhl oder potentiell auch bei Schusswaffen, und Gegenständen, bei denen die Zwecke nicht schon per se problematisch sind. Denn wir sollten, anders als es die Arts-and Crafts-Bewegung getan hat, nicht schon die massenindustriellen Produktionsweisen des Industriedesigns oder den Gebrauch technischer Medien des Kommunikationsdesigns als solche als Ausdruck einer defekten Lebensform deuten. Natürlich können auch Gegenstände, die unschuldigen Zwecken dienen, diese in kritikwürdiger Weise erarbeiten. Schließlich kann man ökologisch unverantwortlich hergestellte Lampen genau dafür kritisieren, wie man überteuerte Kugelschreiber dafür kritisieren kann, dass sie bloß zum Distinktionsverhalten ihrer Besitzer*innen da sind, und die Hersteller*innen von Designerstühlen dafür, wenn sie diese unter für die Fabrikarbeiter unwürdigen Bedingungen haben herstellen lassen. Das zeigt noch einmal, dass es deshalb keinen neutralen Blick auf Designgegenstände geben kann, weil sie ihre Funktionen jeweils im Rahmen spezifischer Formgebungen erarbeiten – und man durch Informationen über das Zustandekommen der Produktion oder auch schon der Formgebung selbst mitunter entsprechende Gegenstände kritisieren kann. Aber ein solches Urteil betrifft eben nur den jeweils einzelnen Gegenstand und nicht den Zweck als solchen. Anders als im Fall der Schusswaffe scheint es eher idiosynkratisch zu sein, die Funktion von Kugelschreibern, Stühlen oder Computern per se für problematisch zu halten. Hier greift Flussers Abrechnung mit dem Gedanken der Güte des Designs nicht;[10] hier kann man nur jeweils den Einzelfall beurteilen und ist nicht schon aufgrund der Beurteilung des Zwecks selbst im Feld der Ethik. Eine entsprechende Haltung kann man allerdings zum Design von Schusswaffen oder etwa Atombomben nicht haben und auch nicht zum Design von Kernkraftwerken.

Auch wenn die Lage im Fall des imaginierten Stuhls für uns relativ eindeutig sein sollte – Gegenstände, deren interner Zweck es ist, Menschen zu foltern, sind per se schlechte Gegenstände –,

10 In diesem Sinne ist Vilém Flussers Analyse letztlich nicht nur polemisch, sondern falsch: Sie definiert Design schlichtweg so, dass es sich bei ihm allein um den Ausdruck instrumenteller Vernunft handelt. Vgl. Flusser, *Vom Stand der Dinge*, S. 35 ff.

ist natürlich schon der Fall angesichts von Waffen und Kernkraftwerken nicht ganz so eindeutig, wie ich ihn bislang dargestellt habe. Ich möchte mich mit den hier vorgestellten Überlegungen nicht auf eine inhaltliche These verpflichten, welche Arten von Zwecken zu den intrinsisch problematischen gehören und welche nicht. Dazu bedürfte es einer umfassenden Grundlegung in der Ethik, die ich hier nicht leisten kann.[11] Sind Designgegenstände, die ihre Gebraucher*innen entmündigen, problematisch, so ist doch in vielen Fällen wesentlich umstritten, welche Arten von Designgegenständen so zu beschreiben sind. Man kann schließlich auch etablierte Benutzeroberflächen von Computersystemen dafür kritisieren, dass sie ihre Benutzer*innen letztlich tendenziell dadurch entmündigen könnten, dass sie ihnen vieles aus der Hand nehmen. Und offenkundig kann man die mangelnde Nachhaltigkeit von Produkten kritisieren, die so konzipiert sind, dass sie nach einmaliger Benutzung schon entsorgt werden.[12] Ich möchte trotz dieser Umstrittenheit allerdings auf folgenden Punkt pochen: Entsprechende ethische Beurteilungen sind wesentlich für Design und zwar noch für Fragen einer Ästhetik des Designs. Und sie lassen sich eben mit Blick auf die Art und Weise, wie der einzelne Designgegenstand seine Funktion erfüllt, auf alle Bereiche des Designs beziehen. Schließlich können Entscheidungen des Transportation Designs darauf zielen, Massen von Gefangenen möglichst effektiv in Internierungslager zu versenden, wie eine Werbekampagne für ein Unternehmen der Pharmaindustrie eine solche sein kann, die bloß die problematischen Geschäftspraktiken dieses Unternehmens reinzuwaschen versucht.

Mit Blick auf das Kommunikationsdesign ist hier nicht allein an den offensichtlichen Fall von politischer Propaganda zu denken, sondern vor allem an Werbung, einem durchaus wichtigen Arbeitsfeld für Kommunikationsdesigner*innen. Es ist nämlich fraglich,

11 Vgl. zur ethischen Dimension des Designs die Beiträge in Gerhard Schweppenhäuser u. a. (Hg.), *Ethik und Moral in Kommunikation und Gestaltung*, Würzburg: Königshausen & Neumann 2015 sowie als Vorschlag einer entsprechenden Grundlegung hinsichtlich des Kommunikationsdesigns auch Gerhard Schweppenhäuser, Christian Bauer, *Ethik im Kommunikationsdesign. Verständigung, Verantwortung und Orientierung als Kriterien visueller Gestaltung*, Würzburg: Königshausen & Neumann 2017. Vgl. auch die Bemerkungen in Parsons, *The Philosophy of Design*, Kapitel 7.

12 Vgl. dazu auch Papanek, *Design for the Real World*, Kapitel 5.

ob wir Werbung tatsächlich sauber von Propaganda unterscheiden können. Die Rechtfertigung des Marketings, dass Werbung letztlich vor allem dazu da sei, potentielle Käufer auf neue Produkte hinzuweisen, ist angesichts der Tatsache, dass weite Bereiche unserer Gesellschaft heute marktlogischen Prinzipien gehorchen, als Ideologie entlarvt.[13] Wir müssen mit anderen Worten zwischen Werbung und graphischen Arbeiten unterscheiden, die Informationen verbreiten. Das Kriterium liegt hier letztlich darin, inwieweit die Rezipienten und Rezipientinnen nicht entmündigt, sondern vielmehr ernst genommen werden. Das hat nur in den seltensten Fällen etwas damit zu tun, ob Werbung selbstreflexiv ist und sich also als Werbung auch ausstellt. In den meisten Fällen gehorcht diese Selbstthematisierung just der Logik, die sie scheinbar überschreitet: Das Produkt verkauft sich noch besser dadurch, dass es mit einer in dieser Weise memorablen Werbung, und das heißt einer besonders cleveren Werbung, verbunden worden ist. Und es hat auch nichts damit zu tun, dass Werbung sich selbst als Kunst ausgibt, wenn etwa in Fernsehspots David Lynch oder Ang Lee die Regie in die Hand genommen haben.[14] Es hat vielmehr mit dem zu tun, was Lyotard als »Evidenz einer Wahrheit« bezeichnet hat:[15] Dass die graphische Arbeit etwas über die Sache, die sie verhandelt, aufscheinen lässt; dass sie selbst dann, wenn sie nur für ein beiläufiges Bemerken in öffentlichen Räumen gemacht ist, nicht einfach ihre Betrachter betrügt. In der graphischen Arbeit, die Informationen vermittelt, gewinnt diese Evidenz einer Wahrheit freilich zugleich als visuelle Überredung oder Einflüsterung und vielleicht sogar in Form einer visuellen Erotik Kontur. Diese darf mit Blick auf gute graphische Arbeiten aber nicht als Propaganda missverstanden werden. Sie ist vielmehr so zu verstehen, dass mir etwa ein Konzert oder ein Produkt deshalb nicht mehr aus dem

13 Vgl. zur Radikalisierung wie Extension der marktlogischen Prinzipien auf vormals von ihnen scheinbar unaffizierte Bereiche auch Luc Boltanski, Ève Chiapello, *Der neue Geist des Kapitalismus*, Konstanz: University of Konstanz Press 2003. Dass diese Diagnose keineswegs mit einer Kritik der Ästhetisierung einhergehen muss, hat dagegen Juliane Rebentisch gezeigt. Vgl. Juliane Rebentisch, *Die Kunst der Freiheit. Zur Dialektik demokratischer Existenz*, Berlin: Suhrkamp 2011.

14 Ich halte den Grundgedanken von Michael Schirners Buch zum Thema nicht allein aus diesem Grund für falsch. Vgl. Michael Schirner, *Werbung ist Kunst*, München: Klinkhardt & Biermann 1998.

15 Lyotard, »Das Paradox des Graphikers«, S. 40.

Kopf geht, weil mich die graphische Arbeit bestochen hat, die just darauf verwiesen hat und die in Form des beiläufigen Aufmerkens im öffentlichen Raum mich doch hat kurz vor ihr verweilen lassen. Vielleicht kann es deshalb keine graphischen Arbeiten für Massenvernichtungswaffen oder diktatorische politische Regime geben, die nicht Propaganda wären; keine Arbeiten, die wirklich gut sind. In diesem Sinne tragen nicht allein Industriedesigner*innen, sondern auch Graphikdesigner*innen Verantwortung mit Blick auf die Zwecke, in deren Dienste sie ihre Arbeit stellen.

8.2 Emanzipatorisches Design?

Angesichts der bislang in diesem Kapitel entwickelten Überlegungen, die den Konnex von Ästhetik und Ethik betreffen und diesen so deuten, dass das Ethische im Design als ein Moment des Ästhetischen selbst verstanden werden muss, stellt sich natürlich die Frage, was es heißen könnte, dass einzelne Designgegenstände emanzipatorisch sind. Die Redeweise von Emanzipation ist dabei grundsätzlich so zu verstehen, dass entsprechende Gegenstände die Nutzer*innen nicht entmachten, sondern vielmehr ermächtigen. Wenn die in diesem Buch entwickelten Überlegungen zur Ästhetik des Designs überzeugend waren, kann es keine abstrakt-allgemeine Antwort auf diese Frage geben. Es ist vielmehr eine Frage, die sich mit Blick auf den jeweiligen singulären Designgegenstand erneut stellt. Ich möchte deshalb dieses Buch damit beschließen, dass ich mir einige exemplarische Designgegenstände aus dem Bereich des Graphikdesigns anschaue, die mitunter explizit den Anspruch stellen, einer entsprechenden ethischen Problemstellung Rechnung zu tragen.

Am 20. April 2010 hat sich durch die Explosion der Ölbohrplattform Deepwater Horizon eine der größten Umweltkatastrophen der letzten Dekaden ereignet. In den Golf von Mexiko sind dabei fast eine Million Tonnen Öl ausgetreten. Der Graphikdesigner Anthony Burrill hat für die Medienagentur Happiness Brussels im selben Jahr eine auf 200 Exemplare limitierte Serie von Plakaten hergestellt. Der Schriftzug, der auf ihnen zu lesen ist, lautet »Oil & Water Do Not Mix«. »Oil & Water« ist dabei in Hellbraun vor einem weißen Hintergrund zu lesen. In der unteren Hälfte des Plakats, das sich entsprechend in zwei Teile gliedert, ist der Schriftzug »Do not Mix« hingegen weiß vor dem wiederum hellbraunen Hintergrund, der ein Rechteck bildet. Nicht allein ändert sich der Kontrast von Hellbraun und Weiß in der zweiten Bildhälfte, sondern das hellbraune Rechteck in der unteren Bildhälfte exemplifiziert zugleich Wellenbewegungen von Wasser und damit das Meer. Auffällig ist auf den ersten Blick, dass die Partien, die hellbraun sind, danach aussehen, als sei hier die Farbe in Teilen schon ausgegangen; sie zeigen weiße Stellen, der Farbton ist nicht überall einheitlich. Der Clou dieser Plakate besteht darin, dass sie aus einem ganz bestimmten Material sind. Burrill hat es am 22. September 2010 am Strand von Grand Isle, Louisiana sammeln lassen: sandiges Öl bzw. öliger Sand. Der Schriftzug, der auf dem Plakat zu lesen ist, kommt also so zustande, dass er letztlich aus dem ist, wovon das Plakat handelt. Vielleicht etwas überinterpretiert könnte man sagen, dass die Uneinheitlichkeit des hellbraunen Farbtons derart metaphorisch zu sprechen beginnt, dass dieser Ausdruck des Bruchs wird, der die Umweltkatastrophe für die Region wie die ökologische Ordnung bedeutet. Nicht zuletzt gemahnt die Farbe selbst an Rost oder Produkte der Industriekultur und nicht an organische Materialien.

Offensichtlich handelt es sich bei der limitierten Serie von Plakaten um eine Serie, die einen politischen wie gesellschaftlichen Anspruch verfolgt. Ich möchte allerdings kritisch die Frage stellen, inwieweit es ihr tatsächlich gelingt, diesen Anspruch einzulösen. Es bleibt nämlich unklar, wie genau sich das Plakat zu dem verhält, was es thematisiert. 2010 war die Krise weltweit ein anhaltendes Thema in den inner- wie außeramerikanischen Medien, so dass das Plakat nicht danach zu beurteilen ist, dass es auf sie hinweist. Was genau fügt die Tatsache, dass für seinen Schriftzug sandiges Öl bzw. öliger Sand verwendet wurde, dem Gehalt dieses Schriftzugs hinzu? Letztlich bleibt das ganz unklar. Anhand landläufiger ästhetischer Prädikate würde man das Plakat zudem sicherlich als schön oder gefällig bezeichnen. Sollte man in einer karikierenden Abwandlung also sagen, dass das Plakat uns zeigt, dass George Dickies Ausspruch, dass Schönheit auch an solchen Orten zu finden sei, wo man sie gar nicht vermutet, Recht hat?[16] Was genau heißt es, das

16 Vgl. George Dickie, *Art and the Aesthetic*, S. 42. Dickies Beschreibung ist freilich selbst schon eine Karikatur, da er sie von Marcel Duchamps *Fountain* gibt, dessen Pointe keineswegs derart zu interpretieren ist.

Material derart in »Schönheit« zu verwandeln, dass daraus ein ästhetisch ansprechendes Plakat wird? Die Ästhetisierung unterstützt keineswegs die potentiell kritisch-emanzipatorische Agenda des Plakats, sondern torpediert sie vielmehr. Die Erlöse der verkauften Plakate sind der Coalition to Restore Coastal Louisiana zugutegekommen. Man mag es für wünschenswert halten, dass für einen derart guten Zweck gespendet wird. Angesichts der im Verhältnis zum entstandenen Schaden letztlich marginalen Summe fragt man sich aber letztlich doch, ob nicht noch diese Tatsache zeigt, dass es in dem Plakat letztlich um etwas Anderes geht, als um einen kritischen Beitrag zur problematischen Umweltpolitik weltweit agierender Konzerne wie BP. Das Plakat ist nämlich am Ende gar kein Beitrag dazu. Es ist vielmehr und in Wahrheit instrumentell darin, dass vor allem die Agentur Happiness Brussels einen Gewinn im Sinne der Selbstvermarktung daraus gezogen hat. Kurz gesagt: Dass Design emanzipatorisch ist, kann nicht heißen, dass es sich in irgendeiner Weise explizit politisch prekärer Themen annehmen würde. Dadurch gerade, dass das Plakat »schön« ist, ist es mit Blick auf das, was es thematisiert, nicht länger ein schönes Plakat.

Kommen wir zu einem anderen Gegenstand bzw. genauer: Kommen wir zu einer Serie unterschiedlicher graphischer Gegenstände, die in den Bereich der Werbung gehören. Auf einem Plakat von Steve McCurry für Benetton aus dem Jahr 1992 weist neben dem Schriftzug des Textil- und Modeunternehmens nichts darauf hin, dass es sich hier um eine Werbung handelt: Es zeigt eine Ente, die restlos mit Öl beschmiert ist und sich offensichtlich in ölverseuchtem Wasser bewegt. Vor allem mit den Arbeiten des Fotografen Oliviero Toscani sind die entsprechenden Werbekampagnen seit den späten 1980er Jahren von Benetton verbunden. Es handelt sich hier um Kampagnen in Form von Plakaten in öffentlichen Räumen, die aufgrund der kontroversen Bilder, die sie zeigen, mitunter Gerichtsverfahren nach sich gezogen haben. Das deshalb, weil sie kalkulierte Provokationen waren: Anders als Werbeplakate, die Vorzüge von Produkten in eher beiläufiger Weise preisen, verweist auf diesen Plakaten von Benetton nur noch der Firmenname darauf, dass es sich hier um Plakate der Werbung handelt. Stattdessen zeigen die Plakate schockierende oder zumindest kontroverse Sujets: Ein nacktes Hinterteil mit der Inschrift auf der Haut »H.I.V. positiv«; ein sterbender Aids-Patient im Kreis seiner Familie; ein weißes und schwarzes Pferd bei der Kopulation; ein weißes Kind an der Brust einer afroamerikanischen Frau; die blutverschmierte Kleidung eines im Jugoslawienkrieg getöteten Soldaten. Zwar stammen nicht alle genannten Motive von Toscani. Aber für seine Fotografien gilt: Sie sind ebenso dokumentarische wie künstlerische Fotografien, die hier im Kontext der Werbung auftauchen. Sie beanspruchen, auf Missstände hinzuweisen, aber das eben nicht in Form abstrakter Thesen, sondern einfach, indem sie sie zeigen – und dabei zugleich natürlich in je bestimmter Weise inszenieren.

Was aber heißt es, dass solche Fotografien in Werbekampagnen eingespeist werden? Offensichtlich sind sie trotz des Markennamens »United Colors of Benetton«, der selbst eine bestimmte politische Rhetorik als Verkaufsargument nahelegt – alles Farben für die Vielfarbigkeit und Unterschiedlichkeit der Menschen in ihrer Einheit als Menschheit –, nicht inhaltlich auf das bezogen, was Benetton herstellt. Wohl aufgrund der Kampagne, die zum Tode verurteilte US-Gefangene zeigte, trennte sich Benetton letztlich von Toscani, da zumindest hier die Grenzen des guten Geschmacks für die US-amerikanische Gesellschaft überschritten waren. Was ist das für eine Art von Werbung – Werbung, die durch die Schockwirkung der öffentlichen Zirkulation tabuisierter Bilder sich an einen Markennamen heftet? Ist es überhaupt Werbung im oben skizzierten Sinne oder nicht doch primär eine Form visueller Kommunikation, die im Kontext der Werbung dem Kommunikationsdesign zuzuschlagen ist, da es um Formen der Kommunikation in öffentlichen Räumen geht? Und: Sollen wir sagen, dass das Kommunikationsdesign hier tatsächlich eine emanzipatorische Wirkung entfaltet? Ich bin mir sehr unschlüssig, ob wir so etwas sagen sollten. Die Logik des Schocks dieser Plakate ist eine temporäre und vergängliche; das eigentlich Schockierende der Zustände lässt sich nicht in Form von Plakaten inszenieren, die den Regeln der öffentlichen Aufmerksamkeit gehorchen. Vor allem aber bleibt unklar, was genau es heißen sollte, dass diese Plakate auch auf Missstände hinweisen: Etwas zu zeigen ist zwar selbst ein Tun, aber ein Tun, das gerade nicht unbedingt ein Eingriff in das Bestehende sein muss. Etwas zu zeigen kann mitunter nichts als eine Entlastung derjenigen sein, denen es gezeigt wird, gemäß des Mottos: Wir bedauern alle die Umstände und fühlen uns im Akt des Bedauerns dadurch schon auf einem überlegenden Standpunkt. So wie es manchmal der Fall ist, dass über Missstände zu reden gerade nicht heißt, sie zu verändern, so ist es manchmal der Fall, dass das Zeigen von Missständen wiederum noch keinerlei Abhilfe für diese Missstände ist und letztlich auch kein Bewusstsein für sie schafft, das sich darin ausdrücken würde, dass Abhilfe geschaffen wird. Vor allem aber bleibt die Frage, ob Toscanis Fotografien nicht letztlich doch ihren Sinn verlieren, wenn sie in die Ökonomie der Werbung eingespeist werden.[17] Denn werden sie damit nicht letztlich selbst zu einer bloßen Marke, zu einer Form eines visuellen Branding? In diesem Fall wäre die vermeintlich progressive Agenda von Benetton just das Gegenteil: Sie wäre in Wahrheit ein Kapern und perfides Invertieren progressiver Praxis. Unklar bleibt, inwieweit die Logik der Warenförmigkeit, der die Werbung alles zuführt, nicht noch den Gehalt des Gezeigten neutralisiert. Unklar bleibt, inwieweit es nur noch um eine Instrumentalisierung der Missstände geht oder um ihre tatsächliche Thematisierung im Sinne einer Arbeit an ihrer Behebung. Kurz gesagt: Emanzipatorisch ist Kommunikationsdesign nicht schon deshalb, weil es bloß Schockierendes oder Kontroverses zeigt und sich politisch relevante Themen zu eigen macht.

Ich möchte auf einen dritten Gegenstand zu sprechen kommen. Der Graphikdesigner Erik Brandt betreibt seit einigen Jahren in seinem Wohnort Minneapolis das Projekt *Ficciones Typografika*. Es handelt sich dabei um eine Serie graphischer Arbeiten von Graphikdesigner*innen aus verschiedenen Ländern, die im öffentlichen Raum in Minneapolis gehängt werden. Genauer gesagt ist dieser öffentliche Raum der Wohnort von Brandt selbst: An der Außenmauer seines Wohnhauses hat er eine Fläche zur Hängung entsprechender Arbeiten errichtet. Dabei wird die Materialität der dort geklebten Plakate selbst zum Teil der Inszenierung: Erik Brandt veröffentlicht auf Instagram und Facebook regelmäßig Fotografien der Fläche mit teilweise abgetragenen Plakaten, die entsprechend mit den unter ihnen sichtbar werdenden Plakaten neue und temporäre Sinnbezüge eingehen. Die gehängten Arbeiten haben je nach Designer*in politische Themen, aber keineswegs ausschließlich. Ich möchte dennoch die These vertreten, dass die

17 Vgl. in diesem Geiste auch Fredric Jameson, »Cognitive Mapping«, in: Cary Nelson, Lawrence Grossberg (Hg.), *Marxism and the Interpretation of Culture*, Urbana, Chicago: University of Illinois Press 1988, S. 347-356.

entsprechende Arbeit von Brandt im öffentlichen Raum selbst viel politischer und progressiver ist als die beiden vorher diskutierten Arbeiten. Das gerade deshalb, weil sie nicht immer oder notwendig politisch wie sozial prekäre Zustände explizit thematisiert: Man versteht die Pointe dieser Arbeit nur, wenn man sie als Arbeiten im und am öffentlichen Raum selbst versteht. Es geht darum, in einem bestimmten sozialen Umfeld, an einem bestimmten Ort und zugleich in keineswegs aufdringlicher Weise den Blick der Anwohner und Passanten in anderer Weise zu lenken – sie kurz vor entsprechenden graphischen Arbeiten verweilen zu lassen und zugleich die Frage zu provozieren, was es heißen könnte, derart im öffentlichen Raum graphische Arbeiten zu präsentieren. Freilich handelt es sich bei den dort ausgestellten Arbeiten wie der Arbeit Brandts nicht länger um funktionale Gegenstände des Graphikdesigns im herkömmlichen Sinne. Man könnte vielmehr sagen: Die soziale und öffentliche Funktion von Graphikdesign wird durch die Reihe insgesamt reflexiv thematisiert. Genau deshalb bewegt sie sich an der Grenze der Kunst bzw. schaut vielleicht vielmehr von der Seite der Kunst auf die Praxis des Graphikdesigns. Ob man jetzt geneigt sein mag, die *Ficciones Typografika* als künstlerische Aktion wertzuschätzen oder auch nicht: Wenn überhaupt scheint in ihr anders als in den anderen genannten Arbeiten ein Moment emanzipatorischer Praxis dadurch auf, dass sie die öffentliche wie soziale Rolle von Design reflexiv thematisiert.

Angesichts der Arbeit von Erik Brandt könnten wir also sagen, dass hier Design letztlich paradoxerweise dadurch emanzipatorisch wird, dass es aufhört, Design zu sein. Die Kritik des Designs als Design bemisst sich hingegen nicht an dessen reflexiven Potentialen, sondern an der Frage der Zwecke, zu denen die Gegenstände jeweils da sind, bzw. an der Art und Weise, in welcher diese Zwecke im jeweiligen Gegenstand spezifisch erarbeitet worden sind. Dazu reicht es nicht, dass etwa ein Gebrauchsgegenstand des Industriedesigns besonders gut in der Hand liegt oder die funktionalen Rollen seiner Teile in besonders klarer Weise kommuniziert. Reibungsloses Funktionieren hat nicht schon prinzipiell etwas mit Emanzipation zu tun. Emanzipatorisch wird Design als Design vielmehr darin, dass Designentscheidungen in einem öffentlichen Diskurs um die Legitimität der dabei verfolgten Zwecke bzw. der Art und Weise ihrer Verfolgung diskutiert werden. Ist es nicht selbst eine kritische Praxis, so bedarf es einer solchen diskursiven Praxis. Teilnehmer*innen an einer solchen Praxis sind nicht primär oder ausschließlich Philosophen und Philosophinnen sowie andere Wissenschaftler*innen. Teilnehmer*innen an einer solchen kritischen Praxis sind wir alle.

8.3 Coda: Social Design

Man könnte die in diesem Kapitel vorgeschlagene Kritik des Designs dahingehend für obsolet halten, dass das, was sie einfordert, im Zuge des Aufschwungs des Social Designs bereits eingelöst sei. Social Design beerbt in bestimmter Weise das sozialrevolutionäre Programm von Bauhaus bis Ulm. Das geschieht derart, dass es sich zugleich gegen das entmündigende Moment beider Schulen wendet: Hier haben Experten über die Köpfe derjenigen hinweg entschieden, für die ihre Gestaltungen gedacht waren. Die bessere Gesellschaft wurde gewissermaßen vom Reißbrett aus entworfen.[18] Social Design muss vor dem Hintergrund nicht allein einer Kritik der gesellschaftlichen Umstände wie der negativen Auswirkungen von nicht nachhaltigen Designlösungen verstanden werden, sondern auch vor dem Hintergrund einer Kritik an der autoritären Rolle des herkömmlichen Designers. Es beginnt nicht dort, wo Designer*innen mit Zielgruppen interagieren, um ihre Produkte zu verbessern oder an die Bedürfnisse derselben anzupassen. Es möchte, kurz gesagt, mehr und anderes sein als Marktforschung.[19] Social Design beabsichtigt, ein Korrektiv zu sein, indem es auf Partizipation und Ermächtigung ebenso setzt wie auf mitunter nur an ganz spezifische lokale Kontexte angepasste Lösungen. Von den großen Entwürfen des Bauhauses wie Ulm hat es sich verabschiedet und begibt sich in konkrete und oftmals partikulare Kontexte, um

18 Vgl. in diesem Sinne Karl H. Hörning, »Praxis und Ästhetik. Das Ding im Fadenkreuz sozialer und kultureller Praktiken«, in: Stephan Moebius, Sophia Prinz (Hg.), *Das Design der Gesellschaft. Zur Kultursoziologie des Designs*, Bielefeld: Transcript 2012, S. 29-47, hier: S. 29 ff.

19 Vgl. als Bestandsaufnahme der Geschichte wie Janusköpfigkeit des Social Designs Claudia Banz, »Zwischen Widerstand und Affirmation. Zur wachsenden Verzahnung von Design und Politik«, in: Claudia Banz (Hg.), *Social Design. Gestalten für die Transformation der Gesellschaft*, Bielefeld: Transcript 2016, S. 11-26.

dort gezielt Lösungen unter Einbeziehung der von ihnen Betroffenen herbeizuführen.

Ich möchte allerdings in Frage stellen, ob das im Bauhaus und in Ulm potentiell problematische Verständnis von Nutzer*innen in und durch das Social Design tatsächlich überwunden worden ist. Kurz gesagt: Warum sollte eine Designentscheidung durch Einbindung derjenigen, die von ihr betroffen sind, prinzipiell einer Designentscheidung überlegen sein, bei der das nicht der Fall ist? Selbst wenn der Gedanke eines vollumfänglichen Verblendungszusammenhangs ein inkohärenter Gedanke sein mag:[20] Wie nicht zuletzt die kurrenten Debatten zum Populismus deutlich gemacht haben,[21] entscheiden sich Nutzer und Nutzerinnen durchaus nicht immer oder in den meisten Fällen für das, was für sie tatsächlich unter rationalen Gesichtspunkten wünschenswert wäre. Mehr noch: Auf rein prozeduraler Ebene, auf der das Social Designs zumeist operiert, ist eben keine Unterscheidung zwischen produktiven und gefährlichen Entscheidungen zu haben. Dem paternalistischen Zug von Bauhaus und Ulm steht auf der Seite des Social Design ein positivistischer Zug gegenüber, der die Güte der eigenen Entscheidungen nur noch prozedural zu rechtfertigen droht. Überzeugend ist am Social Design der Gedanke, dass Designentscheidungen wesentlich mit kollektiven Aushandlungsprozessen um die Beantwortung konkreter Herausforderungen verbunden sein müssen. Solche Aushandlungen sind aber nicht schon dadurch entfacht, dass man Nutzer*innen in Entscheidungsprozesse einbezieht, ihnen Design-Toolkits in die Hand gibt oder dass man Problemlösungen nur noch für partikulare Kontexte entwickelt. Das Social Design droht nämlich in das Gegenteil dessen, was es eigentlich sein möchte, umzukippen, wenn es zum einen seine Amalgamierung mit Interessen von Auftraggebern und zum anderen insgesamt seinen Ort in einer von marktlogischen Verwertungsprinzipien bestimmten Gesellschaft aus dem Blick ver-

20 Hans-Georg Gadamer, »Replik zu Hermeneutik und Ideologiekritik«, in: ders., *Hermeneutik II: Wahrheit und Methode – Ergänzungen, Register*, Tübingen: Mohr Siebeck 1999, S. 251-275.

21 Vgl. dazu Ernesto Laclau, »Populism: What's in a Name?«, in: Francisco Panizza (Hg.), *Populism and the Mirror of Democracy*, London, New York: Verso 2005, S. 32-49 und Jan-Werner Müller, *Was ist Populismus? Ein Essay*, Berlin: Suhrkamp 2015.

liert.[22] Überspitzt formuliert: So wie das Angebot des Biofleisches die Kritik an der Massentierhaltung zu zähmen erlaubt und sich damit in Wahrheit mit dem, wovon es sich abgrenzen möchte, dialektisch gemein zu machen droht, so sind ökonomische Interessen umso besser und leichter durchzusetzen, wenn sich die betroffenen Nutzer*innen mitgenommen fühlen. Social Design wäre dann weniger als verkörperte Utopie oder auch nur als das pragmatische Umsetzen konkreter Ziele zu sehen, als vielmehr sophistische Rhetorik, die das Gegenteil dessen tut, womit es sich schmückt. Das Prädikat »social« im Social Design darf also nicht als positiv wertender Begriff missverstanden werden.[23] Die Frage ist offen, ob Social Design tatsächlich emanzipatorisch sein kann oder nicht. Eine Antwort auf diese Frage könnte mit einer weitergehenden Explikation des Unterschieds bestehen, der zwischen der Apologie bloßer Meinungen und der Verteidigung der Wahrheit besteht. In jedem Fall ersetzt Social Design nicht eine ethische Kritik des Designs. Diese meint unsere kollektiven Aushandlungen über die Mittel wie Zwecke von Designgegenständen. Sie ist letztlich Ausdruck unseres Ringens um die Frage, was es im Lichte unserer unterschiedlichen Lebensentwürfe heißen könnte, dass wir ein gutes Leben führen.

22 Anke Haarmann erinnert daran, dass Partizipation im Bereich des Designs keineswegs mit Partizipation im Bereich der Kunst verwechselt werden darf: »Mit dem Social Design ist eine Überkreuzung von Design und Sozialem adressiert, bei der es wesentlich auch um die Bedürfnisse der Menschen als Konsumenten geht. […] [D]er partizipative Rezipient einer sozialen Ästhetik wird zum partizipativen Konsumenten im Social Design.« Anke Haarmann, »Zu einer kritischen Theorie des Social Design«, in: Julia-Constance Dissel (Hg.), *Design & Philosophie. Schnittstellen und Wahlverwandtschaften*, Bielefeld: Transcript 2016, 75-88, hier: S. 81.

23 Ich folge hier grundsätzlich den Überlegungen von Anke Haarmann. Vgl. Ebd.

Literaturverzeichnis

Theodor W. Adorno, *Ästhetik (1958/59)*, Berlin: Suhrkamp 2017.

Theodor W. Adorno, *Einführung in die Dialektik*, Berlin: Suhrkamp 2017.

Theodor W. Adorno, Max Horkheimer, *Dialektik der Aufklärung. Philosophische Fragmente*, Frankfurt/M.: Suhrkamp 1988.

Theodor W. Adorno, »Funktionalismus heute«, in: Theodor W. Adorno, *Kulturkritik und Gesellschaft I. Prismen. Ohne Leitbild*, Frankfurt/M.: Suhrkamp 1977, S. 375-395.

Theodor W. Adorno, *Ästhetische Theorie*, Frankfurt/M.: Suhrkamp 1973.

Giorgio Agamben, *Homo sacer. Die souveräne Macht und das nackte Leben*, Frankfurt/M.: Suhrkamp 2002.

Emil Angehrn, *Geschichtsphilosophie*, Stuttgart: Kohlhammer 1991.

G. E. M. Anscombe, *Absicht*, Berlin: Suhrkamp 2010.

Aristoteles, *Über die Seele. De Anima*, Hamburg: Meiner 1995.

Aristoteles, *Metaphysik*, Hamburg: Meiner 1991.

Florian Arnold, *Philosophie für Designer*, Stuttgart: AV Edition 2016.

John L. Austin, *Zur Theorie der Sprechakte (How to do things with Words)*, Stuttgart: Reclam 1986.

Alfred J. Ayer, *The Foundations of Empirical Knowledge*, London: Macmillan 1955.

Alain Badiou, *Kleines Handbuch zur Inästhetik*, Wien: Turia + Kant 2008.

Claudia Banz (Hg.), *Social Design. Gestalten für die Transformation der Gesellschaft*, Bielefeld: Transcript 2016.

Claudia Banz, »Zwischen Widerstand und Affirmation. Zur wachsenden Verzahnung von Design und Politik«, in: Claudia Banz (Hg.), *Social Design. Gestalten für die Transformation der Gesellschaft*, Bielefeld: Transcript 2016, S. 11-26.

Roland Barthes, *Mythen des Alltags*, Berlin: Suhrkamp 2015.

Jean Baudrillard, *Das System der Dinge. Über unser Verhältnis zu den alltäglichen Gegenständen*, Frankfurt/M., New York: Campus 2007.

Alexander G. Baumgarten, *Theoretische Ästhetik*, Hamburg: Meiner 2013.

Monroe C. Beardsley, *Aesthetics. Problems in the Philosophy of Criticism*, New York: Harcourt, Brace and World 1958.

Alexander Becker, Matthias Vogel (Hg.), *Musikalischer Sinn. Beiträge zu einer Philosophie der Musik*, Frankfurt/M.: Suhrkamp 2007.

Peter Behrens, »Kunst und Technik«, in: Klaus T. Edelmann, Gerrit Terstiege (Hg.), *Gestaltung denken. Grundlagentexte zu Design und Architektur*, Basel: Birkhäuser 2006, S. 23-27.

Alessandro Bertinetto, »Reflexive Prozesse bei der Jazzimprovisation«, in: Georg W. Bertram u.a. (Hg.), *Die Sinnlichkeit der Künste. Beiträge zur ästhetischen Reflexivität*, Zürich, Berlin: Diaphanes 2017, S. 115-130.

Georg W. Bertram, *Kunst als menschliche Praxis. Eine Ästhetik*, Berlin: Suhrkamp 2014.

Georg W. Bertram, »Zweite Natur. Die Auflösung des Dualismus von Kultur und Natur«, in: Christian Barth, David Lauer (Hg.), *Die Philosophie John McDowells. Ein Handbuch*, Münster: Mentis 2014, S. 121-136.

Georg W. Bertram, *Hermeneutik und Dekonstruktion. Konturen einer Auseinandersetzung der Gegenwartsphilosophie*, München: Fink 2002.

Georg W. Bertram, »Wem gilt die Kritik der Dekonstruktion?«, in: *Allgemeine Zeitschrift für Philosophie* 3 (1999), S. 221-241.

Beatrice von Bismarck, »Relations in Motion. The Curatorial Condition in Visual Art – and its Possibilities for the Neighbouring Disciplines«, in: *Frakcija* 55 (2010), S. 50-57.

Rüdiger Bittner, Peter Pfaff (Hg.), *Das ästhetische Urteil*, Köln: Kiepenheuer & Witsch 1977.

Max Black, »Die Metapher«, in: Anselm Haverkamp (Hg.), *Theorie der Metapher*, Darmstadt: Wissenschaftliche Buchgesellschaft 1996, S. 55-79.

Hans Blumenberg, *Paradigmen zu einer Metaphorologie*, Frankfurt/M.: Suhrkamp 1997.

Paul Boghossian, *Angst vor der Wahrheit. Ein Plädoyer gegen Relativismus und Konstruktivismus*, Berlin: Suhrkamp 2013.

Gernot Böhme, *Für eine ökologische Naturästhetik*, Frankfurt/M.: Suhrkamp 1989.

Luc Boltanski, Ève Chiapello, *Der neue Geist des Kapitalismus*, Konstanz: Konstanz University Press 2003.

Fabian Börchers, *Handeln. Zum Formunterschied von theoretischer und praktischer Vernunftausübung*, Münster: Mentis 2013.

Jorge L. Borges, »Kafka und seine Vorläufer«, in: Jorge L. Borges, *Inquisitionen. Vorworte*, München: Hanser 2003, S. 114-118.

Friedrich von Borries, *Weltentwerfen. Eine politische Designtheorie*, Berlin: Suhrkamp 2016.

Pierre Bourdieu, *Die Regeln der Kunst. Genese und Struktur des literarischen Feldes*, Frankfurt/M.: Suhrkamp 2001.

Nicolas Bourriaud, *Relational Aesthetics*, Paris: Les Presses Du Reel 2002.

Matthew Boyle, »Essentially Rational Animals«, in: Günter Abel, James Conant (Hg.), *Rethinking Epistemology*, Berlin: De Gruyter 2012, S. 395-427.

Emily Brady, Jerrold Levinson (Hg.), *Aesthetic Concepts. Essays after Sibley*, Oxford: Oxford University Press 2001.

Uta Brandes u.a., *Designtheorie und Designforschung*, München: Fink 2009.

Robert B. Brandom, *Begründen und Begreifen. Eine Einführung in den Inferentialismus*, Frankfurt/M.: Suhrkamp 2004.
Katharina Bredies, *Gebrauch als Design. Über eine unterschätzte Form der Gestaltung*, Bielefeld: Transcript 2014.
Olaf Breidbach, *Neuronale Ästhetik. Zur Morpho-Logik des Anschauens*, München: Fink 2013.
Lee B. Brown, »Feeling my Way. Jazz Improvisation and its Vicissitudes – A Plea for Imperfection«, in: *The Journal of Aesthetics and Art Criticism* 2 (2000), S. 113-123.
Rüdiger Bubner, *Ästhetische Erfahrung*, Frankfurt/M.: Suhrkamp 1989.
Lucius Burckhardt, »Design ist unsichtbar«, in: Klaus T. Edelmann, Gerrit Terstiege (Hg.), *Gestaltung denken. Grundlagentexte zu Design und Architektur*, Basel: Birkhäuser 2010, S. 211-217.
Lucius Burckhardt, »Wer plant die Planung?«, in: Lucius Burckhardt, *Wer plant die Planung? Architektur, Politik und Mensch*, Berlin: Schmitz 2004, S. 71-88.
Bernhard E. Bürdek, *Design. Geschichte, Theorie und Praxis der Produktgestaltung*, Basel: Birkhäuser 2005.
David M. Buss, *Evolutionäre Psychologie*, München u. a.: Pearson Studium 2004.

Ernst Cassirer, *Versuch über den Menschen. Einführung in eine Philosophie der Kultur*, Hamburg: Meiner 2010.
Joan Campbell, *Der Deutsche Werkbund 1907-1934*, München: dtv 1989.
Rudolf Carnap, *Der logische Aufbau der Welt*, Hamburg: Meiner 1961.
Rudolf Carnap, *Philosophy and Logical Syntax*, London: Kegan Paul 1935.
Noël Carroll, »Auf dem Weg zu einer Ontologie des bewegten Bildes«, in: Dimitri Liebsch (Hg.), *Philosophie des Films: Grundlagentexte*, Paderborn: Mentis 2005, S. 155-176.
Noël Carroll, »Historical Narratives and the Philosophy of Art«, in: Noël Carroll, *Beyond Aesthetics. Philosophical Essays*, Cambridge: Cambridge University Press 2001, S. 100-118.
Suparna Choudhury, Jan Slaby (Hg.), *Critical Neuroscience. A Handbook of the Social and Cultural Contexts of Neuroscience*, Malden/Ma: Wiley-Blackwell 2012.
Rafael De Clercq, »The Aesthetic Peculiarity of Multifunctional Artefacts«, in: *British Journal of Aesthetics* 45 (2005), S. 412-425.
Ted Cohen, »Aesthetic/Non-aesthetic and the Concept of Taste: A Critique of Sibley's Position«, in: *Theoria* 39 (1973), S. 113-152.
James Conant, Cora Diamond, »On Reading the Tractatus Resolutely: Reply to Meredith Williams and Peter Sullivan«, in: Max Kölbel, Bernhard Weiss (Hg.), *Wittgenstein's Lasting Significance*, London, New York: Routledge 2004, S. 46-99.

Marie-Jean-Antoine-Nicolas de Condorcet, *Entwurf einer historischen Darstellung der Fortschritte des menschlichen Geistes*, Frankfurt/M.: Suhrkamp 1976.

Leda Cosmides, John Tooby, »Does Beauty build adapted Minds? Toward an Evolutionary Theory of Aesthetics, Fiction and the Arts«, in: *Substance* 30 (2001), S. 6-27.

Robert C. Cummins, »Functional Analysis«, in: *Journal of Philosophy* 72 (1975), S. 741-765.

Arthur C. Danto, »Tiefeninterpretation«, in: Ders., *Die philosophische Entmündigung der Kunst*, München: Fink 2010, S. 71-93.

Arthur C. Danto, *Die Verklärung des Gewöhnlichen. Eine Philosophie der Kunst*, Frankfurt/M.: Suhrkamp 1981.

Arthur C. Danto, *Analytische Philosophie der Geschichte*, Frankfurt/M.: Suhrkamp 1980.

Arthur C. Danto, »The Artworld«, in: *The Journal of Philosophy* 62 (1964), S. 571-584.

Charles Darwin, *Die Entstehung der Arten*, Stuttgart: Reclam 1995.

Donald Davidson, »Vernünftige Tiere«, in: Donald Davidson, *Subjektiv, intersubjektiv, objektiv*, Frankfurt/M.: Suhrkamp 2001, S. 167-185.

Donald Davidson, »Was Metaphern bedeuten«, in: Anselm Haverkamp (Hg.), *Die paradoxe Metapher*, Frankfurt/M.: Suhrkamp 1998, S. 49-75.

Donald Davidson, »Was ist eigentlich ein Begriffsschema?«, in: Donald Davidson, *Wahrheit und Interpretation*, Frankfurt/M.: Suhrkamp 1986, S. 261-282.

Donald Davidson, »Geistige Ereignisse«, in: Donald Davidson, *Handlung und Ereignis*, Frankfurt/M.: Suhrkamp 1985, S. 291-317.

Donald Davidson, »Handlungen, Gründe und Ursachen«, in: Donald Davidson, *Handlung und Ereignis*, Frankfurt/M.: Suhrkamp 1985, S. 19-42.

Stephen Davies, »Aesthetic Judgements, Artworks and Functional Beauty«, in: *The Philosophical Quarterly* 56 (2006), S. 224-241.

Richard Dawkins, *Das egoistische Gen*, Berlin u. a.: Springer 1978.

Stefan Deines u. a. (Hg.), *Kunst und Erfahrung. Beiträge zu einer philosophischen Kontroverse*, Berlin: Suhrkamp 2012.

Christoph Demmerling, *Sinn, Bedeutung, Verstehen. Untersuchungen zu Sprachphilosophie und Hermeneutik*, Paderborn: Mentis 2002.

Jacques Derrida, »Signatur, Ereignis, Kontext«, in: Jacques Derrida, *Randgänge der Philosophie*, Wien: Passagen 1988, S. 325-351.

Jacques Derrida, *Grammatologie*, Frankfurt/M.: Suhrkamp 1983.

Jacques Derrida, »Die Struktur, das Zeichen und das Spiel im Diskurs der Wissenschaften vom Menschen«, in: Jacques Derrida, *Die Schrift und die Differenz*, Frankfurt/M.: Suhrkamp 1976, S. 422-442.

Wolfgang Detel, *Grundkurs Philosophie. Band 1: Logik*, Stuttgart: Reclam 2007.
George Dickie, »The New Institutional Theory of Art«, in: Peter Lamarque, Stein H. Olsen (Hg.), *Aesthetics and the Philosophy of Art. The Analytic Tradition*, Oxford: Wiley-Blackwell 2004, S. 47-54.
George Dickie, *Art and the Aesthetic. An Institutional Analysis*, Ithaca: Cornell University Press 1974.
George Dickie, »The Myth of the Aesthetic Attitude«, in: *American Philosophical Quarterly* 1 (1964), S. 56-65.
Julia-Constance Dissel (Hg.), *Design & Philosophie. Schnittstellen und Wahlverwandtschaften*, Bielefeld: Transcript 2016.
Andreas Dorschel, *Gestaltung. Zur Ästhetik des Brauchbaren*, Heidelberg: Winter 2003.
Pierre Duhem, *The Aim and Structure of Physical Theory*, Princeton: Princeton University Press 1991.

Michael Erlhoff, *Theorie des Designs*, München: Fink 2013.
David Espinet, Toni Hildebrandt (Hg.), *Suchen, Entwerfen, Stiften. Randgänge zum Entwurfsdenken Martin Heideggers*, Paderborn: Fink 2014.

Daniel M. Feige, »L'avenir in Jazz – L'avenir des Jazz«, in: Arthur R. Boelderl, Monika Leisch-Kiesl (Hg.), *Die Zukunft gehört den Phantomen. Kunst und Politik (in) der Dekonstruktion*, Bielefeld: Transcript, im Erscheinen.
Daniel M. Feige, »Zwischen den Künsten. Entgrenzung und Rekonstitution in der Neuen Musik«, in: *Musik & Ästhetik* 84 (2017), S. 14-29.
Daniel M. Feige, »Zur Ontologie der Popmusik«, in: *Musik & Ästhetik* 81 (2017), S. 40-54.
Daniel M. Feige, »Fremdheit als Aspekt der Form der Kunsterfahrung«, in: Werner Fitzner (Hg.), *Kunst und Fremderfahrung*, Bielefeld: Transcript 2016, S. 197-213.
Daniel M. Feige, *Computerspiele. Eine Ästhetik*, Berlin: Suhrkamp 2015.
Daniel M. Feige, »Die Form künstlerischen Handelns. Eine Analyse aus dem Geiste ästhetischen Gelingens«, in: Daniel M. Feige, Judith Siegmund (Hg.), *Kunst und Handlung. Ästhetische und handlungstheoretische Perspektiven*, Bielefeld: Transcript 2015, S. 173-191.
Daniel M. Feige, »Bezugnahmen von Kunstwerken untereinander. Eine Antwort im Geiste Nelson Goodmans und Arthur C. Dantos«, in: Frédéric Döhl, Renate Wöhrer (Hg.), *Zitieren, Appropriieren, Sampeln. Referenzielle Verfahren in den Gegenwartskünsten*, Bielefeld: Transcript 2014, S. 23-41.
Daniel M. Feige, *Philosophie des Jazz*, Berlin: Suhrkamp 2014.

Daniel M. Feige, *Kunst als Selbstverständigung*, Münster: Mentis 2012.
Daniel M. Feige, »Zum Verhältnis von Kunsttheorie und allgemeiner Ästhetik. Sinnlichkeit als konstitutive Dimension der Kunst?«, in: *Zeitschrift für Ästhetik und Allgemeine Kunstwissenschaft* 56 (2011), S. 123-142.
David H. Finkelstein, *Expression and the Inner*, Cambridge/Mass., London: Harvard University Press 2008.
Vilém Flusser, *Vom Stand der Dinge. Eine kleine Philosophie des Design*, Göttingen: Steidl 1997.
Jane Forsey, *The Aesthetics of Design*, Oxford: Oxford University Press 2013.
Michel Foucault, *Was ist Kritik?*, Berlin: Merve 1992.
Michel Foucault, *Archäologie des Wissens*, Frankfurt/M.: Suhrkamp 1981.
Michel Foucault, *Die Ordnung der Dinge. Eine Archäologie der Humanwissenschaften*, Frankfurt/M.: Suhrkamp 1974.
Gottlob Frege, »Über Sinn und Bedeutung«, in: Gottlob Frege, *Funktion, Begriff, Bedeutung. Fünf logische Studien*, Göttingen: Vandenhoeck & Ruprecht 1986, S. 38-63.
Holm Friebe, Thomas Ramge, *Marke Eigenbau. Der Aufstand der Massen gegen die Massenproduktion*, Frankfurt/M., New York: Campus 2008.
Annika Frye, *Design und Improvisation. Produkte, Prozesse und Methoden*, Bielefeld: Transcript 2017.

Naum Gabo, »Gestaltung?«, in: *Bauhaus* 4 (1928), S. 2-6.
Markus Gabriel, *Sinn und Existenz. Eine realistische Ontologie*, Berlin: Suhrkamp 2016.
Markus Gabriel, »Ist die Kehre ein realistischer Entwurf?«, in: David Espinet, Toni Hildebrandt (Hg.), *Suchen, Entwerfen, Stiften: Randgänge zum Entwurfsdenken Martin Heideggers*, München: Fink 2014, S. 87-106.
Hans-Georg Gadamer, »Replik zu Hermeneutik und Ideologiekritik«, in: Hans-Georg Gadamer, *Hermeneutik II: Wahrheit und Methode – Ergänzungen, Register*, Tübingen: Mohr Siebeck 1999, S. 251-275.
Hans-Georg Gadamer, *Wahrheit und Methode. Grundzüge einer philosophischen Hermeneutik*, Tübingen: Mohr Siebeck 1990.
Berys Gaut, »Kunst als Clusterbegriff«, in: Roland Bluhm, Reinold Schmücker (Hg.), *Kunst und Kunstbegriff. Der Streit um die Grundlagen der Ästhetik*, Paderborn: Mentis 2002, S. 140-165.
Lydia Goehr, *The Imaginary Museum of Musical Works. An Essay in the Philosophy of Music*, Oxford: Clarendon 1992.
Nelson Goodman, »Wann ist Kunst?«, in: Nelson Goodman, *Weisen der Welterzeugung*, Frankfurt/M.: Suhrkamp 2001, S. 76-91.
Nelson Goodman, *Sprachen der Kunst. Entwurf einer Symboltheorie*, Frankfurt/M.: Suhrkamp 1997.

Stephen J. Gould, *Illusion Fortschritt. Die vielfältigen Wege der Evolution*, Frankfurt/M.: Fischer 1999.

Stephan J. Gould, »The exaptive Excellence of Spandrels as a Term and Prototype«, in: *Proceedings of the National Academy of Sciences of the United States of America* 94 (1997), S. 10750-10755.

Stephen J. Gould, Richard C. Lewontin, »The Spandrels of San Marco and the Panglossian Paradigm: A Critique of the Adaptationist Programme«, in: *Proceedings of the Royal Society of London*, Series B 205 (1979), S. 581-598.

Stephen J. Greenblatt, »Grundzüge einer Poetik der Kultur«, in: Stephen J. Greenblatt, *Schmutzige Riten. Betrachtungen zwischen Weltbildern*, Berlin: Wagenbach 1991, S. 107-122.

Anke Haarmann, »Zu einer kritischen Theorie des Social Design«, in: Julia-Constance Dissel (Hg.), *Design & Philosophie. Schnittstellen und Wahlverwandtschaften*, Bielefeld: Transcript 2016, 75-88.

Jürgen Habermas, *Der philosophische Diskurs der Moderne. Zwölf Vorlesungen*, Frankfurt/M.: Suhrkamp 1988.

Andy Hamilton, »The Aesthetics of Design«, in: Jessica Wolfendale, Jeanette Kennett (Hg.), *Fashion. Philosophy for Everyone. Thinking with Style*, New York: Wiley 2011.

Dorothea von Hantelmann, »The Rise of the Exhibition and the Exhibition as Art«, in: Armen Avanessian, Luke Skrebowski (Hg.), *Aesthetics and Contemporary Art*, Berlin: Sternberg Press 2011, S. 177-192.

Thomas Hauffe, *Geschichte des Designs*, Köln: DuMont 2014.

Wolfgang F. Haug, *Kritik der Warenästhetik*, Frankfurt/M.: Suhrkamp 1971.

John Haugeland, *Dasein Disclosed*, Cambridge/Mass., London: Harvard University Press 2013.

Niklas Hebing, *Hegels Ästhetik des Komischen*, Hamburg: Meiner 2015.

Georg W. F. Hegel, *Enzyklopädie der philosophischen Wissenschaften*, Frankfurt/M.: Suhrkamp 1986.

Georg W. F. Hegel, *Grundlinien der Philosophie des Rechts oder Naturrecht und Staatswissenschaft im Grundrisse*, Frankfurt/M.: Suhrkamp 1986.

Georg W. F. Hegel, *Phänomenologie des Geistes*, Frankfurt/M.: Suhrkamp 1986.

Georg W. F. Hegel, *Vorlesungen über die Ästhetik*, Frankfurt/M.: Suhrkamp 1986.

Georg W. F. Hegel, *Wissenschaft der Logik*, Frankfurt/M.: Suhrkamp 1986.

Martin Heidegger, »Der Ursprung des Kunstwerkes«, in: Martin Heidegger, *Holzwege*, Frankfurt/M.: Vittorio Klostermann 2003, S. 1-74.

Martin Heidegger, *Sein und Zeit*, Tübingen: Niemeyer 2001.

Dieter Henrich, »Anfang und Methode der Logik«, in: Dieter Henrich, *Hegel im Kontext*, Berlin: Suhrkamp 2015, S. 73-94.

Dieter Henrich, »Hegels Logik der Reflexion«, in: Dieter Henrich, *Hegel im Kontext*, Berlin: Suhrkamp 2015, S. 95-157.
John Heskett, *Design. A Very Short Introduction*, Oxford: Oxford University Press 2005.
Gunnar Hindrichs, *Die Autonomie des Klangs. Eine Philosophie der Musik*, Berlin: Suhrkamp 2013.
Karin Hirdina, »Der Funktionalismus und seine Kritiker«, in: Volker Fischer, Anne Hamilton (Hg.), *Theorien der Gestaltung. Grundlagentexte zum Design. Band 1*, Frankfurt/M.: form 1999, S. 225-229.
Christoph Horn, Guido Löhrer (Hg.), *Gründe und Zwecke. Texte zur aktuellen Handlungstheorie*, Berlin: Suhrkamp 2010.
Karl H. Hörning, »Praxis und Ästhetik. Das Ding im Fadenkreuz sozialer und kultureller Praktiken«, in: Stephan Moebius, Sophia Prinz (Hg.), *Das Design der Gesellschaft. Zur Kultursoziologie des Designs*, Bielefeld: Transcript 2012, S. 29-47.
Daniel Hornuff, *Denken designen. Zur Inszenierung der Theorie*, Paderborn: Fink 2014.

Roman Jakobson, *Poetik. Ausgewählte Aufsätze 1921-1971*, Frankfurt/M.: Suhrkamp 1979.
Fredric Jameson, »Cognitive Mapping«, in: Cary Nelson, Lawrence Grossberg (Hg.), *Marxism and the Interpretation of Culture*, Urbana, Chicago: University of Illinois Press 1988, S. 347-356.
Gesche Joost u. a. (Hg.), *Design as Research. Positions, Arguments, Perspectives*, Basel: Birkhäuser 2016.

Wassily Kandinsky, *Über das Geistige in der Kunst. Insbesondere in der Malerei*, Bern: Benteli 2004.
Immanuel Kant, *Kritik der Urteilskraft*, Frankfurt/M.: Suhrkamp 1974.
Wolfgang Kemp, »Disegno. Beiträge zur Geschichte des Begriffs zwischen 1547 und 1607«, in: *Marburger Jahrbuch für Kunstwissenschaft* 19 (1974), S. 219-240.
Andrea Kern, Christian Kietzmann (Hg.), *Selbstbewusstes Leben. Texte zu einer transformativen Theorie menschlicher Subjektivität*, Berlin: Suhrkamp 2017.
Andrea Kern, »Zur ästhetischen Erkenntnis der Freiheit: Kant und Hegel«, in: Gunnar Hindrichs, Axel Honneth (Hg.), *Freiheit. Stuttgarter Hegel-Kongress 2011*, Frankfurt/M.: Vittorio Klostermann 2013, S. 141-165.
Andrea Kern, *Schöne Lust. Eine Theorie der ästhetischen Erfahrung nach Kant*, Frankfurt/M.: Suhrkamp 2000.
Jens Kertscher, Jan Müller (Hg.), *Lebensform und Praxisform*, Münster: Mentis 2015.
Hyun Kang Kim, »Vom Dasein zum Design. Heideggers »Zuhandenheit«

und »Mitsein« als philosophische Grundlagen des Social Design, in: Julia-Constanze Dissel (Hg.), *Design & Philosophie. Schnittstellen und Wahlverwandtschaften*, Bielefeld: Transcript 2016, S. 59-73.

Peter Kivy, *Philosophies of Arts. An Essay in Differences*, Cambridge: Cambridge University Press 1997.

Georges Kleiber, *Prototypensemantik. Eine Einführung*, Tübingen: Narr 1993.

Richard Klein, *Musikphilosophie zur Einführung*, Hamburg: Junius 2014.

Sybille Krämer, *Figuration, Anschauung, Erkenntnis. Grundlinien einer Diagrammatologie*, Berlin: Suhrkamp 2016.

Christian Krüger, *Medien der Bedeutung. Wie die Welt einen Unterschied macht*, Ms. (Dissertation Freie Universität Berlin).

Thomas S. Kuhn, *Die Struktur wissenschaftlicher Revolutionen*, Frankfurt/M.: Suhrkamp 2002.

Joachim Küpper, Christoph Menke (Hg.), *Dimensionen ästhetischer Erfahrung*, Frankfurt/M.: Suhrkamp 2003.

Charlotte Kurbjuhn, *Kontur. Geschichte einer ästhetischen Denkfigur*, Berlin: De Gruyter 2014.

Melanie Kurz, *Handwerk oder Design. Zur Ästhetik des Handgemachten*, Paderborn: Fink 2015.

Jacques Lacan, *Die vier Grundbegriffe der Psychoanalyse*, Berlin, Weinheim: Quadriga 1996.

Ernesto Laclau, »Populism: What's in a Name?«, in: Francisco Panizza (Hg.), *Populism and the Mirror of Democracy*, London, New York: Verso 2005, S. 32-49.

Maurice Lagueux, »Reconfiguring Four Key ›-isms‹ commonly used in Architectural Theory«, in: *British Journal of Aesthetics* 39 (1999), S. 179-188.

Johannes Lang, *Prozessästhetik. Eine ästhetische Erfahrungstheorie des ökologischen Designs*, Basel: Birkhäuser 2015.

Bruno Latour, *Die Hoffnung der Pandora*, Frankfurt/M.: Suhrkamp 2000.

Bruno Latour, *Eine neue Soziologie für eine neue Gesellschaft*, Frankfurt/M.: Suhrkamp 2007.

Grace Lees-Maffei, Rebecca Houze (Hg.), *The Design History Reader*, London: Bloomsbury Academic 2010.

Thomas Lemke, *Biopolitik zur Einführung*, Hamburg: Junius 2007.

Gotthold E. Lessing, *Laokoon. Oder: Über die Grenzen der Malerei und Poesie. Mit beiläufigen Erläuterungen verschiedener Punkte der alten Kunstgeschichte*, Stuttgart: Reclam 1987.

Jerrold Levinson, »What a Musical Work is«, in: Jerrold Levinson, *Music, Art, and Metaphysics*, Oxford: Oxford University Press 2011, S. 63-88.

Jerrold Levinson, »Defining Art Historically«, in: *British Journal of Aesthetics* 3 (1979), S. 232-250.
Jasper Liptow, »Zur Rolle der Sprache in *Sein und Zeit*«, in: Barbara Merker (Hg.), *Verstehen nach Heidegger und Brandom*, Hamburg: Meiner 2008, S. 27-46.
John Locke, *Versuch über den menschlichen Verstand*, Hamburg: Meiner 1988
Dominic McIver Lopes, *A Philosophy of Computer Art*, New York, London: Routledge 2010.
Adolf Loos, »Ornament und Verbrechen«, in: Volker Fischer, Anne Hamilton (Hg.), *Grundlagentexte zum Design. Band 1*, Frankfurt/M.: Form 1999, S. 114-120.
Karlheinz Lüdeking, *Analytische Philosophie der Kunst*, Frankfurt/M.: Athenäum 1988.
Jean-François Lyotard, »Das Paradox des Grafikers«, in: Jean-François Lyotard, *Postmoderne Moralitäten*, Wien: Passagen 1998, S. 37-48.

Kirsten Maar u. a. (Hg.), *Generische Formen. Dynamische Konstellationen zwischen den Künsten*, Paderborn: Fink 2017.
Iain Macdonald, Krzysztof Ziarek (Hg.), *Adorno und Heidegger. Philosophical Questions*, Stanford: Stanford University Press 2007.
Simone Mahrenholz, *Kreativität. Eine philosophische Analyse*, Berlin: Akademie Verlag 2011.
Stefan Majetschak, *Ästhetik zur Einführung*, Hamburg: Junius 2007.
Claudia Mareis, *Theorien des Designs zur Einführung*, Hamburg: Junius 2014.
Claudia Mareis u. a. (Hg.), *Wer gestaltet die Gestaltung? Praxis, Theorie und Geschichte des partizipatorischen Designs*, Bielefeld: Transcript 2013.
Claudia Mareis, *Design als Wissenskultur. Interferenzen zwischen Design- und Wissensdiskursen seit 1960*, Bielefeld: Transcript 2009.
Joseph Margolis, »Die Identität eines Kunstwerks«, in: Reinold Schmücker (Hg.), *Identität und Existenz. Studien zur Ontologie der Kunst*, Paderborn: Mentis 2009, S. 28-46.
Karl Marx, *Einleitung zur Kritik der politischen Ökonomie*, Berlin: Dietz 1985.
John McDowell, »Hegels Handlungsbegriff im ›Vernunft‹-Kapitel der Phänomenologie – eine Lesart«, in: John McDowell, *Die Welt im Blick. Aufsätze zu Kant, Hegel und Sellars*, Berlin: Suhrkamp 2015, S. 234-260.
John McDowell, »Zwei Arten von Naturalismus«, in: John McDowell, *Wert und Wirklichkeit. Aufsätze zur Moralphilosophie*, Frankfurt/M.: Suhrkamp 2009, S. 30-73.
John McDowell, »Criteria, Defeasibility, and Knowledge«, in: John McDowell, *Meaning, Knowledge, and Reality*, Cambridge/Mass., London: Harvard University Press 1998, S. 369-394.

John McDowell, *Mind and World*, Cambridge/Mass., London: Harvard University Press 1996.
Fiona McGovern, *Die Kunst zu zeigen. Künstlerische Ausstellungsdisplays bei Joseph Beuys, Martin Kippenberger, Mike Kelley und Manfred Pernice*, Bielefeld: Transcript 2016.
Marshall McLuhan, *Die magischen Kanäle*, Düsseldorf u. a.: Econ 1992.
Philip B. Meggs, Alston W. Purvis, *Meggs' History of Graphic Design*, Hoboken/NJ: Wiley & Sons 2006.
Christoph Menke, »Die Schönheit. Zwischen Anschauung und Rausch«, in: Christoph Menke, *Die Kraft der Kunst*, Berlin: Suhrkamp 2013, S. 41-55.
Christoph Menke, *Kraft. Ein Grundbegriff ästhetischer Anthropologie*, Frankfurt/M.: Suhrkamp 2008.
Christoph Menke, »Wahrnehmung, Tätigkeit, Selbstreflexion: Zu Genese und Dialektik der Ästhetik«, in: Andrea Kern, Ruth Sonderegger (Hg.), *Falsche Gegensätze. Zeitgenössische Positionen zur philosophischen Ästhetik*, Frankfurt/M.: Suhrkamp 2002, S. 19-48.
Christoph Menke, *Die Souveränität der Kunst. Ästhetische Erfahrung nach Adorno und Derrida*, Frankfurt/M.: Suhrkamp 1991.
Winfried Menninghaus, *Wozu Kunst? Ästhetik nach Darwin*, Berlin: Suhrkamp 2011.
Ruth Millikan, »In Defense of Proper Functions«, in: *Philosophy of Science* 56 (1989), S. 288-302.
Debbie Millman, *How to Think like a Great Graphic Designer*, New York: Allworth Press 2001.
William Morris, *News from Nowhere*, Oxford: Oxford University Press 2009.
Gerda Müller-Krauspe, »Opas Funktionalismus ist tot«, in: Volker Fischer, Anne Hamilton (Hg.), *Theorien der Gestaltung. Grundlagentexte zum Design. Band 1*, Frankfurt/M.: form 1999, S. 218-225.
Hermann Muthesius, »Die moderne Umbildung unserer ästhetischen Anschauungen«, in: Volker Fischer, Anne Hamilton (Hg.), *Theorien der Gestaltung. Grundlagentexte zum Design. Band 1*, Frankfurt/M.: form 1999, S. 99-112.

Friedrich Nietzsche, *Zur Genealogie der Moral*, München: DTV 1999.

Victor Papanek, *Design for the Real World: Human Ecology and Social Change*, New York: Thames & Hudson 1971.
Glenn Parsons, *The Philosophy of Design*, Cambridge: Polity Press 2016.
Glenn Parsons, *Aesthetics and Nature*, London: Continuum 2008.
Glenn Parsons, Allan Carlson, *Functional Beauty*, Oxford: Clarendon Press 2008.

Terry Pinkard, *Hegel's Naturalism. Mind, Nature and the Final Ends of Life*, Oxford: Oxford University Press 2012.

Robert Pippin, *Kunst als Philosophie. Hegel und die moderne Bildkunst*, Berlin: Suhrkamp 2012.

Robert Pippin, *Hegels Practical Philosophy. Rational Agency as Ethical Life*, Cambridge: Cambridge University Press 2008.

Platon, *Symposion / Gastmahl*, Hamburg: Meiner 2012.

Rick Poynor, *No More Rules. Graphic Design and Postmodernism*, London: Laurence King Publishing 2003.

Jesse J. Prinz, *Gut Reactions. A Perceptual Theory of Emotion*, Oxford: Oxford University Press 2004.

Michael Quante, *Hegels Begriff der Handlung*, Stuttgart-Bad Canstatt: Frommann-Holzboog 1993.

Willard v. O. Quine, »Two Dogmas of Empiricism«, in: Willard v. O. Quine, *From a Logical Point of View*, Cambridge/Mass., London: Harvard University Press 1961, S. 20-46.

Juliane Rebentisch, *Theorien der Gegenwartskunst zur Einführung*, Hamburg: Junius 2015.

Juliane Rebentisch, *Die Kunst der Freiheit. Zur Dialektik demokratischer Existenz*, Berlin: Suhrkamp 2011.

Juliane Rebentisch, *Ästhetik der Installation*, Frankfurt/M.: Suhrkamp 2003.

Birgit Recki, *Ästhetik der Sitten. Die Affinität von ästhetischem Gefühl und praktischer Vernunft bei Kant*, Frankfurt/M.: Vittorio Klostermann 2001.

Andreas Reckwitz, *Die Erfindung der Kreativität. Zum Prozess gesellschaftlicher Ästhetisierung*, Berlin: Suhrkamp 2012.

Hans-Jörg Rheinberger, *Experimentalsysteme und epistemische Dinge. Eine Geschichte der Proteinsynthese im Reagenzglas*, Frankfurt/M.: Suhrkamp 2006.

Maria E. Reicher, »Eine Typenontologie der Kunst«, in: Reinold Schmücker (Hg.), *Identität und Existenz. Studien zur Ontologie der Kunst*, Paderborn: Mentis 2009, S. 180-199.

Johannes Rohbeck, *Geschichtsphilosophie zur Einführung*, Hamburg: Junius 2008.

Richard Rorty (Hg.), *The Linguistic Turn. Essays in Philosophical Method*, Chicago: University of Chicago Press 1967.

Frank Ruda, *For Badiou. Idealism without Idealism*, Evanston: Northwestern University Press 2015.

John Ruskin, *On Art and Life*, London: Penguin 2004.

Martin Saar, *Genealogie als Kritik. Geschichte und Theorie des Subjekts nach Nietzsche und Foucault*, Frankfurt/M.: Campus 2007.
Yuriko Saito, *Everyday Aesthetics*, Oxford: Oxford University Press 2010.
Brigitte Scheer, *Einführung in die philosophische Ästhetik*, Darmstadt: Wissenschaftliche Buchgesellschaft 1997.
Michael Schirner, *Werbung ist Kunst*, München: Klinkhardt & Biermann 1998.
Friedrich D. E. Schleiermacher, *Hermeneutik und Kritik*, Frankfurt/M.: Suhrkamp 1999.
Friederike Schmitz (Hg.), *Tierethik. Grundlagentexte*, Berlin: Suhrkamp 2014.
Thomas H. Schmitz u. a. (Hg.), *Manifestationen im Entwurf. Design – Architektur – Ingenieurwesen*, Bielefeld: Transcript 2016.
Reinold Schmücker (Hg.), *Identität und Existenz. Studien zur Ontologie der Kunst*, Paderborn: Mentis 2009.
Reinold Schmücker, »Funktionen der Kunst«, in: Bernd Kleimann, Reinold Schmücker (Hg.), *Wozu Kunst? Die Frage nach ihrer Funktion*, Darmstadt: Wissenschaftliche Buchgesellschaft 2001, S. 13-33.
Beat Schneider, *Design – eine Einführung. Entwurf im sozialen, kulturellen und wirtschaftlichen Kontext*, Basel: Birkhäuser 2009.
Ludger Schwarte, *Notate für eine künftige Kunst*, Berlin: Merve 2016.
Gerhard Schweppenhäuser, Christian Bauer, *Ethik im Kommunikationsdesign. Verständigung, Verantwortung und Orientierung als Kriterien visueller Gestaltung*, Würzburg: Königshausen & Neumann 2017.
Gerhard Schweppenhäuser, *Designtheorie*, Berlin: Springer VS 2016.
Gerhard Schweppenhäuser u. a. (Hg.), *Ethik und Moral in Kommunikation und Gestaltung*, Würzburg: Königshausen & Neumann 2015.
Roger Scruton, *The Aesthetics of Architecture*, London: Princeton University Press 1979.
Hartmut Seeger, »Funktionalismus im Rückspiegel des Designs«, in: Volker Fischer, Anne Hamilton (Hg.), *Theorien der Gestaltung. Grundlagentexte zum Design. Band 1*, Frankfurt/M.: form 1999, S. 216-218.
Martin Seel, »Schönheit – Eine kleine begriffliche Reise«, in: Martin Seel, *Aktive Passivität. Über den Spielraum des Denkens, Handelns und anderer Künste*, Frankfurt/M.: Fischer 2014, S. 355-376.
Martin Seel, »Form als eine Organisation der Zeit«, in: Martin Seel, *Die Macht des Erscheinens. Texte zur Ästhetik*, Frankfurt/M.: Suhrkamp 2007, S. 39-55.
Martin Seel, *Ästhetik des Erscheinens*, Frankfurt/M.: Suhrkamp 2003.
Martin Seel, *Eine Ästhetik der Natur*, Frankfurt/M.: Suhrkamp 1996.
Wilfrid Sellars, *Der Empirismus und die Philosophie des Geistes*, Paderborn: Mentis 1999.

Wilfrid Sellars, *Empiricism and the Philosophy of Mind*, Cambridge/Mass., London: Harvard University Press 1997.

Gert Selle, *Design-Geschichte in Deutschland. Produktkultur als Entwurf und Erfahrung*, Köln: DuMont 1987.

Gottfried Semper, »Wissenschaft, Industrie und Kunst«, in: Klaus T. Edelmann, Gerrit Terstiege (Hg.), *Gestaltung Denken. Grundlagentexte zu Design und Architektur*, Basel: Birkhäuser 2006, S. 107-111.

Richard Shusterman, Adele Tomlin (Hg.), *Aesthetic Experience*, London, New York: Routledge 2008.

Frank Sibley, »Aesthetic Concepts«, in: *The Philosophical Review* 67 (1959), S. 421-450.

Judith Siegmund, *Die Evidenz der Kunst. Künstlerisches Handeln als ästhetische Kommunikation*, Bielefeld: Transcript 2007.

Oswald Spengler, *Der Untergang des Abendlandes. Umrisse einer Morphologie der Weltgeschichte*, München: DTV 1998.

Philip Steadman, *The Evolution of Designs. Biological Analogy in Architecture and the Applied Arts*, London, New York: Routledge 2008.

Dagmar Steffen (Hg.), *Design als Produktsprache. Der Offenbacher Ansatz in Theorie und Praxis*, Frankfurt/M.: form 2000.

Jakob Steinbrenner, »Wann ist Design? Design zwischen Funktion und Kunst«, in: Julia-Constance Dissel (Hg.), *Design & Philosophie. Schnittstellen und Wahlverwandtschaften*, Bielefeld: Transcript 2016, S. 89-105.

Jakob Steinbrenner, Julian Nida-Rümelin (Hg.), *Ästhetische Werte und Design*, Stuttgart: Hatje Cantz 2011.

Jakob Steinbrenner, *Kognitivismus in der Ästhetik*, Würzburg: Königshausen & Neumann 1996.

Pirmin Stekeler-Weithofer, *Philosophie des Selbstbewusstseins. Hegels System als Formanalyse von Wissen und Autonomie*, Frankfurt/M.: Suhrkamp 2005.

Charles L. Stevenson, »On ›What is a Poem?‹«, in: *The Philosophical Review* 66 (1957), S. 329-362.

Jerome Stolnitz, *Aesthetics and Philosophy of Art Criticism. A Critical Introduction*, Cambridge: Riverside Press 1960.

Louis Sullivan, »Das große Bürogebäude, künstlerisch betrachtet« in: Volker Fischer, Anne Hamilton (Hg.), *Theorien der Gestaltung. Grundlagentexte zum Design. Band 1*, Frankfurt/M.: form 1999, S. 142-146.

Louis Sullivan, »The Tall Office Building Artistically Considered«, in: *Lippincott's Magazine* 3 (1896), S. 403-409.

Karel Teige, »Der Konstruktivismus und die Liquidierung der ›Kunst‹«, in: Volker Fischer, Anne Hamilton (Hg.), *Theorien der Gestaltung. Grundlagentexte zum Design. Band 1*, Frankfurt/M.: Form 1999, S. 152-158.

Holm Tetens, *Philosophisches Argumentieren. Eine Einführung*, München: Beck 2004.

Christian Thies, *Alles Kultur? Eine kritische Bestandsaufnahme*, Stuttgart: Reclam 2016.

Dieter Thomä, »Wie antisemitisch ist Heidegger? Über die Schwarzen Hefte und die gegenwärtige Lage der Heidegger-Kritik«, in: Marion Heinz, Sidonie Kellerer (Hg.), *Martin Heideggers »Schwarze Hefte«. Eine philosophisch-politische Debatte*, Berlin: Suhrkamp 2016, S. 211-233.

Michael Thompson, *Leben und Handeln. Grundstrukturen der Praxis und des praktischen Denkens*, Berlin: Suhrkamp 2011.

Randy Thornhill, »Darwinian Aesthetics informs Traditional Aesthetics«, in: Karl Grammer, Eckart Voland (Hg.), *Evolutionary Aesthetics*, Berlin u. a.: Springer 2003, S. 9-38.

Peter-Paul Verbeek, *What Things Do. Philosophical Reflections on Technology, Agency, and Design*, University Park/Pennsylvania: The Pennsylvania State University Press 2005.

Paul Virilio, *Die Eroberung des Körpers. Vom Übermenschen zum überreizten Menschen*, München: Hanser 1994.

Eckart Voland, *Soziobiologie. Die Evolution von Kooperation und Konkurrenz*, Berlin: Spektrum Akademischer Verlag 2013.

John A. Walker, *Designgeschichte. Perspektiven einer wissenschaftlichen Disziplin*, München: Scaneg 1992.

Paul Watzlawick u. a., *Menschliche Kommunikation. Formen, Störungen, Paradoxien*, Bern: Huber 2011.

Morris Weitz, »Die Rolle der Theorie in der Ästhetik«, in: Roland Bluhm, Reinold Schmücker (Hg.), *Kunst und Kunstbegriff. Der Streit um die Grundlagen der Ästhetik*, Paderborn: Mentis 2002, S. 39-52.

Albrecht Wellmer, »Kultur und industrielle Produktion. Zur Dialektik von Moderne und Postmoderne«, in: *Merkur* 37 (1983), S. 133-145.

Linda Wetzel, *Types and Tokens. On Abstract Objects*, Boston/Mass.: MIT Press 2009.

Lambert Wiesing, *Luxus*, Berlin: Suhrkamp 2015.

Markus Wild, *Tierphilosophie zur Einführung*, Hamburg: Junius 2008.

Ludwig Wittgenstein, *Vorlesungen und Gespräche über Ästhetik, Psychoanalyse und religiösen Glauben*, Frankfurt/M.: Fischer 2005.

Ludwig Wittgenstein, *Philosophische Untersuchungen*, Frankfurt/M.: Suhrkamp 1980.

Nicholas Wolterstorff, »Auf dem Weg zu einer Ontologie der Kunstwerke«, in: Reinold Schmücker (Hg.), *Identität und Existenz. Studien zur Ontologie der Kunst*, Paderborn: Mentis 2009, S. 47-75.

Amotz Zahavi, Avishag Zahavi, *Signale der Verständigung. Das Handicap-Prinzip*, Frankfurt/M.: Insel 1998.

Nick Zangwill, »Groundrules in the Philosophy of Art«, in: *Philosophy* 70 (1995), S. 533-544.

Paul Ziff, »Was es heißt zu definieren, was ein Kunstwerk ist«, in: Roland Bluhm, Reinold Schmücker (Hg.), *Kunst und Kunstbegriff. Der Streit um die Grundlagen der Ästhetik*, Paderborn: Mentis 2002, S. 17-38.

Slavoj Žižek, *Weniger als nichts. Hegel und der Schatten des dialektischen Materialismus*, Berlin: Suhrkamp 2014.

Slavoj Žižek, »Is it still possible to be a Hegelian today?«, in: Levi Bryant u. a. (Hg.), *The Speculative Turn: Continental Materialism and Realism*, Melbourne: re.press 2011, S. 202-223.

Slavoj Žižek, *How to Read Lacan*, London, New York: W. W. Norton & Company 2007.

Alenka Zupančič, *Ethics of the Real. Kant, Lacan*, London, New York: Verso 2000.

Edward R. De Zurko, *Origins of Functionalist Theory*, New York: Columbia University Press 1957.

Namenregister

Marina Abramović 22, 94, 208
Theodor W. Adorno 124, 125, 208
Otl Aicher 9, 20, 22
Aristoteles 44, 45, 73, 74, 75, 76, 110, 130
John L. Austin 191

Alexander Gottlieb Baumgarten 98, 99, 101
Monroe C. Beardsley 101
Jasmina Begovic 7
Ludwig van Beethoven 103, 188, 208
Peter Behrens 128, 181
Rémy Belvaux 208
Thomas Bernhard 208
Georg W. Bertram 7
Joseph Beuys 117, 118
Alfonso Bialetti 35
Max Bill 62
Johannes Brahms 22
Albrecht von Brandenburg 22
Erik Brandt 216, 217
Jacco Bregonje 173, 200
Neville Brody 20
Rüdiger Bubner 101
Lucius Burckhardt 83, 84, 85, 203, 204, 205
Anthony Burrill 197, 212, 213
Bernhard Bürdek 41, 55
Nils Büttner 7

Allen Carlson 135, 136, 138
David Carson 36
Ernst Cassirer 167, 168
David Chipperfield 31
Winston Churchill 170, 171
Uli Cluss 7
Francis Ford Coppola 22
Lea Cosmides 69
Wes Craven 208
Hillman Curtis 22, 38

Mark Z. Danielewski 187
Arthur C. Danto 102, 103, 104, 105, 106, 107, 198, 206
Charles Darwin 66, 67
Donald Davidson 146, 147
Richard Dawkins 67, 68, 70
Jacques Derrida 189, 190, 191, 192, 193, 196
George Dickie 117, 118, 213
Noé Duchaufour-Lawrance 120

Joseph von Eichendorff 208
Felix Ensslin 7
Michael Erlhoff 24, 25, 27, 31, 41, 54, 55

Uwe Fischer 7
Vilém Flusser 206, 209
Jane Forsey 163, 164
Michel Foucault 71, 72, 73, 76
Adrian Frutiger 22, 35, 36, 38
Annika Frye 158

Naum Gabo 128, 129, 136, 137
Hans-Georg Gadamer 60, 61, 106
Frank Gehry 9, 22, 35, 140
Sokratis Georgiadis 7
Nelson Goodman 165, 167, 168, 169, 170, 171, 172, 173, 174, 177
Stephen Greenblatt 116
Walter Gropius 62
Jochen Gros 166

Michael Haneke 207
Andrea Hasler 95

Simon Haßler 7
Martin Heidegger 78, 79, 80, 81, 82, 83, 84, 85, 123, 124, 125, 139
Georg W. F. Hegel 18, 51, 53, 58, 60, 88, 91, 96, 97, 106, 109, 110, 112, 118, 121, 122, 123, 125, 153, 154
Susanne Hoffmann 7
Karl Höing 7
Hans-Dieter Huber 7

Arne Jacobsen 15

Immanuel Kant 18, 88, 91, 94, 99, 100, 101, 102, 108, 109, 110, 112, 114, 115, 118, 119
Yves Klein 205
Alberto Korda 171
Dafi Kühne 156

Jacques Lacan 111, 112
Johannes Lang 7
Susanne Langer 167
Bruno Latour 204
Le Corbusier 107, 140
Ang Lee 211
Gotthold E. Lessing 178, 179, 180
John Locke 28, 29
Adolf Loos 129
Gillis Lundgren 32
David Lynch 211
Jean-François Lyotard 211

Claudia Mareis 26, 27
Walter De Maria 118
Karl Marx 132, 133
Steve McCurry 214
John McDowell 75, 76, 77, 150
Max Miedinger 35
Fahim Mohammadi 7
William Morris 57
Bastian Müller 7

Simon Nabatov 176, 177
Marc Newson 20, 31
Friedrich Nietzsche 48, 49, 50, 51

Glenn Parsons 135, 136, 138
Charles S. Peirce 167
Platon 91, 92, 93, 98, 188
Hans-Georg Pospischil 7

Dieter Rams 15
Paul Rand 110
Juliane Rebentisch 7
Leni Riefenstahl 208
John Ruskin 57

Stefan Sagmeister 10, 87, 88
Richard Sappers 15, 199
Ferdinand de Saussure 189, 190
Paula Scher 36, 95, 110
Peter Schlumbohm 35
Gerwin Schmidt 7
Arnold Schönberg 110, 181
Beat Schneider 31, 32, 33, 34
Stefanie Schwarz 7
Martin Seel 7
Ulrich Seidel 208
Wilfrid Sellars 147, 148, 149
Alfred Seiland 7
Frank Sibley 100
Dorothee Silbermann 7
Erik Spiekermann 35
Louis Sullivan 127, 129, 130, 131, 143

Karel Teige 137
Patrick Thomas 7
John Tooby 69
Oliviero Toscani 214, 215, 216
Niklaus Troxler 19, 175, 176, 177
McCoy Tyner 175, 176, 177

Leonardo da Vinci 22, 41, 58

Wilhelm Wagenfeld 172
Richard Wagner 110
Marcel Wander 197
Paul Watzlawick 164
Kurt Weidemann 22
Morris Weitz 36
Stefan Wewerka 60
Marcus Wichmann 7
Ludwig Wittgenstein 29, 37, 38, 39, 92, 93, 94, 151, 152
Gretl Wollner 22, 37
Leo Wollner 22, 37

Paul Ziff 35, 36